인생의 전부

펩시의 미래를 설계한
위대한 전략가 인드라 누이

인생의 전부
My Life In Full

인드라 누이 지음 | 신솔잎 옮김

한국경제신문

★★★★★
이 책을 향한 찬사

비전을 갖고 끊임없이 도전하며 일의 성취를 추구하면서도, 삶의 균형을 잃지 않고자 하는 사람들에게 보여줄 수 있는 따뜻한 리더십에 대한 이야기다.

― 김선희, 매일유업 부회장

한 여성의 성공 스토리가 아닌, 가정에서 직장에서 그리고 자신이 속한 모든 곳에서 최선을 다해 열정적으로 살아온 한 리더의 삶을 만날 수 있다.

― 박정림, KB증권 대표이사

인드라 누이는 내가 특별히 존경하는 경영인이다. 마이너리티라 할 수 있는 인도 출신 여성으로서, 가장 미국적인 브랜드인 펩시코의 CEO가 되었다. 특유의 외유내강 리더십으로 식음료 업계의 치열한 경쟁을 뚫고 글로벌 1위 기업을 일구었다. 일과 삶의 균형 속에 '자기다움'으로 세상을 변화시키고 싶은 사람이라면, 인드라 누이의 부드럽고 힘 있는 목소리에 귀 기울여보기 바란다.

― 김슬아, 마켓컬리 대표

인드라 누이는 솔직하고 유머러스하게 자신의 이야기를 전하는 훌륭한 책을 썼다. 사랑과 기대를 한몸에 받은 어린 시절부터 세계무대에서 성공하기 위해 노력한 시절까지, 이 한 권에 생생하게 담겨 있다. 여성과 함께 일하고, 그들을 사랑하고, 지지하는 남성들이 반드시 읽어야 할 책!

― 힐러리 로댐 클린턴, 정치가

독특한 솔직함과 관용으로 가득한 책이다. 인드라 누이는 실패를 설탕으로 포장하지도 않고 성공을 과대평가하지도 않는다.

― 〈키커스리뷰〉

인드라 누이가 어떻게 당당함 그 자체로 미국 기업 세계에 자리매김할 수 있었는지를 알려준다.

― 〈포브스〉

인드라 누이는 자신의 회고록을 통해 기업의 유급휴직 등의 정책을 촉구한다.

― 〈월스트리트저널〉

인드라 누이의 삶에는 끈기가 있고 기쁨이 넘치며 비전이 있다. 평범한 사람이 어떻게 특별한 인생을 살 수 있는지를 볼 수 있다. 모두가 꼭 읽어야 할 책이다.

– 어슐라 M. 번스, 전 제록스 회장 및 CEO

사회가 나아갈 방향과 기업이 나아갈 방향을 하나로 일치시키고자 하는 사람들에게 좋은 로드맵을 제시한다.

– 맷 데이먼, 배우, 각본가

뛰어난 비즈니스 전략가로서의 삶과 가족을 돌보는 엄마로서의 삶을 들여다볼 수 있는 특별한 책이다. 비즈니스 세계에 또 하나의 훌륭한 이야기가 추가됐다.

– 브라이언 코넬, 타겟코퍼레이션 CEO

자신의 삶을 형성한 사건들을 이야기하며, 일과 가정생활이라는 딜레마에 대한 청사진을 제시한다.

– 〈맥킨지앤드컴퍼니〉

인드라 누이는 이 책을 통해 기업 책임의 진실에 대해 이야기한다.

– 〈뉴욕타임스〉

가정생활을 지원하는 것들에 많은 돈을 쓸 가치가 있는가라는 정치적 논쟁을 흥미로운 방식으로 풀어낸다.

– 〈워싱턴포스트〉

정말 놀랍고 매혹적인 책이다.

– 〈파이낸셜타임스〉

자신의 일을 철저히 파악할 때까지 공부를 멈추지 않는 탁월한 리더의 표본을 보여준다.

– 〈로이터〉

남편 라지,
내 아이들 프리타와 타라,
부모님,
그리고 타타에게

들어가며

2009년 11월의 어느 안개 낀 화요일, 워싱턴 DC에서 미국과 인도의 경영인 스물네 명과 몇 시간에 걸친 회의를 마친 후 나는 미국 대통령과 인도 총리 사이에 서 있었다.

버락 오바마와 만모한 싱Manmohan Singh이 양국의 경영인들이 이룬 최근의 성과에 대해 이야기했다. 오바마 대통령은 미국 팀을 인도 측에 소개하기 시작했다. 대통령이 펩시코PepsiCo의 CEO를 소개하자 싱 총리가 외쳤다.

"오! 그분은 우리 쪽입니다!"

그 말에 대통령은 웃으며 주저 없이 대꾸했다.

"아! 우리 쪽 사람이기도 합니다!"

결코 잊지 못할 순간이었다. 위대한 두 국가의 원수가 내게 진심 어린 따뜻함을 보여줬다. 내 안에는 여전히 남인도의 마드라스Madras에서 끈끈한 가족애를 경험하며 자란 소녀가 남아 있었고, 어린 시절에 배운 가르침과 문화가 깊이 뿌리 내려 있었다. 나는 또한 스물세 살에 미국으로 와 공부를 하고, 일을 하고, 세계적인 기업을 이끄는 수장 역할까지 맡으며 아마도 미국에서만 가능할 놀라운 여정을 거쳤다. 나는 이 두 나라에 모두 속해 있었다.

돌아보면 내 삶은 이런 이중성으로 가득했다. 밀고 당기는 두 힘이 계속 싸우며 한 챕터에서 다음 챕터로 넘어갔다. 아마도 모든 이가 그럴 것이다. 균형을 잡고, 저글링을 하고, 타협하고, 나름대로 최선을 다하며 자신의 자리를 찾고, 앞으로 나아가고, 사람들과 관계를 맺고, 자신에게 주어진 의무를 해내며 살아간다. 매우 빠른 속도로 변화하는 한편, 여전히 우리가 어찌해볼 도리가 없는 낡은 관습과 행동 양식을 고수하는 사회의 일원으로 살아간다는 것은 쉽지 않은 일이다.

내 정체성을 구성하는 두 가지는 항상 일과 가족이었다. 1994년 펩시코에 합류했던 데는 본사가 우리 집에서 가깝다는 이유도 있었다. 당시 열 살과 18개월 된 딸들이 있었고, 남편 회사도 근처였다. 우리는 통근 거리를 고려해 펩시코의 입사 제안을 받아들였다. 큰아이를 학교에 데려다줄 수 있었고, 어린 둘째가 있는 집까지 15분밖에 걸리지 않았다. 물론 이 이유만으로 펩시코를 선택했던 것은 아니다. 출근 첫날부터 활기 넘치고 긍정적인 분위기의 펩시코에서 일하는 것이 진심으로 즐거웠다. 또한 펩시코는 시대에 발맞춰 달라질 준비가 돼 있는 곳 같았다. 펩시코는 세상의 변화에 열려 있었다. 그 점이 중요했다. 나는 여성이자 이민자, 유색 인종으로 백인 남성 중심의 임원진에 합류하는 것이었다.

나는 여성과 남성의 역할이 지금과는 달랐던 시절에 커리어를 시작했다. 14년간 컨설턴트와 기업전략가로 일하면서 여성 상사를 만나본 적이 없었다. 여성 멘토도 없었다. 남성 권력의 세계에서 제외됐을 때도 그리 속상하지 않았다. 그저 그곳에 함께 있다는 사실이 기뻤다. 하지만 내가 펩시코에 들어갔을 무렵, 고등교육을 받은 야심찬 여성들이 노동 인력으로 쏟아져 나오고 있었고, 상황이 달라지고 있다는 것이 느껴졌다. 남성과 여성 간의 경쟁이 더욱 치열해졌고, 이후 몇십 년간 예전에는 내가 생각조차 못했던 방식으로 여성들이 게임의 판도를 바꿔나갔다. 비즈니스 리더로서 나는 세상의 변화를 예측하고 그에 응답하기 위해 항상 노력해왔다. 여성이자 두 딸의 엄마로서 이런 변화를 독려하기 위해 할 수 있는 모든 것을 하고 싶었다.

커리어를 쌓아가고 아이들이 자라는 동안 늘 존재해온, 워킹맘으로서 느낄 수밖에 없는 갈등을 해결하려 애를 썼다. 15년간 내 사무실에는 딸들만 쓰고 지울 수 있는 화이트보드가 놓여 있었다. 오랫동안 그 화이트보드는 온갖 메시지와 낙서가 어지럽게 새겨진 만화경이자 내게 소중한 사람들을 상기시켜주는 매개물이었다. 사무실을 나갈 때는 화이트보드에 적힌 글들을 캔버스 천에

인생의 전부

그대로 옮겼다. "엄마, 정말, 정말, 정말 사랑해. XOXOXOX." "힘 내요. 엄마를 사랑하는 사람들이 있다는 거 잊지 마요!" "좋은 하루 보내요!" 화이트보드에는 글과 함께 초록색과 파란색 마커로 그린 만화 캐릭터와 해와 구름이 그려져 있었다.

세간의 주목을 받는 여성 CEO로서 많은 청중을 상대로 일과 가정 사이의 갈등에 대한 이야기를 들려달라는 요청을 수없이 받았다. 한 번은 딸들이 나를 좋은 엄마로 생각할지 잘 모르겠다는 말을 한 적이 있었다. 사실 엄마라면 누구나 이런 생각을 하지 않는가? 인도의 한 방송사에서는 내가 워킹맘을 두고 한 이야기를 주제로 시청률이 가장 높은 시간대에 한 시간짜리 토론 프로그램을 방영하기도 했다.

지금껏 일과 가정 모두에 충실하면서 훌륭한 시민이 되고 싶다며 고민하는 수천 명을 만나왔다. 이런 소통이 내게 굉장한 영향을 주었다. 구체적이고 생생한 이야기들을 마음으로 듣고 가슴 깊이 새겼다. 가족은 우리를 강하게 만드는 강력한 원천이지만, 가정을 꾸리는 과정은 많은 이에게 스트레스 요인이기도 했다.

내가 속한 CEO 그룹은 세계에서 가장 영향력 있는 리더들이 모이는 공간에 초대받는 일이 잦았다. 그런데 자신의 삶과 일에서 조화를 찾기 위해 노력하는 사람들, 특히 여성들의 가슴 아픈 사연은 이런 곳에서 조금도 언급되지 않았다. 정계와 재계의 거물들은 금융과 과학기술, 화성여행을 통해 세상을 발전시키는 이야기만 나눴다. 삶의 중심이 되는, 정신없으면서도 즐겁고 어려우면서도 귀중한 핵심 가치, 가족에 대한 이야기는 가장자리로 밀려났다.

이러한 분리는 심각한 결과로 이어진다. 윗선에 속하는 의사결정자들이 일과 가정 사이의 갈등을 이해하고 해결하지 못한다면 수억 명의 여성들이 리더의 위치에 오를 기회가 가로막힐 뿐만 아니라, 만족할 만한 커리어와 건강한 파트너십 그리고 엄마의 역할을 조화롭게 달성해나갈 기회 또한 잃게 된다. 번영하는 시장을 만들기 위해서는 여성들이 집 밖에서 일하는 것을 선택할 수 있어야 하고, 여성의 선택을 지지해줄 사회적·경제적 인프라스트럭처가 구축돼야 한다. 아직은 여성 평등의 핵심인 재정적 독립과 안전이 위험한 상태에 놓여 있다.

직업 세계가 과거의 '이상적인 노동자', 즉 아무런 제약을 받지 않는 남성 가장 쪽으로 크게 치우쳐 있는 현실은 우리 모두에게 부정적인 영향을 미친다. 남성들에게도 말이다. 수많은 이들이 일터에서 자신의 능력을 온전히 발휘할 수 없다고 생각할 때 생산성과 혁신, 수익성이 타격을 입게 되고, 그 결과 기업은 손해를 볼 수밖에 없다. 너무 일찍 끝나는 학교, 출산휴가와 육아휴직의 부재, 노인 돌봄 지원의 부재라는, 현실에 전혀 부합하지 못하는 과거의 시스템 속에서 지나치게 에너지를 쏟아가며 어떻게든 방법을 찾으려는 가족들 또한 피해를 입고 있다.

이로 인해 전 세계가 고통받고 있다. 수많은 문제를 감당할 자신이 없는 젊은 세대 다수가 아이를 낳지 않는 쪽을 선택하는 추세다. 이런 현상이 향후 몇십 년간 경제에 심각한 타격을 주는 것도 문제지만, 안타깝다는 생각부터 든다. 지금까지 많은 것을 이뤄왔지만 아이들을 키우는 것이 내게 가장 큰 기쁨을 주었고, 다음 세대들도 이 경험을 놓치지 않길 바라는 마음이 크다.

그 어느 때보다도 진취성과 창의력을 발휘해 돌봄 중심의 인프라스트럭처를 구축하는 것으로 일과 가정의 양립이라는 어려운 문제를 반드시 해결해야 할 때라고 생각한다. 이를 문샷 moonshot('달 탐사선'을 꿈꾸는 것처럼 혁신적이고 원대하며 급진적인 프로젝트를 의미한다-옮긴이)으로 삼아 모든 근로자가 육아휴직, 유연근무, 근무 예측 가능성을 바탕으로 일과 가정에 닥치는 여러 변수들을 잘 헤쳐나갈 수 있도록 돕고, 가장 혁신적이면서도 포괄적인 보육 및 노년 돌봄 해결책을 하루빨리 마련해야 한다.

그동안 흔히 접하지 못했던 새로운 차원의 리더십이 필요하다. 나는 리더의 가장 기본적인 역할은 현재에 대응하는 데 그치지 않고 몇십 년 후의 미래를 만들어나갈 방법을 찾고, 변화에 따른 불편함을 사람들이 받아들이도록 이끄는 것이라고 생각한다. 일과 가정의 균형을 맞추는 데 뜻이 있는 비즈니스 리더와 정책 입안자, 모든 여성과 남성이 지혜를 합쳐야 할 때다. 할 수 있다는 긍정성과 해야만 한다는 책임감으로 사회를 바꿔나갈 수 있다. 어렵지만 용기와 끈기로, 그리고 서로 간의 타협으로, 변화를 이끌어낼 수 있다.

2006년, 펩시코의 CEO가 되었을 때 나는 여전히 탄산음료와 칩스 판매에 그 뿌리를 두고 있는 기업이 마주한 갈등을 해결하기 위해 굉장히 야심찬 계획을 내놓았다. 펩시콜라Pepsi-Cola와 도리토스Doritos를 홍보하는 동시에 더욱 건강한 상품을 시장에 소개하기 위해 최대한의 노력을 쏟아야 했다. 소매점의 진열장과 소비자의 주방 수납장에 편리하면서도 맛있는 스낵과 음료를 공급하는 한편, 환경에 미칠 영향을 고려해야 했다. 업계 최고의 사상가들을 불러 모으고 유지하는 동시에 25만 명의 직원들에게 펩시코가 일하기 좋은 직장이 될 수 있도록 힘써야 했다. 나는 이 미션에 '목적 있는 성과Performance with Purpose, PwP'라는 이름을 붙여 12년간 모든 의사결정의 기준으로 삼았고, 더욱 지속 가능하고 현대적인 조직을 구축하기 위해 희생과 선택을 반복했다.

2018년 퇴직을 몇 달 앞둔 나는 미래 세대를 위해 변화를 이끌여러 여성 리더 중 한 사람으로서 어떤 기여를 할 수 있을지 고민했다. 책을 쓰기로 결심했고, 주변 사람들에게 자서전은 쓰지 않겠다고 말했다. 내가 경험한 것들과 배운 것들을 모두 쏟아 부어 일과 가정의 양립 문제를 바로잡을 안내서를 쓸 생각이었다.

하지만 당신이 집어 든 이 책은 그런 책이 아니다.

먼저 일과 가정 문제에 대한 연구는 이미 충분하다는 판단 때문이었다. 출산휴가와 육아휴직부터 유아교육, 다세대 가족 형태까지 가정을 지원하는 다양한 아이디어와 담론이 전 세계 곳곳에서 훌륭한 지성인들에 의해 꼼꼼하게 수집, 분석, 평가, 논의되었다. 내가 굳이 이를 반복할 필요가 없었다.

둘째로, 일과 가정의 양립이라는 사안에 대해 내가 할 수 있는 이야기는 결국 내가 직접 경험한 내 삶의 이야기라고 생각했다.

그래서 이 책을 썼다.

My Life In Full

Indra K. Nooyi

CONTENTS

들어가며
008

∞∞∞∞
1부
로즈우드 그네를 타던 소녀
019

∞∞∞∞
2부
두려움과 희망 사이에서
109

∞∞∞∞
3부
펩시코에서의 시간
175

∞∞∞∞
4부
일과 삶, 우리의 미래에 대해
329

감사의 글
390

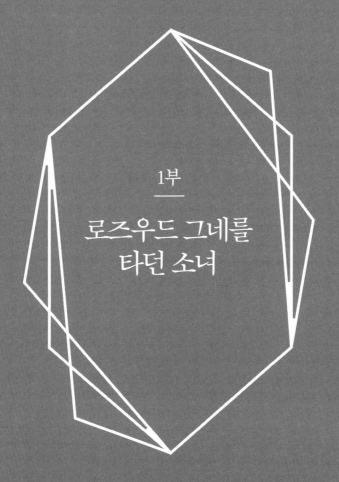

1부
—

로즈우드 그네를
타던 소녀

1

어릴 때 살던 집의 여성용 거실에는 가구가 딱 하나밖에 없었다. 1939년, 내 친할아버지가 인도 마드라스의 나무가 무성한 길에 이 집을 지을 당시엔 긴 체인 네 개를 천장에 연결해 만든 커다란 로 즈우드 그네뿐이었다.

남인도의 뜨거운 공기를 가르며 부드럽게 앞뒤로 흔들리던 그 그네에서 수백만 개의 이야기가 탄생했다. 자주색, 파란색, 노란 색의 소박한 사리Sari(인도의 전통의상-옮긴이)를 입은 어머니, 어머니 의 자매들과 사촌들은 늦은 오후면 우유를 넣고 달콤하게 만든 커 피를 손에 쥐고 그네에 앉아 맨발로 바닥을 밀어 앞뒤로 움직이며 대화를 나눴다. 그들은 식사 메뉴를 정하고, 자식들의 학교 성적을 비교하고, 자신의 딸이나 집안 내 젊은 누군가의 좋은 혼처를 찾 으려 인도 점성술을 들여다봤다. 정치, 음식, 동네에 도는 소문들, 옷, 종교, 음악, 책에 대한 이야기를 나눴다. 큰 목소리로 제 말만 하면서도 끝도 없이 대화가 이어졌다.

아주 어렸을 때부터 나는 언니 찬드리카Chandrika, 남동생 난두 Nandu와 함께 그네에서 놀았다. 그네를 밀며 학교에서 배운 노래를 불렀다. 〈더 테디베어스 피크닉The Teddy Bear's Picnic〉, 〈딱따구리 노 래The Woodpecker Song〉, 〈내 할아버지의 시계My Grandfather's Clock〉, 라디오에서 들은 비틀스의 〈에이트 데이즈 어 위크Eight Days a Week〉, 클리프 리처드의 〈독신남Bachelor Boy〉, 비치 보이스의 〈바버라 앤 Barbara Ann〉도 불렀다. 그네에 앉아 졸고, 몸싸움도 했다. 에니드 블라이튼Enid Blyton, 리치멀 크럼프턴Richmal Crompton, 프랭크 리처즈 Frank Richards의 영국 동화도 읽었다. 그네에서 놀다 반짝이는 빨간색 타일 바닥에 떨어지면 앞다투어 그네로 기어올랐다.

축제와 휴가 때는 크고 널찍한 우리 집으로 열 명이 넘는 사촌들이 모였다. 그네는 우리가 심혈을 기울여 만든 연극의 핵심 소품이었다. 우리의 상상력을 자극했던 다양한 주제로 직접 스토리를 짜고 연기도 했다. 부모님들, 조부모님들, 이모 삼촌들은 '티켓'이라고 휘갈겨 쓴 신문쪼가리를 들고 우리의 연극을 지켜봤다. 연극에 대해 비판하는 이들도 있었고, 자기들끼리 대화를 나누거나 그냥 자리를 뜨는 이들도 있었다. '정말 잘했어!'라는 분위기는 아니었다. '뭐, 괜찮았어', '이게 정말 최선이야?' 쪽에 가까웠다. 우리는 거짓된 칭찬보다 솔직함에 익숙했다.

정신없이 놀며 행복하기에 바빴던 때라 친척들의 평가는 그리 중요하지 않았다. 우리는 늘 주인공이 된 것 같은 기분이었다. 계속 움직이고, 웃고, 다른 놀이를 찾아다니느라 바빴다. 숨바꼭질을 하고, 나무에 오르고, 집을 둘러싼 정원에서 망고와 구아바를 따러 다녔다. 엄마들이 가운데 앉아 삼바르 사담sambar sadam과 따이르 사담thayir sadam, 즉 렌틸 스튜와 커드 라이스를 흙으로 빚은 커다란 그릇에 담고 바나나 잎을 접시 삼아 인도식 피클을 나눠주면 우리는 그 주변으로 둥그렇게 모여 바닥에 양반다리를 하고 앉아 밥을 먹었다.

사촌들이 머물 때면 밤에는 그네를 분해했다. 윤이 나는 널빤지를 은색 체인에서 떼어내 뒷베란다에 보관했다. 그네가 있던 자리에 형형색색의 커다란 매트를 깔고 여자고 남자고 할 것 없이 나란히 누워 각자 베개를 베고 자기 이불을 덮고 잠을 잤다. 우리 위로 커다란 모기장이 드리워질 때도 있었다. 화씨 85도(섭씨 29.5도-옮긴이)나 되는 밤의 열기를 몰아내려 느리게 돌아가는 커다란 천장 팬을 켜기도 했다. 조금이나마 열기를 식혀보고자 잠자리 주변으로 땅에 물을 뿌렸다.

당시 인도의 집이 으레 그렇듯 락슈미 닐라얌Lakshmi Nilayam이라고 불렸던 우리 집에도 남성용 거실이 있었다. 널찍한 거실에는 현관 포르티코portico(건물 입구에 기둥을 받쳐 만든 현관 지붕-옮긴이)가 바로 내려다보이는 크고 네모난 창이 나 있어 오가는 사람들을 한눈에 확인할 수 있었다.

은퇴한 지방법원 판사였던 친할아버지가 전 재산을 털어 테라스와 발코니까지 있는 2층짜리 거대한 집을 설계하고 만들었다. 널찍한 집에서도 할아버지는 남성용 거실에서만 머물며 신문과 책을 읽고 캔버스 천을 씌운 큰 안락의자에 앉아 쉬며 시간을 보냈다. 잠은 짙은 파란색 천을 씌운 긴 원목 침대에서 주무셨다.

대부분이 불쑥 찾아오는 사람들이었음에도 할아버지는 집에 온 손님을 항상 따뜻하게 맞이했다. 남자들은 남성용 거실에 있는 커다란 소파 두 개에 모여 앉아 세계 정세, 지역 정치, 시사에 대해 이야기를 나눴다. 정부 또는 기업이 시민들을 돕기 위해 어떻게 해야 하는지 저마다 뚜렷한 생각이 있었다. 이들은 타밀어나 영어를 썼는데 두 언어를 섞어 말할 때가 많았다. 아이들은 그곳을 편히 오가며 놀기도 하고 책도 읽고 숙제도 했다. 다만 그 공간에서 타타Thatha(나는 할아버지를 타타라고 불렀다) 맞은편에 여성이 앉아 있는 모습은 단 한 번도 본 적이 없다. 어머니는 손님들에게 커피나 간식을 대접하고 청소를 하느라 항상 들락거렸다.

작은 탁자 위에는 버건디색 가죽 커버의 옥스퍼드 영어사전과 케임브리지 사전이 있었다. 타타는 나와 동생에게 거의 천 페이지에 달하는 찰스 디킨스의 《니콜라스 니클비Nicholas Nickleby》를 읽게 했다. 몇 챕터를 완독할 때마다 타타는 책 속 한 페이지를 가리키며 "이 단어의 뜻은 뭐지?"라고 물었다. 내가 모른다고 하면 할아버지는 이렇게 말했다. "다 읽었다고 하지 않았더냐." 그럼 나는 사전에서 단어의 뜻을 찾아보고 타타에게 내가 정확히 이해했다는 것을 알리기 위해 그 단어가 들어간 문장 두 개를 적어 보여줘야 했다.

타타의 이름은 A. 나라야나 사르마Narayana Sarma였고, 나는 타타를 무척이나 좋아하고 존경했다. 할아버지는 당시는 영국령으로 마드라스라고 불리던 케랄라 주 팔가트에서 태어났다. 내가 학교에 들어갔을 때 이미 70대 후반으로 174센티미터 정도의 키에 야윈 체구, 이중초점 안경을 쓴 할아버지는 위엄 있고 굉장히 단호했지만 마음이 따뜻한 분이었다. 할아버지는 늘 빳빳하게 다림질한 하얀색 도티dhoti(인도의 전통적인 남성 하의-옮긴이)에 옅은 색 반팔 셔츠를 입었다. 할아버지가 말을 할 때는 그 누구도 입을 열지 않았다. 수학과 법학을 공부했고 수십 년간 민사·형사 사건을 모두 담당했던 분이었다. 다만 할아버지의 결혼생활만큼은 이해가 가지 않았다. 할아버지와 할머니는 여덟 자녀를 두었지만, 할머니 생전에 두 분은 서로 대화를 전혀 나누지 않는 것 같았다. 두 분의 거주 공간이 달랐다. 어린 손자 손녀들이 전부였던 할아버지는 우리에게 수준 높은 책을 소개해주고 기하학 이론을 설명해주었으며, 학교생활과 성적을 무척이나 자세히 알고 싶어 하셨다.

가족을 책임지는 가장이 남성용 거실에서만 지낸다는 것이 내게는 지극히 당연했다. 하지만 우리 가족의 생명력 넘치는 삶의 심장이자 영혼은 복도 아래쪽, 바닥에는 빨간색 타일이 깔려 있고 어마어마하게 큰 로즈우드 그네가 설치된 공간에서 탄생했다. 야외 개수대에서 설거지를 하고 바닥을 청소하던 젊은 여성 도우미 샤쿤탈라shakuntala와 함께 어머니는 그곳에서 집안이 무탈하게 유지되도록 지켰다.

어머니는 늘 바쁘게 움직였다. 요리를 하고, 청소를 하고, 큰 목소리로 심부름을 시키고, 사람들을 먹이고, 라디오에서 흘러나오는 노래를 따라 불렀다. 어머니가 부재할 때면 집에는 소름 끼치는 적막이 내려앉았다. 가족들 모두 그 적막을 싫어했다.

아버지는 수학 석사 학위를 받고 은행에서 일했고 당시에는 드물게 집안일과 양육을 돕는 남자였다. 직접 장도 보고, 침대 정리도 하고, 자신이 제일 좋아하는 요리를 해줄 때면 아내에게 극찬을 아끼지 않았다. 그리고 나를 데리고 다니길 좋아하셨다. 말수는 적었지만 지혜와 짓궂은 유머 감각은 대단했다. 나는 아버지를 보면서 그리스의 철학가 에픽테토스의 말을 떠올릴 때가 많았다. "우리에게 두 개의 귀와 하나의 입이 있는 이유는 말하는 것의 두 배를 들으라는 뜻이다." 아버지는 이 말을 여실히 실천하는 살아 있는 표본이었다. 아버지는 긴장된 분위기가 조성될 때면 악화시키지 않고 상황을 벗어나는 데 아주 능했다.

매달 아버지는 살림을 책임지는 아내에게 월급을 고스란히 가져다주었다. 어머니는 '금전등록기' 공책에 수입과 지출을 모두 기록하고 매주 정산을 했다. 어머니가 직관적으로 만들어낸 부기 시스템을 생각하면 회계를 배우지 않은 사람이 그런 시스템을 생각해냈다는 데 아직도 놀라움을 금할 수 없다.

1950년대와 60년대의 마드라스는 큰 도시였지만 우리 같은 아이들에게는 비교적 심심한 곳이었다. 약 150만 명의 인구에 생기 없고 따분하며 안전한 이 도시는 아침 기도 노랫소리와 자전거 벨 소리로 새벽 4시면 깨어났다. 저녁 8시경이면 가게들이 모두 문을 닫고 도시는 어둠에 빠졌다. 청년들은 집으로 귀가해 공부를 했다. 그렇게 하루가 저물었다.

영국 동인도회사가 이 나라에 세워진 것은 1639년이었고, 그로부터 300여 년이 흐른 그 당시에도 우리는 고대 인도 사원과 19세기 식민성, 법원, 학교, 교회가 혼재하는 시절을 살았다. 가로수가 심어진 넓은 거리는 수많은 버스, 모터바이크, 인력거, 자전거로 가득했고 몇 대의 피아트Fiat와 앰배서더Ambassador도 볼 수 있었다. 공기는 맑고 깨끗했다. 한 번씩 우리는 뱅골만을 따라 약 10킬로미터에 걸쳐 펼쳐진 마리나 해변으로 향했다. 어른들에게 바다는 위험하고 예측할 수 없는 곳으로 멀리서 눈으로만 바라보는 것이 가장 좋은 대상이었다. 바다에 휩쓸려갈까 봐 아이들은 모래사장이나 잔디에서만 놀 수 있었다.

1996년 첸나이Chennai로 지명이 변경된 마드라스는 타밀나두주의 주도로 섬유 산업, 자동차 제조업, 식품 가공업 그리고 후에는 소프트웨어 서비스가 경제의 주동력이었다. 훌륭한 전문학교와 대학이 여럿 있는 도시다. 지역사회를 잇는 매개체인 고대 카르나티크Carnatic 음악과 스토리를 바탕으로 표현력과 리드미컬한 움직임이 돋보이는 바라타나티암Bharatanatyam(인도의 4대 전통무용 중 하나로 여성의 독무다-옮긴이) 등 남인도 전통예술의 성지이기도 하다. 매년 12월이면 도시는 유명 예술 축제를 보러 온 관광객들로 가득했다. 12월이 되면 우리 집을 드나드는 수많은 친척과 라디오로 중계되는 음악회를 함께 들었고, 연주가 한 곡 끝날 때면 저마다 꽤 통찰력 있는 비평을 한 마디씩 덧붙이며 즐거운 시간을 보냈다.

힌두 브라만 집안이지만 우리는 힌두교는 물론 기독교, 자니아교, 이슬람교 등 다른 종교를 지닌 사람들과 함께 살아갔다. 문화적으로 다채롭고 다종교적인 사회 속에서 우리는 끈끈하고 헌신적인 가족이라는 원칙을 지키며 살았다. 우리는 대대로 몇 세대가 함께 사는 전통이 있는 집안이었다.

20세기 중반의 브라만 계급 사람들은 간소하고 종교에 독실하며 교육을 무척이나 중요하게 여겼다. 널찍한 터에 커다란 집을 소유했다는 것은 편안하고 대단히 안정적인 삶을 누렸다는 의미는 맞지만, 그렇다고 부유하지는 않았다. 우리 가족은 옷이 별로 없었고 패션에 대한 욕구도 없었다. 우리는 가능한 한 돈을 저축했다. 외식을 하거나 휴가를 간 적도 없고, 2층은 항상 세를 줬다. 여유롭지 않은 재정 상태에도 우리가 브라만으로 태어난 것이 행운이라는 점은 알고 있었다. 우리는 배운 사람들이라는 인식 덕분에 어딜 가든 존경을 받았다.

어머니는 힌두 축제는 모두 챙겼지만 우리 집에서 생일을 챙기는 사람은 아무도 없었다. 부모님은 우리를 안아주거나 입을 맞추거나 사랑한다는 말을 한 적이 없었다. 우리 집에서 사랑은 표현하는 것이 아니었다. 두려움, 희망, 꿈에 대해 말하지도 않았다. 그런 대화를 나누는 분위기가 아니었다. 혹여 우리가 그런 이야기를 꺼낼 낌새라도 보였다면 "더 열심히 기도하거라. 길을 찾도록 신이 도와주실 거다"라는 말로 차단됐을 것이다.

어머니가 가장 좋아하는 말이자 하루에도 몇 번씩 했던 말은 마타Matha(어머니-옮긴이), 피차Pitcha(아버지-옮긴이), 구루Guru(스승-옮긴이), 데이밤Deivam(신-옮긴이)이었다. "네 어머니, 네 아버지, 네 스승을 신처럼 숭배하라"는 어머니식 표현이었다.

어머니는 이 네 존재 모두를 존경해야 한다고 끊임없이 말했다. 한 예로, 어른들 앞에서는 다리를 어딘가에 올리고 편히 쉬어도 안 됐고, 책에 대한 예의로 간식을 먹으며 공부를 해서도 안 됐다. 선생님이 교실에 들어오면 항상 자리에서 일어나 맞이했고, 허락이 떨어져야 다시 자리에 앉았다.

우리는 집에서 자유롭게 의견을 말하고 마음껏 생각을 펼치며 논쟁도 할 수 있었지만, 그러기 위해서는 우리 말을 자르며 "네가 뭘 알겠니? 어른들 말 들으렴. 그럼 아무 문제도 없을 거다"라고 말하는 어른들을 견뎌야만 했다.

우리가 살던 마드라스 집은 웃음소리와 티격태격하는 소리, 고성으로 항상 시끄러웠다. 집안 분위기가 엄격했고 나는 잘못을 저지르면 엉덩이를 맞았다. 당시 대부분의 집에서는 아이들을 이렇게 키웠다. 굳건한 삶 속에서 나는 절제하는 법과 내 의견을 당당히 밝히는 법을 배웠다. 점점 더 탐험할 자유가 주어지는 환경에서 자란 덕분에 새로운 것들을 시도하며 능력을 보여줄 용기도 얻었다. 내게는 언제든 의지할 수 있는 집이 있었다.

나는 까무잡잡한 피부에 키가 크고 마른 체형이었다. 여자아이들을 피부색과 아름다운 외모, 차분함, '가정적인 성향'을 기준으로 평가하던 사회에서 에너지가 넘쳤던 나는 운동을 하고 나무를 오르고 집과 정원을 뛰어다니는 것을 좋아했다. '이런 선머슴' 같은 애랑 결혼해줄 사람을 도대체 어디서 찾겠냐고 친척들이 수군대는 소리도 들었다. 지금도 그 생각을 하면 기분이 상한다. 하지만 여자라고 해서 더 많은 것을 배울 수 없다거나, 열심히 공부해선 안 된다거나, 또래 중 가장 똑똑한 아이들과 경쟁할 기회를 누리지 못하는 일은 없었다. 우리 집은 여자아이를 교육하는 데만큼은 상당히 진보적인 편이었다.

우리 집에서는 남자아이든 여자아이든 큰 꿈을 가질 수 있었다. 그렇다고 해서 규칙까지 똑같지는 않았다. 여자아이들은 남자아이들과 조금 다르게 보호받아야 한다는 인식이 분명 있었다. 하지만 배움과 기회에서 성별 때문에 불이익을 당했다고 느낀 적은 없었다.

이는 수백 년 전부터 전해 내려오는 브라만의 가치와 1900년대 중반 새로운 독립 국가로 번영해야 한다는 인도의 정신, 할아버지 타타의 세계관으로부터 형성된 분위기였다. 다행스럽게도 내가 아빠Appa라고 불렀던 아버지 역시 이런 분위기를 지지하는 분이었다. 아빠는 어떤 수업이든 듣게 해주었고, 우리가 잘했을 때면 뿌듯한 미소를 보였다.

아버지는 내가 부모님 외에는 누구에게도 돈을 달라고 손을 벌리지 않길 바란다고 했다. "네 두 발로 굳건히 설 수 있도록 돕기 위해 네 교육에 투자하는 거란다. 나머지는 네게 달려 있어. 당당하고 자립적인 사람이 돼야 한다."

어머니의 생각도 같았다. 완강하고 주도적이었던 어머니는 당시 며느리들이 으레 그렇듯 가족 간의 갈등이 생기면 아무 잘못도 없이 비난의 대상이 됐다. 어머니는 이런 문제를 확고한 결단력으로 단숨에 정리했다. 훌륭한 CEO의 자질을 갖춘 인물이었다. 대학 근처에도 가지 못했지만, 그 좌절감을 발판 삼아 두 딸의 멋진 미래를 위해 더욱 힘썼다. 어머니에게는 쉬운 일이 아니었다. 자신이 누리지 못했던 자유를 딸들이 마음껏 누리길 바라며 간접적으로나마 한을 풀었던 것 같다.

어렸을 때부터 나는 가족이 우리 삶의 근간을 이룬다는 것을 깨달았다. 가족은 내 기반이자 나를 앞으로 나아가게 한 원동력이다. 남편 라지Raj와 두 딸 프리타Preetha, 타라Tara와 미국에서 꾸린 가정은 내 가장 자랑스러운 업적이다. 나는 특정한 시대의 인도 가정에서 자랐고, 이 같은 유산이 나라는 인간을 정의하지만, 가족의 형태는 다양하다는 것 또한 잘 알고 있다. 자신의 부모나 자녀들과 깊은 유대감을 나눌 수 있어야 더 큰 집단에서 각자 또 다 함께 번영해나갈 수 있다. 나는 건강한 가족이 건강한 사회의 근간이라고 믿는다.

가족이란 도저히 해소할 수 없는 고통스런 문제들이 뒤엉킨 골치 아픈 존재임을 알고 있다. 내게는 스물아홉 명이나 되는 사촌이 있지만, 외사촌 열네 명과는 굉장히 친하게 지내는 반면 친사촌 열다섯 명은 내가 감히 헤아릴 수조차 없는 오래된 균열로 대다수는 잘 알지도 못하는 사이로 지낸다. 이런 현실은 우리 삶의 축소판이자, 우리가 반드시 헤쳐나가고 수용해야 할 삶의 고충을 닮아 있다는 생각이 든다.

나는 부모님이 결혼하신 지 4년 후인 1955년 10월, 언니와 13개월 차이로 태어났다. 어머니 샨타Shanta는 스물두 살, 아버지 크리슈나무르티Krishnamurthy는 서른세 살이었다.

두 분은 중매로 만났다. 어머니가 고등학교를 졸업하고 얼마 되지 않아 먼 친척 부부가 외조부모님을 찾아와 자기 아들과의 혼사를 제안했다. 아버지는 언젠가 어머니가 테니코이트tennikoit를 하는 모습을 봤다. 테니코이트는 네트를 사이에 두고 고무 링을 주고받는 스포츠로 여학생들에게 인기가 많았다. 아버지가 어머니의 에너지를 마음에 들어 했다고 먼 친척 부부가 외조부모님께 전했다. 점을 치고 가족들끼리 몇 차례 자리를 가진 뒤 양가가 결혼에 동의했다. 여덟 자녀의 여섯째로 자란 어머니로서는 교육 수준이 높은 존경받는 집안의 사람이 된다는 것과 널찍한 집의 편안함과 안전함이 좋았다.

부모님은 처음 정식으로 만난 자리에서는 거의 대화를 나누지 않았다. 내가 태어날 즈음에는 두 분이 행복한 가정을 꾸리며 아버지의 안정적인 소득으로 살림살이도 어느 정도 자리가 잡혀 있었다. 여덟 자녀 중 하나였던 아버지가 이 집을 물려받기로 돼 있었다. 할아버지는 자신의 노후를 책임질 사람이 우리 부모님이라고 확신했다. 며느리인 우리 엄마가 가족을 소중히 여기는 사람인 데다 아들과 손자들을 돌보는 모습에 자신 또한 잘 모실 거라고 생각했다.

내가 여섯 살쯤 됐을 때 찬드리카 언니와 내게 매일 해야 하는 집안일이 주어졌다. 가장 힘들었던 일은 새벽녘, 시끄럽게 물소가 울어대는 소리가 들리자마자 한 침대에서 자던 언니와 나 둘 중 한 명이 잠에서 깨는 것으로 시작됐다. 한 여성이 커다란 회색 물소를 끌고 우리 집에 와 그날 하루 동안 쓸 젖을 짰다. 그녀가 물을 섞어 무게를 속이지 않도록 감시하는 것이 우리 임무였다. 암마 Amma, 즉 어머니는 물소 우유로 우리 집의 채식주의 식단에 중요한 요거트와 버터, 풍미가 좋은 남인도 커피를 만들었다. 오전이면 채소 장수가 와서 콜리플라워, 시금치, 호박, 감자, 양파 등 신선한 채소를 팔았다. 비쌌지만 다양한 채소를 구매할 수 있었다.

일곱 살이 된 후에는 몇 블록 떨어진 슈퍼마켓에 가서 집으로 배달시킬 물품 목록을 전달하거나 몇 가지를 직접 사오기도 했다. 점원은 고깔 모양으로 만든 신문지 안에 렌틸콩이나 쌀, 여러 콩류를 담아서는 노끈으로 입구를 봉했다. 물품이 많을 때는 신문지 고깔이 가득 담긴 짐이 집으로 배달되었다. 곡물류는 유리병이나 알루미늄 통에 정리해 주방에 보관했고, 나중에 다시 사용할 요량으로 신문지는 곱게 접고 노끈은 공처럼 동그랗게 말아 선반에 두었다. 무엇도 함부로 버리지 않았다.

암마는 항상 바빴다. 물소 우유가 도착할 즈음이면 이미 옷을 갖춰 입은 암마가 타타와 아버지에게 커피를 대령했다. 우리를 위해서는 초콜릿 음료인 번비타Bournvita가 준비됐다. 그 후 암마는 우유와 설탕, 소두구 가루를 넣은 귀리 포리지로 아침식사를 준비했다. 무더운 날에는 조리된 쌀을 하룻밤 물에 불린 뒤 버터밀크와 섞은 칸지kanji를 먹었다.

8시면 암마는 정원에 나가 정원사 샨무감Shanmugam과 함께 꽃을 돌보고 가지치기를 했다. 주방 한쪽의 오목한 벽면에 제법 크게 마련된 기도실을 꾸미기 위해 꽃을 꺾었다. 그곳에서 매일같이 기도를 올리던 암마는 요리를 하던 중에도 기도실에 들어갈 때가 잦았다. 카르나티크 음악을 들으며 따라 부르기도 했다. 암마는 올림 머리나 높이 묶은 포니테일에 항상 하얀색이나 화려한 색의 꽃을 꽂았다. 주말이면 한 번씩 언니와 내 머리를 땋아 꽃을 꽂아주기도 했다.

남편과 아이들이 집을 나서면 암마는 주방으로 돌아가 타타와 찬드리카 언니, 나를 위한 점심 준비를 시작했다. 등유로 불을 피우는 탓에 연기가 상당했다. 그런 불편함을 감수하고 암마는 우리를 위해 금속으로 된 도시락 통에 갓 지은 따뜻한 음식을 담아 학교로 가져다주었다. 놀이터에 있는 나무 아래 앉아 가사도우미 샤쿤탈라가 먹여주는 점심을 먹었다. 조금도 남기지 않고 먹어야 했다. 음식을 남기면 저녁식사로 마저 먹어야 했는데 그것만은 어떻게든 피하고 싶었다. 암마는 타타의 점심으로 커다란 은쟁반에 다양한 채소와 반찬을 담은 작은 그릇들을 한가득 준비했다.

오후에 암마는 인력거를 타고 약 1.5킬로미터 떨어진 외갓집으로 가 가정사를 의논하고 외할머니의 부엌일을 도왔다. 그런 뒤 다시 집으로 돌아와 식사를 준비했다. 매일매일 한 끼 식사량만 준비해 밥을 먹고 남은 음식 없이 말끔히 치웠다. 집에 냉장고가 없었다.

4시 30분이면 하교해서 집에 오는 찬드리카 언니와 나를 타타와 암마가 반겨주었다. 아빠가 퇴근하는 5시 30분까지 약 한 시간 동안 간식을 먹으며 놀았다. 그런 뒤에는 멀쩡한 책상을 두고 타타 발치에 앉아 숙제를 했다. 할아버지는 우리 공부를 봐주었다. 우리가 수학을 헤매면 미리 만들어둔 연습 문제가 적힌 종이를 내밀었다. '날랜 갈색 여우가 게으른 강아지를 뛰어넘는다'라는 문장을 공책에 두 페이지가량 써내려가며 필기체를 연습하는 날도 많았다. 알파벳 스물여섯 자가 모두 들어가 있는 문장이었기 때문이다. 타타는 좋은 필체가 좋은 미래를 만든다고 믿었다.

저녁 8시면 다 같이 모여 저녁을 먹었다. 다만 암마는 가족들 저녁상을 봐준 뒤 나중에 식사를 했다. 밥을 먹고 나서 학교 숙제와 이런저런 일들을 하고 있으면 불이 나갔다. 전기 공급이 중단될 때가 많았고, 그러면 집은 순식간에 어둠에 잠식됐다. 그러면 초에 불을 붙이고 손전등을 켰다. 우리 피를 포식하려는 모기들이 어둠을 반기면서 왱왱거리며 모여들었다. 박수 한 번으로 모기를 잡는 것은 꼭 필요한 생존 기술이었다. 잠자리에 들기 전에는 학교에서도 외는 주기도문을 어머니 귀에 들리도록 큰소리로 외웠고, 산스

크리트어 기도문도 몇 개 외웠다.

여덟 살 때 어머니가 복잡한 제왕절개 끝에 남동생 난두를 낳았다. 집안의 대를 이을 아들이었기에 모두의 자랑거리이자 기쁨이었다. 나도 남동생을 무척이나 사랑했다. 암마가 갓 태어난 동생을 데리고 친정에서 몇 달간 머무는 동안 아버지는 엄청난 양의 집안일을 하고 찬드리카 언니와 나를 학교에 데려다주었다. 난두를 데리고 집에 돌아온 암마는 아직 수술에서 완벽히 회복 못한 몸으로 늘 하던 집안일에 더해 신생아까지 돌보며 전보다 바쁘게 움직였다. 내 눈에 어머니는 한 치의 오차도 없었다. 어떻게 그렇게 할 수 있었는지 나로서는 도저히 알 수가 없다.

이제는 천만 명이 넘는 인구가 사는 첸나이는 항상 물이 부족하다. 매년 우기의 장맛비로 호수와 저수지에 저장되는 물에 의존해 생활하는데, 도시까지 수백 킬로미터를 잇는 수도 파이프는 1890년대에 설치된 것이다. 물을 실은 트럭이 외진 지역으로 가면 주민들은 플라스틱 통을 들고 줄지어 물을 배급받는다.

우리 집에도 물이 항상 제한적으로 공급됐다. 지역 수자원공사인 마드라스 코퍼레이션Madras Corporation은 수도 밸브를 아주 이른 아침에 열었다. 부모님은 빈 냄비와 팬을 모두 꺼내 조금씩 떨어지는 물을 받아 요리와 식수, 청소에 알뜰히 나누어 사용했다.

마당에는 우물이 있었다. 우물에 설치된 전기 펌프가 바닷물을 2층 테라스에 있는 탱크로 길어 올리면 그 물은 화장실로 내려갔다. 우리는 작은 철제 컵으로 미지근한 물을 끼얹으며 몸을 씻어야 했고, 나는 한 번에 몸을 최대한 적시려 몸을 작게 웅크렸다. 흔한 덩굴 관목인 시카카이Shikakai 나무껍질과 잎을 갈아 만든 가루에 물을 조금 섞어 머리를 감았다. 이는 왕겨를 태워 만든 숯가루를 검지에 묻혀 닦았다. 그런 뒤 콜게이트 가루 치약을 쓰기 시작했다. 아홉 살 때부터 진짜 칫솔과 치약을 사용했다. 스물네 살이 돼서야 처음으로 치과에 가서 스케일링을 받았다.

우리의 삶은 예측 가능했다. 가장 중요한 일은 공부를 열심히 해서 좋은 성적을 받는 것이었다. 하지만 찬드리카 언니와 나는 저녁에 해야 할 일이 또 있었다. 저녁식사 뒤 접시를 치우거나, 다음 날 아침 어른들이 마실 커피를 위해 피베리 커피콩을 수동으로 갈아야 했고, 무엇보다 힘들었던 일은 버터밀크를 휘저으며 버터를 분리하는 것이었다. 지루한 작업인 데다 손바닥이 쓸려 까졌다.

나는 1958년, 우리 집에서 약 1.6킬로미터 떨어진 곳에 있는 홀리앤젤스수녀원Holy Angels Convent 내 성모유치원Our Lady's Nursery School에 입학했다. 12년간의 교육 과정을 제공하는 가톨릭 기관이었다. 몇 년 동안 매일 아침마다 찬드리카 언니와 나는 아버지의 자전거나 스쿠터를 타고 학교에 갔다. 어렸을 때는 하얀색 블라우스에 회색 점퍼와 스커트 차림으로, 좀 자란 후에는 라운드 칼라의 회색과 하얀색 유니폼을 입고 줄무늬 벨트를 했다.

매년 5월이면 암마는 천을 45미터 정도 구매한 뒤 교복 여섯 벌을 맞췄다. 재단사에게 커서도 입을 수 있도록 지금보다 두 사이즈 정도 크게 만들어달라고 했다. 특별한 때 입을 드레스 몇 벌과 일상복으로 파바다이pavadai라고 부르는 다채로운 색의 인도식 치마도 맞췄다. 옷이 하나같이 투박했지만 우리 눈에는 하이패션 같아 무척이나 소중하게 다뤘다. 옷은 전부 깔끔하게 접어 절반 정도 빈 장롱 속 선반에 보관했다. 축제와 결혼식에 갈 때는 아주 특별한 실크 파바다이를 입었다. 실크 파바다이는 암마 장롱에 보관해 아껴 입었다. 암마는 의류비의 대부분을 우리에게 지출했고 본인은 소박하고 평범한 옷만 사 입었다.

낮 동안 샤쿤탈라가 남자 셔츠와 도티, 암마의 사리, 우리 교복을 세탁해 널었다. 저녁이 되면 숙제를 마친 찬드리카 언니와 나는 우리가 신고 다니는 검은색 가죽 신발을 닦고, 무릎까지 오는 양말을 빨고, 불 위에서 쌀가루에 물을 섞어 만든 풀을 먹여 옷을 다렸다. 쌀가루를 제대로 젓지 않아 덩어리가 지면 천에 하얀 얼룩이 남았기에 우리는 제대로 풀을 쑤는 데 전문가가 됐다. 비가 오는 아침이면 젖은 옷을 입기 싫어 열심히 다리미질을 했다. 전기가 나가는 일이 자주 있었는데, 그런 날에는 눅눅한 교복을 입고 등교해야 했다. 우리만 그랬던 것은 아니다. 대부분의 학생들이 우리랑 비슷한 처지였을 것이다.

장난감은 거의 없었다. 언니와 나는 각자 하나뿐인 인형을 귀하게 여겼고 인형을 앉혀놓고 대화도 나눴다. 작은 냄비와 팬으로 우리가 '하우스'라고 이름 붙인 소꿉놀이를 하고 전선과 종이로 어설프게 만든 의료기기로 병원놀이도 했다.

첫날부터 찬드리카 언니와 나는 학교가 마음에 쏙 들었다. 학교는 *끈끈한* 가족을 벗어나 세상으로 진입하는 창구였고, 우리의 열정을 온전히 발휘해도 되는 곳이자 이를 어른들이 칭찬해주는 곳이었다. 모든 것이 자유로웠다. 학교를 너무도 좋아한 나머지 여름방학이면 같이 놀 사촌들이 곁에 있어도 언니와 나는 침실 벽에 달력을 붙여놓고 개학까지 며칠이 남았는지 세었다.

집에서는 어떤 활동이든 철저한 검증을 거쳐야 했다. 우리가 보고 싶은 영화가 있으면 부모님이 먼저 봐야 했지만, 두 분은 영화를 볼 시간이 없었기에 우리도 영화를 보러 간 적이 없었다. 우리는 집에서 몇 블록 떨어진 도서관에 가기도 했다. 방이 딱 하나뿐이었던 도서관은 아주 저렴한 가격에 무제한으로 대출이 가능했지만 다음 날 바로 반납해야 했다(덕분에 속독을 배웠다!). 암마는 항상 라디오를 틀어놨고, 대부분의 인도 가정이 그렇듯 우리 집에는 TV가 없었다. 물론 인터넷은 당시에 존재하지 않았다. 우리 집에는 항상 사람들이 찾아왔지만 우리는 외갓집 외에는 다른 집에 가본 적이 없었다. 가족 중 한 명은 남아 할아버지를 챙겨야 했다.

학교에는 내가 도전해볼 만한 일들이 항상 있었다. 쉬는 시간이면 나는 건물 밖에 길게 난 그늘진 복도를 뛰어다니며 다양한 활동을 했다. 마리아의 전교자 프란치스코 수녀회Franciscan Missionaries of Mary에서 1897년에 설립한 홀리앤젤스수녀원에는 널찍한 건물

여섯 채와 강당, 정원, 마당, 네트볼 코트, 거의 사용하지 않는 테니스 코트가 있었다. 수업이 끝나면 공놀이를 하거나 선생님을 도울 때가 많았다.

나는 어린 연령을 대상으로 운영하는 걸스카우트 프로그램인 불불스Bulbuls에 입단했다. 엷은 파랑 드레스에 오렌지색 줄무늬가 들어간 스카프를 링에 끼워 꼭 조인 단복을 입었고, 몇 년 후 걸 가이즈Girl Guides로 정식 단원이 됐을 때는 무척이나 신이 났다. 바느질, 매듭 묶기, 응급 처치, 불 지피기, 수기 신호 등 걸스카우트가 중요시하는 수십 가지 기술을 익혀 배지를 얻으려고 무던히 노력했다. 11학년 때는 국내 스카우트 대회에도 출전했다. 스카우트 활동을 하며 정말 많은 것을 배웠다. 팀에 기여하면서도 내가 필요한 것을 얻는 법과 팀워크를 배웠고, 경우에 따라 리더십이 어떻게 달라지는지도 배웠다. 텐트를 치며 신뢰란 무엇인지 깨달았다. 폴을 바로 세우고 캐노피를 잘 펼치려면 모두가 로프를 딱 알맞은 강도로 당겨야 했다. 그러지 못하면 텐트가 주저앉고 만다. 각자 자신이 맡은 역할을 하지 않으면 제대로 해낼 수 없는 일이었다.

학교에서 음악도 배웠는데, 라자루스Lazarus 선생님은 영국 학교에서 부르는 수많은 노래에 학생들이 흠뻑 빠지게 만드는 재능이 있었다. 찬드리카 언니와 나는 일주일에 며칠은 집에서 인도 전통 노래와 춤을 배우는 수업을 받았다. 우리 같은 여학생들은 반드시 배워야 했다. 좋은 남편을 얻기 위한 필수 조건처럼 여겨졌다. 찬드리카 언니는 노래도 잘 부르고 공부도 열심히 하는 모범생이었다. 나는 항상 밖에 나가 놀고 싶어 하는 아이였다.

학업에서 홀리앤젤스는 엄격한 곳이었다. 나무 책상을 줄 맞춰 다닥다닥 붙여놓은 교실에 서른여 명의 여학생들이 앉아 수업을 들었다. 매일 오전 8시 30분에 수업이 시작해 오후 4시에 끝났다. 영어, 역사, 수학, 과학, 지리 그리고 여자가 배워야 할 필수 기술인 바느질과 예술 수업이 엄격한 분위기에서 진행됐다. 몇 주에 한 번씩 시험이 있어 부담이 컸다.

자신의 삶을 신과 교육에 바치기 위해 아일랜드에서 온 수녀님들을 포함해 선생님들은 모두 따뜻하고 멋진 분들이었다. 아이들은 수녀복에 머릿수건을 쓴 선생님들의 눈을 피할 수 없었다. 교장 선생님이었던 네싼Nessan 수녀님과 유치원 책임자인 베네딕트Benedict 수녀님은 항상 복도를 오갔다. 한 번씩 우리 집을 방문해 커피를 마시며 할아버지나 부모님과 대화도 나눴다.

성적표가 나오는 매달 마지막 날이면 타타는 의자를 갖고 집 밖으로 나와서 포르티코 아래에 앉아 기다리다가 하교하는 우리 손에서 제일 먼저 성적표를 건네받았다. 1등이 가장 좋지만 적어도 반에서 3등 안에 들지 못하면 할아버지는 자기 자신에게 실망했다. 우리 성적을 당신 일처럼 생각했다. 우리의 성적이 낮을 때면 할아버지는 한 번씩 선생님들의 평가 기준에 의문을 표했다.

공부에 신경을 많이 썼던 암마는 우리에게 시험을 내곤 했다. 세계 7대 불가사의, 세계의 유명 강, 국기 등의 일반 상식을 공부시켰다. 남자들과 아이들이 식사를 마친 후 부엌에서 식사를 하던 암마가 "네가 인도 총리라면 어떤 일을 하고 싶어?" 같은 질문을 하면 언니와 나는 그 곁에 앉아 10분간 답변을 써내려갔다. 암마는 더 잘 쓴 아이에게 상을 내렸다. 암마가 자물쇠로 잠가놓은 장에 보관된 커다란 캐드버리Cadbury 초콜릿 한 칸이었다. 내가 이겼을 때는 그 초콜릿 조각을 30분은 족히 녹여 먹었다. 지금 내 돈으로 사 먹는 초콜릿은 그때 그 맛이 나지 않는다.

학교에서 토론하기를 좋아한 나는 내 주장을 펼칠 수 있는 지역 토론 대회라면 무조건 참가했다. 선택 과목으로 스피치와 시, 대중 연설을 배우는 웅변 수업을 택했다. 나는 토론에 타고난 재능이 있었고 무대에 오르는 것도 수줍어하지 않았다.

열두 살 즈음인 8학년이 되자 케임브리지대학교의 커리큘럼에 따라 인문학과 과학 사이에서 주력할 분야를 선택해야 했다. 나는 물리학, 화학, 생물학을 더욱 깊게 배우는 과정을 시작했다. 이는 영어와 수학, 역사, 고전에 조예가 깊은 할아버지가 예전처럼 내 학업에 참견할 수 없다는 뜻이었다. 이제부터 내가 알아서 해야 했다.

특히 생물학에 관심이 갔다. 학교에서 바퀴벌레, 개구리, 지렁이를 해부했는데, 표본을 우리가 직접 가져와야 했다. 커다란 바퀴벌레를 발견하면 클로로포름이 담긴 유리병에 보관했다. 그래야 다음 날 살아 있는 벌레를 해부할 수 있었다. 지렁이는 어디에나 있었지만 우기가 아닐 때 개구리를 찾기란 여간 어려운 일이 아니었다. 개구리를 잡으러 온 가족이 총출동하곤 했다. 다행히도 홀리앤젤스에서 개구리 표본을 제공해주는 업체와 계약을 맺은 덕분에 지긋지긋한 개구리 사냥에서 벗어날 수 있었다.

8학년 때, 담임인 조바드Jobard 선생님이 뉴델리에서 열리는 인도학교연합United Schools Organization of India 콘퍼런스에 우리 학교 대표단으로 나를 선발했다. 나흘간 진행되는 콘퍼런스는 인도 여러 지역에서 온 학생들이 친분을 다지는 자리였다. 학교에서도 대단히 중요하게 생각하는 행사였지만 집에서는 이루 말할 수 없을 정도로 기뻐했다. 대표단에서 가장 어렸던 나는 가족들이 행복해하며 참가비를 내는 데 선뜻 동의하는 모습에 무척이나 신났다.

마흔다섯 정도의 나이에 체구는 작지만 눈빛이 강렬했던 조바드 선생님과 교복 차림의 여학생 다섯 명은 붉은 벽돌로 지은 어마어마한 규모의 마드라스 중앙역에서 증기기관차를 탔다. 최소한의 짐만 챙겨 이틀간 북쪽으로 2,000킬로미터 넘게 달렸다. 우리는 이틀 밤을 좁은 객실 벽에 달린 접이식 간이침대 세 개에서 잠을 잤다.

수도 델리는 너무도 낯선 곳이었다. 잔디밭과 정원에 둘러싸인 장엄한 빌딩, 역사적인 건축물, 자동차로 가득한 넓은 도로, 터번을 쓴 사람들, 힌두어로 적힌 표지판에 마음을 온통 빼앗겼다. 인도 북부에서 쓰는 힌두어는 내가 알아듣지 못하는 언어였다. 우리 팀은 토론 대회와 문화 공연, 평화와 정치에 대한 수업이 예정된 비자얀 바반Vigyan Bhavan 회의장에서 서른 곳이 넘는 학교에서 온

10대 학생들을 만났다. 우리 팀은 '선과 악'을 주제로 한 아일랜드 춤을 선보였는데, 내 기억으로는 심사위원들이 우리 공연을 보고 당황했던 것 같다. 어쨌거나 우리에게 상을 주었다. 우리는 굉장히 크고 정신없는 곳에서 식사를 하고 공동 침실에서 잠을 잤다.

이렇게 대단한 곳에 속해 있다는 데 자부심이 차올랐고, 인도 내 다양한 문화에 눈이 번쩍 뜨이는 경험이었다.

10대에 접어들면서 여러 가지로 생활이 달라졌다. 아버지는 은행에서 운영하는 교육기관의 강사가 되어 3년간은 출장을 다닐 일이 많았다. 한 달에 2~3일만 집에 오는 바람에 아버지가 무척이나 그리웠다. 우리 둘 사이에는 특별한 유대감이 있었고, 아버지가 세 자녀 중 나를 가장 아낀다고 믿었다. 아버지는 업무에 관한 사안도 나와 공유했고 나를 항상 특별한 사람처럼 대해주었다.

그즈음 어머니는 인도의 잠금장치 기업인 고드레지 앤드 보이스Godrej & Boyce에서 만든 금속 캐비닛, 고드레지 장롱을 들였다. 우리가 시집갈 때 줄 혼수를 보관할 용도였다. 생활비를 쓰고 돈이 얼마라도 남으면 언니와 내 몫으로 똑같은 물건을 두 개씩 구매해 장롱에 넣었다. 장롱 안에 스테인리스 냄비와 팬, 은쟁반, 그릇, 컵, 자잘한 금 장신구가 쌓여갔다. 가끔씩은 직물과 조리도구를 교환해주는 상점에 금사로 만든 낡은 사리를 가져가 물물교환을 하기도 했다. 집에는 어머니 의류용, 가족 귀중품용, 두 딸의 혼사용, 이렇게 고드레지 장롱이 세 개 있었다.

나는 어머니의 행동에 그리 개의치 않았다. 하지만 우리 집 장녀이자 곱슬머리와 빛나는 미소가 아름다웠던 찬드리카 언니는 이런 분위기에 부담을 느꼈다. 이 사안만큼은 차녀라는 장점이 있었다. 어른들의 관심에서 나는 비교적 자유로웠다.

1968년 어느 여름 날, 사랑하는 아버지가 베스파Vespa 스쿠터를 타고 가다 버스에 치이는 사고를 당했다. 아버지는 바퀴 아래 깔려 끌려갔다. 사고 소식을 알리러 온 경찰이 우리 집 문을 두드리는 소리에 암마가 현관으로 나가던 장면이 아직도 눈에 선연하다. 우리 집에는 전화기가 없었다.

암마와 나는 곧장 삼륜 택시를 타고 병원으로 정신없이 향했다. 병실에 들어서자 출혈이 심한 아버지가 의식이 거의 없는 상태로 침대에 누워 있는 모습이 눈에 들어왔다. 아버지는 심각한 부상을 입은 코를 한 손으로 움켜쥐고 있었다. 발목은 뼈가 튀어나와 있었다. 온몸에 상처가 가득했다. 아버지는 우리를 보며 다 괜찮아질 거라고 속삭였고, 그 말을 끝으로 의식을 잃었다.

여섯 시간의 수술과 몇 주간의 병원 치료 끝에 아버지는 집에 돌아왔다. 어머니는 물리치료사 역할을 하며 아버지가 정상적인 생활을 할 수 있도록 도왔다. 당시만 해도 인도에는 의료보험 제도가 없었기에 의료비 청구서가 쌓여갔고, 부모님은 그간 모아둔 돈을 모두 치료비에 사용했다. 몇 달 후 아버지가 직장에 복귀하면서 우리의 삶은 거의 예전의 모습을 회복했다. 끔찍한 사고로 얻은 아버지의 흉터는 평생 사라지지 않았다.

아버지가 끝내 회복하지 못했다면 우리의 삶은 어떻게 됐을까. 타타가 받는 연금은 적었고 아이 셋을 양육해야 했던 어머니로서는 돈을 벌 방법이 없었다. 이모나 삼촌들 가운데 우리 셋을 맡아줄 사람도 없었다. 제대로 된 정부 지원 시스템이 없었던 탓에 어쩌면 어머니는 세입자를 몇 명 더 들일 생각도 했겠지만, 여자는 '비즈니스'를 해서는 안 된다는 고질적인 편견에 부딪히고 말았을 것이다. 아버지가 회복하지 못했더라면 당연히 우리의 교육도 거기서 끝이었을 것이다.

가족은 강한 만큼 무너지기도 쉽다. 어떤 집이든 예상치 못한 난관에 빠질 위험을 마주한다. 정부나 기업에서 제공하는 적절한 안전망이 없다면, 아버지의 사고 같은 사건은 수십 년 혹은 수 세대를 걸쳐 사람들의 삶에 영향을 줄 수 있다. 이 사고를 계기로 스스로를 책임질 방편을 마련해야 한다는 아버지의 충고를 뼈저리게 깨달았다.

9학년 때 메리 버나드Mary Bernard라는 여학생이 전학을 와서 굉장히 친해졌다. 장교 아버지를 둔 메리는 재밌고 모험심이 넘치는 아이였다. 무엇보다 메리는 반짝이는 새 어쿠스틱 기타가 있었고 기타 수업도 들었다.

나도 기타를 배우고 싶었지만 암마는 기타를 사줄 생각이 전혀 없었다. 암마는 조금 충격을 받기도 했다. 암마는 훌륭한 남인도의 브라만 여자애들은 기타를 치며 영국 로큰롤을 부르지 않는다고 주장했다. 엄마는 이는 부적절한 행동이고, 남인도의 전통 음악과 악기에 집중해야 한다고 말했다.

그런 말을 듣는다고 해서 기타를 포기할 수 있는 건 아니었다. 운 좋게도 메리와 나는 학교 창고에서 낡은 기타 하나를 발견했다. 네싼 수녀님께 보여드리자 놀랍게도 기타를 손봐서 사용해도 된다는 허락을 받았다. 어머니와 달리 생각이 깨어 있던 수녀님은 비틀스에 편견이 없었고 홀리앤젤스에 새로운 음악 장르가 시작되는 데 기뻐하셨던 것 같다.

메리와 나는 조티Jyothi와 헤마Hema를 합류시켜 밴드를 결성했다. 수녀님들은 당시 우리가 공부하던 로그logarithm 표에서 이름을 따 '로그리듬스LogRhythms'라는 이름을 지어주었고, 우리 넷은 떨어져서는 못 사는 사이가 됐다. 우리는 메리가 아는 노래 다섯 곡을 연습했다. 〈해 뜨는 집House of the Rising Sun〉, 〈베사메 무초Bésame Mucho〉, 〈오블라디, 오블라다Ob-La-Di, Ob-La-Da〉, 〈푸른 옷소매Greensleeves〉, 〈딜라일라Delilah〉였다. 우리 넷 다 굉장한 너드였다. 하얀색 바지에 사이키델릭한 셔츠를 입고 처음 무대에 올라 공연을 마쳤을 때, 학교 측에서는 청중의 반응을 고려해 두 곡을 더 요청했다. 제일 앞줄에 앉아 있던 네싼 수녀님과 베네딕트 수녀님은 미소를 보였다. 내 밴드 활동에 아버지가 특히 열렬하게 호응했다. 마드라스로 돌아와 다시 가족과 함께 살던 아버지는 한 번도 우리 공연을 본 적이 없는데도 우리 대표곡들을 흥얼거리며 걷는 버릇이 생겼다.

마드라스 최초의 여성 밴드였던 우리는 여러 학교 축제와 도시 곳곳에서 열리는 콘서트에 참여했다. 무대는 항상 우리의 대표 노래 다섯 곡으로 시작했지만 연주곡으로 큰 히트를 친 더 벤처스The Ventures의 〈불도그Bulldog〉, 〈토키Torquay〉와 팝송인 낸시 시내트라Nancy Sinatra의 〈디즈 부츠 아 메이드 포 워킹These Boots Are Made for Walking〉, 오하이오 익스프레스Ohio Express의 〈야미 야미 야미Yummy Yummy Yummy〉도 추가했다.

우리 밴드의 가장 열렬한 팬은 내 동생 난두였다. 우리 공연에 전부 참석해 장비를 연결하는 것도 도왔다. 보수적인 이모, 삼촌들은 내 반문화적 음악 취향을 무척 못마땅해할 거라 생각했지만, 예상과 달리 주변 친구들에게 내 자랑을 했다. 집 안에서 이모, 삼촌들이 "야미 야미 야미"를 낮게 흥얼대는 소리를 들을 때가 많았다. 가족들이 모이는 날이면 나는 노래 몇 곡을 기타로 연주해야 했다.

1년 후 봉고 드럼을 연주하던 조티와 기타를 연주하던 헤마가 밴드를 그만두어 스테파노스Stephanos 형제를 밴드에 합류시켜 드럼과 보컬을 맡겼다. 스테파노스 가족과 무척 가까워졌고 3년간의 활동 끝에 밴드가 해체된 후에도 오랫동안 좋은 관계를 유지했다.

갓 열다섯 살이 된 1970년 12월, 홀리앤젤스를 졸업했다. 다양한 특별활동에 시간을 많이 빼앗겼던 터라 괜찮은 점수였지만 우등생으로 졸업하지는 못했다. 따로 졸업식은 열리지 않았다. 팡파

르를 울리고 그러지 않았다. 사실 그동안 부모님은 학교에 한 번도 온 적이 없었다. 선생님들과 수녀님들이 우리에 대한 책임과 권한을 모두 갖고 있었다.

당시 고등학교를 졸업한 자녀를 둔 일반적인 부모와 달리 타타와 우리 부모님은 대학 입시 제도는 어떤지, 내가 어느 대학을 가야 할지 전혀 관여하지 않았다. 부모님이 학비 및 그 이상을 지원해줄 거라는 데 안심은 됐지만 대학교와 전공 선택, 학교에 지원하는 복잡한 과정과 입학 여부는 온전히 내 몫이었다.

항상 최고 성적을 받았던 찬드리카 언니는 그 전년도부터 탐바람Tambaram이라는 외곽 지역에 있는 마드라스크리스천대학Madras Christian College, MCC에서 무역학을 공부하기 시작했다. 집에서 약 30킬로미터 떨어진 곳이었다. MCC는 마드라스에 몇 개 없는 남녀공학 중 하나로 남인도에서는 최고의 교육기관으로 꼽혔다. 학문적 우수함과 히피 분위기가 묘하게 섞여 있는 곳이었다. MCC가 작은 헤이트-애쉬버리(미국 샌프란시스코에 있는 60년대 히피 문화의 성지-옮긴이) 같은 느낌이라고 말하는 사람들이 많았다.

나에게는 최고의 선택이라고 결론 내린 MCC에서 입학 허가를 받아 기뻤다. 나는 물리학과 수학을 함께 배우는 화학을 전공했다. 화학이 내 마음을 사로잡았다. 하나의 물질을 다른 물질로, 하나의 색을 다른 색으로 변화시키고, 다양한 형태와 크기의 결정체를 만들고, 침전 현상을 지켜보고, 우주의 원리에 대한 기본적인 지식을 배우는 것 모두가 즐거웠다. 남학생 서른 명에 여학생 여덟 명이 함께 수업을 들었고, 나는 공부를 따라가기 위해 학업에 매진했다. 당시 여자라면 반드시 입어야 했던 사리를 매일 입고 다녔는데, 90분간의 통학길도 그렇고 온종일 머무는 연구실에서는 화학 물질이 옷에 자주 튀는 바람에 여러모로 불편한 점이 많았다. 아침마다 연구실에서 태워먹은 자국을 가리느라 한참 동안 사리에 핀을 꽂아야 했다.

나는 고급수학 강의를 따라가느라 고전했는데, 11년제 학교를 졸업한 뒤 1년간 대학 예비 과정을 듣고 온 학생들이 대부분이었기 때문이다. 케임브리지 시험을 친 나는 예비 과정을 건너뛰고 곧장 대학으로 온 경우였다. 다른 강의는 괜찮았지만 수학만큼은 뒤처져 있었다. 해석기하학, 미분방정식, 라플라스 변환, 푸리에 급수 문제가 어렵다고 앓는 소리를 하는 나를 보고 부모님은 일주일에 몇 차례 집에서 과외를 해줄 교수를 한 명 섭외했다. 유일하게 부모님이 개입한 순간이었다. 또 한 번 기대에 어긋난 모습을 보이는 나에게 암마로서는 크게 양보한 셈이었다. 암마는 내가 과외를 받는 것이 내게, 더 나아가 부모에게 문제가 있다는 의미일 수도 있다고 여겼다. 보충수업은 내 인생에 굉장히 중요한 역할을 했다. 따로 배우지 못했다면 대학 과정을 무사히 이수하지 못했을 테고 내 삶은 완전히 달라졌을 것이다.

나는 도시에서 최고로 꼽히던 MCC 토론팀에 가입했고 여러 대학 대항 토론 대회와 주 대회에서 우승을 거뒀다. 토론 덕분에 나는 세계 정세, 정치, 사회 문제 등 과학과 무관한 주제를 공부할 수 있었다. 시간이 상당히 많이 드는 일이었지만 방대한 주제와 뛰어난 동료 토론자들 덕분에 내 실력은 크게 향상됐다. 이제 와 돌아보니 자신감을 쌓고, 내 관점을 상대에게 설득시키고, 능수능란하게 반박하는 능력을 연마하는 데 토론이 큰 역할을 했던 것 같다. 여러모로 많은 도움이 됐다.

크리켓에 열광하는 인도에서는 라디오로 열띤 중계가 흘러나올 때면 온 나라가 멈춘 것처럼 느껴진다. 하나같이 크리켓 팬이었던 삼촌들은 5일간 진행되는 테스트 매치에 맞춰 휴가를 낼 정도였고 경기와 선수들 이야기를 끝도 없이 나눴다. 나 역시 크리켓에 빠져 우리 집 마당에서 남동생과 남동생 친구들을 데리고 크리켓을 했다. MCC 남자대학 크리켓 경기를 보러 가기도 했다.

어느 날 나는 충동적으로 친구들에게 여성 크리켓팀을 만들자고 말했다. 나도 놀랄 정도로 일은 순식간에 진행됐다. 대학에서는 남성용 장비를 쓰도록 허락했고 몇몇 남자 선수들이 15명으로 구성된 여성팀의 코치가 되어주기도 했다. 우리는 일주일에 세 번 공을 치고, 던지고, 수비를 봤다. 알고 보니 마드라스에 크리켓을 시작한 여자대학이 몇 곳 있었고, 우리는 마드라스 최초로 여성 토너먼트를 기획했다. 참가팀이 네 팀밖에 없었지만 한 팀도 없는 것보다는 나았다.

아버지에게 빌린 하얀색 셔츠와 바지를 벨트로 조이고 핀으로 고정시켜 유니폼으로 입었다. 가족들과 친구들, 모르는 이들까지 50명이 넘는 사람들이 사이드라인에서 박수 치는 소리를 들으며 스텔라마리스대학Stella Maris College을 상대하기 위해 타자로 경기장에 들어서던 그 순간, 그 뜨거운 감정이 잊히지가 않는다.

MCC에서 강의 시간이 달랐던 찬드리카 언니와 나는 교류가 많지 않았다. 언니는 인문학부의 멋진 남학생과 여학생들이 모인 집단에 속해 있었다. 언니가 제일 싫어했던 게 과학에 빠진 너드처럼 보이는 것이었다. 동생인 내가 그쪽에 속해 있는데도 말이다. 언니는 우수한 성적을 거뒀고, 졸업과 함께 최고 경영 석사 과정 입학시험을 치르기로 결심했다. 누구에게나 그렇겠지만 특히나 여성으로서는 대단한 도전이었다. 언니의 선택이 내게 큰 영향을 미쳤다.

1970년대 초반 인도에는 경영대학원이 네 개 있었고 그중 두 곳은 인도경영대학원Indian Institutes of Management, IIM이었다. 하버드경영대학원Harvard Business School과 제휴를 맺은 아메다바드Ahmedabad에 위치한 IIM이 그중에서도 최고로 꼽혔다. 수만 명의 학생들이 150명 안에 들기 위해 상당한 난도의 입학시험을 치르고 엄격한 면접을 거쳤다. 한 삼촌은 IIM 아메다바드 입학은 노벨상을 받는 것만큼 어려운 일이니 혹시나 떨어진다고 해도 실망할 일이 아니라고 언니에게 말했다. 어떤 일이든 엄살을 떠는 법이 없는 언니는 이번에도 별로 동요하지 않았다. 힘든 입학 절차를 별 일 아니라는 듯 차분히 헤쳐나갔다.

학교 기숙사에 여학생용 방이 몇 개 마련되지 않은 탓에 소수만 입학이 가능했던 상황에서 언니는 입학 허가를 받았다. 가족들은 크게 놀랐다. 언니는 새로운 길을 개척해나가고 있었다. 타타는 곧장 등록금을 준비했다. 그런데 극적인 사건이 벌어졌다. 어머니가 반대를 하고 나선 것이다. 결혼을 하지 않는 이상 아메다바드의 경영대학원에 갈 수 없다고 못을 박았다. "결혼도 안 한 젊은 여자가 그렇게 멀리, 게다가 남녀가 같이 수업을 듣는 학교에 다니다니, 말도 안 되는 소리다."

틀린 말은 아니었다. 당시에는 다들 그렇게 생각했다. 할아버지는 어머니의 걱정을 무시한 채 자신의 연금으로 학비를 대겠다고 말했다. 무척이나 화가 난 어머니는 할아버지에게 나지막이 선언했다. "저 아이를 대학원에 보내시겠다면 목숨을 걸고 단식 투쟁을 하겠습니다." 찬드리카 언니는 겁에 질렸다. 할아버지와 아버지는 상황에 도움이 안 되는 말만 했다. "걱정 말거라. 네 어머니가 고집을 부려도 우리가 너를 돌봐주마."

하루가 지나자 암마의 노여움이 다행히 사그라졌다. 암마는 단식을 그만뒀고 모두들 아무 일도 없었던 체해주었다. 암마는 언니의 대학원 입학 준비로 바삐 움직였다.

당시 인도 어머니들이 느끼는 부담감을 여실히 보여주는 사례다. 한쪽 발은 브레이크에 올려두고 딸들이 부모의 보호 아래 조신하게 크길 바랐고, 다른 발은 액셀러레이터에 올려놓고 딸들이 사회에서 존경받고 자립적이며 능력 있는 여성으로 성장하도록 지원했다. 암마의 가치관은 브레이크를 밟는 쪽으로 기울었지만 우리를 향한 그녀의 희망이 액셀러레이터를 밟게 만들었다.

몇 주 후 아버지는 언니와 함께 기차를 타고 봄베이Bombay로 또 그곳에서 아메다바드로 향했다. 언니가 떠나는 것이 슬펐지만 마냥 슬프기만 한 것도 아니었다. 난두와 내가 침실을 더 넓게 쓸 수 있었으니까. 서랍에 잠금장치가 있던 언니의 책상도 내가 차지할 수 있었다. 덕분에 호기심 넘치는 남동생의 시선에서 내 비밀을 지켜낼 수 있었다.

MCC에서의 3년을 마무리한 후 내 여정은 다시 한 번 나보다 앞선 언니를 따라갔다. 나는 동부 연안에 있으며 금융을 전문으로 하는 IIM 캘커타Calcutta 석사 과정에 지원했다. 찬드리카 언니는 내가 자신의 뒤를 따라 아메다바드로 오는 걸 원치 않았다. "홀리앤젤스부터 MCC까지 내내 같이 있었잖아. 너랑 좀 떨어져 지내고 싶다고. IIM 아메다바드에 올 생각도 하지 마!" 언니가 엄포를 놨다.

나는 수학에 좀 더 집중된 프로그램이 내게 맞을 거라는 괜한 이유를 들어 응수했다. "아메다바드는 나한테는 너무 쉬울걸. IIM 캘커타에 지원할 거야." 나는 겁 없이 쏘아붙였다. 솔직히 말하자면 내게는 달리 선택권이 없었다.

GMATGraduate Management Admission Test와 비슷한 입학시험, 다른 지원자들과의 그룹 토론, 일대일 면접이라는 고된 절차를 거쳐 마침내 합격했고, 그제야 안심이 됐다. 떨어진다면 실패한 동생으로 보일 거라고 생각했다.

이번에는 암마의 반대가 없었고, 집안 누구도 노벨상 수상만큼 대단한 일로 생각해주지도 않았다. 사실 별 일 아닌 듯 지나갔다. 아버지와 파우라 우편 열차를 타고 마드라스에서 캘커타로 1,600 킬로미터에 달하는 여정을 떠났다.

굉장한 흥분과 더불어 앞으로 어떤 미래가 펼쳐질지 두렵기도 했다.

2

1974년 8월, 마드라스보다 두 배는 크고 세계에서 가장 인구 밀도가 높은 도시 중 하나인 캘커타에 도착했다. 이제는 콜카타Kolkata로 지명이 바뀐 캘커타는 영국이 처음 인도의 수도로 정한 곳으로 정치의 중심지였다. 아버지와 나는 작은 슈트케이스 두 개와 낡은 핸드백을 들고 역 앞에서 금방이라도 퍼질 듯한 택시를 타고 대학원으로 향했다. 도시는 붐볐다. 복잡한 도로에 버스와 차들이 내달렸다. 캘커타에서 쓰는 벵골어는 난생처음 듣는 언어였다. 모든 사람이, 모든 것이 시끄럽기만 했다.

IIM 캘커타는 건축 거장인 루이스 칸Louis Kahn이 설계한 IIM 아메다바드 캠퍼스와는 달리, 과거 무역로였지만 이제는 4차선 도로가 들어선 바락포르 트렁크 로드에 자리한 낮은 건물 몇 동으로 이뤄져 있었다. 회색 건물 안의 강의실은 벽이 벗겨지고 집기에는 긁힌 자국이 가득했으며 천장에는 낡은 팬이 돌아가고 있어 이루 말하기 어려울 정도로 형편없었다. 도서관은 에메랄드 바우어Emerald Bower라고 불리는 낡은 19세기 맨션으로 우기에는 발목까지 물이 차는 곳이었다. 그리 영감 넘치는 환경은 아니었다.

나는 경영 석사 프로그램의 열한 번째 반에 속한 여학생 6명 중 하나였다. 우리는 열 번째 반의 여학생 6명과 간소하게 꾸며진 기숙사 방을 나눠 썼다. 공용 욕실은 복도 끝에 있었다. 하루 세 번 엄격하게 정해진 스케줄에 따라 넓은 식당에서 남학생 200명과 함께 식사를 했고, 간식은 따로 제공되지 않았다. 가끔씩 학교를 벗어나 근처 음식점에서 커피나 디저트를 먹었다.

캘커타의 단조로운 생활환경과 음식은 마드라스의 집과는 달랐지만 그리 불편하지는 않았다. 나는 인도에서 유명한 IIM 캘커타의 학생이었고, 열정이 넘쳤다. 단 하나 아쉬운 점은 91세가 되어 하루가 다르게 쇠약해지고 있는 타타 곁을 떠난 것뿐이었다. 다른 용무보다는 타타와 대화를 나누려고 집에 전화를 걸곤 했다.

하지만 낭비할 시간 따위는 없었다. MCC에서 화학을 전공하며 3년제 학위를 받았고 경험을 통해 열심히만 한다면 무엇이든 배울 수 있다는 자신감이 있었다. 또한 절대로 실패해선 안 된다는, 우리 가족에게 그런 수치를 안겨주어선 안 된다는 생각이 컸다. 힘든 과정이겠지만 어떻게든 잘 해내야 했다.

대부분 20대 초반인 동기들 사이에서 나는 갓 열여덟 살이었다. 명문인 인도공과대학Indian Institutes of Technology을 졸업하고 5년제 프로그램을 이미 수료한 엔지니어들이 대다수였다. 이들의 사회적 배경은 나와 그리 다르지 않았다. 대도시 중산층 출신에 영어가 유창하고 태어났을 때부터 학교에서 뛰어난 성적을 받아야 한다는 소리를 듣고 자랐다. 다들 엘리트 대학을 나왔고, 일을 해본 사람은 거의 없었다. 남학생들은 청바지와 티셔츠 차림에 활기 넘치고 유식했으며, 같이 어울려 다니면서 기타를 치거나 정치 이야기를 했다. 핑크 플로이드나 레드 제플린, 딥 퍼플의 노래를 들었고, 카드 게임을 하고 술을 마셨으며, 어디서나 손쉽게 대마초를 구해 피웠다.

IIM 캘커타는 꽤 야심차게 시작한 기관이었다. 1961년 매사추세츠공과대학Massacusetts Institute of Technology, MIT의 도움을 받아 인도 정부가 설립한 학교로, 수준 높은 수학과 통계학을 전문으로 했다. 나는 인도의 사회주의적 교육환경에서 자랐지만, 국가는 민주주의와 자본주의의 미래를 위해 다음 세대가 IIM 캘커타와 같은 교육기관에서 육성되길 바랐다.

IIM 캘커타의 교과 방식은 첫해는 필수 과목을 듣고 두 번째 해에 선택 과목을 듣는 전형적인 2년제 MBA였다. 우리는 재정학, 마케팅, 기업 운영, 전략, 경제학, 팀 역학을 공부했다. 공급망 관리를 배우고, 공장 일정 계획을 세우고, 다양한 유통센터의 생산 계획을 조정하고, 트럭 여러 대의 운송 시스템을 계획했다. 교수진은 각 분야에서 저명한 인물들일 뿐 아니라 훌륭한 교육자이기도 했으며 학생들과 좋은 관계를 형성했다.

필수 과목 중 하나는 컴퓨터 보드 배선이었다. 나는 컴퓨터를 한 번도 써본 적이 없었지만, 학교에는 당시 혁신적인 IBM 시스템으로 컴퓨터 사용의 세계화를 이끈 시스템/360 메인프레임 두 대가 마련돼 있었다. 격자판에 점이 가득 찍힌 가로 세로 약 91센티미터 크기의 종이가 주어지면, 플로 차트를 만들고 포트란FORTRAN 프로그래밍을 한 뒤 배선 다이어그램으로 변환하는 과정을 거쳐 문제를 해결해야 했다. 전기공학자들에게는 식은 죽 먹기였겠지만 내게는 너무도 괴로운 과제였다. 우리가 제출한 솔루션은 같은 지역에 있는 인도통계대학Indian Statistical Institute의 시스템/360으로 전달됐는데, 다이어그램이 틀렸을 때는 학점을 받을 수 없었다. 도대체 왜 이런 수업이 필요한 것인지 이해가 되지 않았다.

몇몇 과목에서 고전했지만 다른 과목들은 사실 잘 대비돼 있었다. 정신없이 대화가 오가는 환경에서 자랐고, 여러 사람과 철학적 주제로 토론을 벌이는 법도 깨친 상태였다. 눈이 피로했던 타타는 내게 신문을 읽어달라고 요청할 때가 잦았다. 당시만 해도 내가 타타를 도와주고 있다고 생각했다. 하지만 알고 보니 벌써 기사를 읽은 타타는 내가 여러 가지 사안에 대해 배우길 바라는 마음에 일부러 그런 부탁을 한 것이었다.

마드라스에서 고등학교를 다니던 시절, 인도 정부나 국제 개발 단체에서 후원하는 중요한 학생 콘퍼런스에 세 차례 초청을 받았다. 어떻게 이런 자리에 초대됐는지 잘은 모르지만 아마도 마드라스에서 열린 학생 토론 대회의 심사위원이었던 한 화학회사의 CEO R. K. 바라탄Barathan의 추천 때문일 것으로 짐작한다. 가끔씩 나를 불러 어떻게 해야 토론 실력을 향상시킬 수 있는지 조언을 해주던 분이라 아마도 내게서 어떤 잠재력을 봤던 것 같다. 그 외에는 달리 내 이름이 이렇게까지 알려질 만한 계기가 없었다. 1971년 3월, 나는 뉴델리에서 국가의 청소년 정책을 주제로 열렸던 아시아 청소년 세미나Asian Youth Seminar에 인도 대표 두 명 중 하나로 참가했다. 인도네시아, 말레이시아, 스리랑카, 일본 등 여러 국가의 대표단과 함께 건강, 교육, 아시아 통합, 청소년 참여도에 관한 강좌를 듣고 토론을 했다.

세미나 마지막 날 우리는 인도 대통령 관저인 장엄한 규모의 아름다운 라쉬트라파티 바반Rashtrapati Bhavan에서 V. V. 기리Giri 대통령과 차를 마시는 시간을 가졌다. 제일 위에 '미스 인드라 크리슈나무르티Indra Krishnamurthy'라고 수기로 적혀 있고 인도의 상징이 금박으로 양각된 초청장을 아직도 간직하고 있다.

같은 해 나는 데오랄리Drolali의 녹음이 무성한 군대 주둔지에서 열린 민주주의 교육을 위한 레슬리 소니 프로그램Leslie Sawhny Programme of Training for Democracy 참석자로 선발됐다. 인도의 역사와 헌법, 자유선거, 미디어에 관한 강좌가 많이 마련돼 있었다. 헌법학자인 나니 팔키발라Nani Palkhivala를 포함해 여러 전문가들이 세션을 마친 후에도 우리와 함께 그곳에 머물렀다. 1940년 중반 인도와 파키스탄 분쟁의 역사에 대해 많은 것을 알고 있던 존 달비John Dalvi 준장이 특히 기억에 남는다. 멋진 외모에 진중해 보였던 그는 양국의 분할에 대한 이야기를 하는 내내 줄담배를 피웠다. 야외에서 불 주위에 둘러앉아 이야기를 나누던 그 시간은 무척 운치 있었다.

인도의 통치 문제에 대해 논하는 국가 통합 세미나National Integration Seminar의 참가자로 선발되어 뉴델리에 간 일도 있었다. 국가의 중대 사안이 무엇인가? 어떤 것이 연방 문제인가? 국가의 통합이 왜 중요한가? 이런 주제에 대해 토론하는 자리였다. 가장 중요한 일정은 총리인 인디라 간디Indira Gandhi와 함께 차를 마시는 시간이었다.

이런 세미나들은 인도의 차세대 리더를 성장시키려는 의도로 개최됐다. 상당히 진보적인 세미나들이었고, 당시 자유 시장 체제의 민주주의로 조금씩 나아가고 있던 인도로서는 이러한 진보적인 움직임이 간절한 상황이었다. 여러 세미나에 참가했던 경험으로 나라의 상황과 그 안에서의 내 역할을 좀 더 깊게 이해할 수 있는 기본 지식과 넓은 시각을 얻었다.

IIM 캘커타 1학년을 마칠 즈음 원자에너지부Department of Atomic Energy에서 여름 동안 인턴십을 할 기회를 얻었다. 봄베이에 있는 곳이었다. 마드라스는 조용했고 캘커타는 정치적인 곳이었지만, 서부 연안에 자리한 봄베이는 인도 상업의 중심지였다. 높은 빌딩과 번쩍이는 아파트가 가득했고, 밤늦게까지 불이 꺼지지 않았으며, 근로자들이 바삐 거리를 오가는 도시였다. 하얀 모자와 줄무늬 옷에 자전거나 기차, 버스를 타고 매일같이 집에서 회사로 수천 개의 도시락을 배달하는 남성들, 다바왈라dabbawala(다바는 도시락 통, 왈라는 사람을 의미해 도시락 배달부를 지칭하는 합성어다-옮긴이)도 목격했다. 이들의 배달 시스템은 무척 잘 잡혀 있어 이제는 전 세계 경영대학원에서 물류 관리의 케이스 스터디로 널리 활용되고 있다.

나는 2층 버스를 타고 사람이 북적이는 해안가와 게이트웨이

오브 인디아Gateway of India 기념물 근처에 자리한 일터로 향했다. 한낮에는 대학원 동기들을 만나 시간을 보냈고 주말에는 함께 브리지 카드 게임을 했다. 봄베이 교외인 시온에 있는 라리타 이모와 하란 이모부의 아파트 소파에서 잠을 자며 생활했다. 사랑이 넘치는 이모와 이모부는 우리 부모님께 나를 책임지고 잘 돌보겠다고 안심시켰고, 저녁 7시를 통금시간으로 정했다. 통금시간을 어긴 적이 한 번도 없었다.

IIM 아메다바드의 한 학생과 팀을 이뤄 원자력 발전소 여섯 곳의 건설 일정을 확인하고 어느 곳이 예정대로 완공될지 판단하는 일을 했다. 석 달 동안 우리는 일정이 지연되는 이유를 파악하고 새로운 일정을 계획하기 위해 수백 개의 장비와 기술 용역을 파고들어 공부했다. 상당히 고단한 과정이었지만 도급업체와 파트너들 모두 당시 마주한 문제에 대해 솔직한 이야기를 들려주었다. 전반적인 상황이 여러모로 골치 아팠다. 몇몇 선진국은 자신이 보유한 최신 기술을 신흥 시장에 선보이는 대신 조금이라도 더 이익을 얻고자 결함이 있고 비용이 많이 드는 낡은 설계도를 고수하려 든다는 사실도 깨달았다. 대규모 정부 프로젝트가 상당히 비효율적으로 진행될 수 있다는 것도 배웠다.

인턴십 후 나는 비즈니스와 사회 간의 상호 의존성에 대해 지대한 관심을 갖게 됐고, MBA 학생들이 정부기관을 돕는 데 건설적인 역할을 할 수 있다는 믿음이 생겼다. 다만 신흥 시장을 상대로 부유한 국가들이 가지는 동기에 대해서는 회의적인 생각이 들었다.

6월 중순의 어느 날 저녁, 아버지로부터 전화가 걸려왔다. 아버지는 사랑하는 타타가 그간 뇌졸중을 앓았고 아마도 더는 버티기 힘들 것 같다는 소식을 알렸다. 할아버지가 왼쪽 편마비로 말도 할 수 없게 되고 침대에 가만히 누워만 있다는 이야기였다. 부모님과 언니, 남동생이 남성용 거실에서 할아버지를 돌보는 모습과 가족들, 친구들의 걱정스런 얼굴이 머리에 스쳤다. 나는 곧바로 아침 6시에 출발하는 마드라스행 비행기를 예약했다.

오전 9시에는 공항에서 집으로 가는 택시 뒷좌석에 앉아 있었다. 집까지 1킬로미터도 채 남지 않았을 때 타타의 장례 행렬을 마주했다. 상의는 탈의한 채 도티를 입은 아버지는 브라만이 걸치는 하얀 실을 몸에 두르고 행렬 앞에 섰고 그 뒤를 남자 친척들이 따르고 있었다. 아버지는 불붙은 석탄이 든 테라코타 항아리를 들고 있었다.

타타에게 마지막 인사를 하지 못했다는 데 절망했고, 집에 도착한 후에는 내가 올 때까지 기다리지 않고 장례를 시작한 가족에게 화가 났다. 그런 나를 보고 장례 기도를 집전한 힌두교 성직자는 오랜 법도를 어기고 남성들만 자리할 수 있는 화장터에 같이 가자며 내게 손짓을 해 보였다. 하지만 이미 너무 늦고 말았다. 우리가 도착했을 때는 아버지가 이미 화장용 장작더미에 불을 붙인 뒤였다. 나는 눈에 띄지 않는 곳에 서서 불이 점차 번지는 모습을 한동안 지켜보다 눈물 젖은 얼굴로 그곳을 떠났다. 아직까지도 그날이 내 기억 속에 또렷이 새겨져 있다. 그 장면이 떠오를 때면 견딜 수 없는 슬픔에 사로잡힌다.

집에 돌아가자 친척들이 모여 타타가 어떤 삶을 살았는지 이야기를 나눴다. 그때 타타가 내게 했던 말들이 떠올랐다. "어떤 일을 시작하면 네 모든 것을 쏟아 부어야 한다", "약속을 했다면 반드시 지키거라." 할아버지는 항상 신뢰를 강조했다. 자신이 평생 동안 배움을 계속하고 있다는 이야기도 자주 했다. "여든이 넘은 나이지만 나도 너희들처럼 학생이란다." "내가 배움을 멈추는 날, 내 정신이 퇴화할 거야. 그러면 몸도 곧 그렇게 되겠지."

우리가 빈둥거리는 모습을 보면 할아버지는 이렇게 말했다. "악마는 게으른 자들의 손을 빌리는 법이지." 그 말이 평생 잊히지 않았고, 지금도 나는 시간을 허투루 쓰지 않기 위해 노력한다. 타타는 내 인생의 가장 위대한 스승으로, 나는 그가 가르쳐준 교훈대로 살아가고 있다. 어떤 어려움에도 불구하고 일에 헌신하는 태도는 계속 나아가도록 나를 항상 밀어붙였던 할아버지 덕분이라고 생각한다.

타타의 죽음을 이해는 했지만 그래도 너무나 그리웠다. 꽤 오랫동안 우리는 할아버지가 주로 생활하던 공간을 조금도 손대지 않고 그대로 두었다. 나는 할아버지를 부르며 방에 들어서다 더는 안 계신다는 사실을 뒤늦게 떠올리고는 했다.

그해 가을, IIM 캘커타로 돌아오니 캠퍼스가 캘커타의 남부 교외인 조카Joka로 이전한 상태였다. 현대식으로 새로 지은 캠퍼스였다. 봄베이에서 몇 개월간 진짜 사무실에서 진짜 사안을 다루는 일을 하고 나니 아무런 경력 없이 10대의 나이로 경영대학원에 온 것이 조금 성급했다는 생각이 들었다. 하지만 이미 늦었다. 프로그램의 절반이 끝나 있었다.

소비자가 물건을 구매하는 과정과 광고, 의사결정의 과학에 관심이 생긴 나는 마케팅을 전공하기로 결심했다. 혁신은 어떻게 이루어지는가? 상품은 소비자를 어떻게 사로잡는가? 선택 과목으로 소비자 이해, 세일즈 분석, 조직 행동을 들었다. 무척 흥미로웠다.

1인용 침실과 공용 욕실이 마련된 새 여학생 기숙사에 전년보다 많은 1학년 학생들이 입소했고, 나는 델리 출신의 수자타 람바Sujata Lamba, 니시 루트라Nishi Luthra, 만지라 바네르지Manjira Banergee 와 절친한 사이가 됐다. 우리는 자주 어울려 지냈다. 탁구 게임을 자주 했고 남자들과 인근 음식점 등에서 함께 어울리기도 했다. 우리는 좀 더 성숙해졌고 자신감도 커졌다. 힘든 과목은 서로 도와가며 공부했다.

수업 때 좋은 성과를 보여야 했다. 곧 은행, 컨설팅 기업, 정부 기관, 여러 업계 관계자들이 방문해 학생들의 성적을 확인하고 직접 만나 채용 여부를 논의할 예정이었다. IIM 캘커타 졸업생은 많은 기업에서 탐내는 인재였지만 나는 명망 높은 대부분의 기업 눈에 1순위 고려 대상이 아니었다. 그저 괜찮은 성적의 마케팅 전공 학생인 나는 훌륭한 훈련 프로그램과 멋진 상사가 있는 일자리를 찾고 있었다.

나는 영국의 의류 브랜드 투탈Tootal을 가진 섬유 기업으로, 마드라스에 위치한 메터 비어드셀Mettur Beardsell에 면접을 신청했다. 면접 자리에는 마케팅 책임자 S. L. 라오Rao와 인사 책임자가 나와 있었다. 라오는 뛰어난 능력과 냉철함, 무엇이든 보통 수준에는 만족하지 못하는 성향으로 악명이 높았다. 그는 속사포같이 질문을 퍼붓고 마찬가지로 속사포처럼 가혹한 피드백을 주는 사람이었다. 면접은 20명 정도에서 시작해 탈락시켜나가는 방식이었다. 나는 최종 면접까지 마치긴 했지만 잘한 건지 확신이 없었다.

그날 저녁, 커리어센터로부터 다시 와달라는 연락을 받았다. 라오가 일자리를 제안하려고 나를 기다리고 있다는 것을 알고 어안이 벙벙해졌다. 다른 기업들과도 면접을 볼 수 있었지만 그러지 않기로 했다. 회사가 마드라스에 있는 데다 라오에게 배울 수 있다니 거절하기에는 너무도 좋은 기회였다.

훗날 라오에게 왜 나를 선택했는지 물었다. 그는 어떻게든 눈에 띄려고 애쓰는 남자들 사이에서 조금도 물러서지 않는 모습 때문이었다고 대답했다. 남학생들이 내 말을 자르고 훼방을 놓아도 나는 순순히 항복하지 않았다.

나는 남성이 장악한 업계에 진입하기 위해 남성들과 함께 대학원을 다녔고, 남성들에게 수업을 받았으며, 남성들이 이룬 학문을 공부했다. 나와 함께 있던 몇 안 되는 여학생들은 여권신장운동이 세계 곳곳으로 확산되는 데 자신감을 얻었다. 우리는 당당히 자신의 의견을 밝혔고, 학교에서 여학생들을 존중한다는 느낌을 많이 받았다. 우리를 밀어내지 않았으며 교수님과 학생들 모두 우리가 성공하길 바랐다. 여성으로서 전문 경영대학원을 다니고 다양한 방법으로 비즈니스 세계에 입문한 첫 세대인 우리는 아웃라이어이자 특별한 사람들이었다. 우리는 스스로가 큰 변화의 전환점에 서 있다는 것을 알고 있었다.

제2차 세계대전 이후 인도 여성들은 학교에 가서 교육을 받고 학위를 따는 것이 장려되었다. 인도 초대 총리인 자와할랄 네루 Jawaharlal Nehru는 빈곤층 여성의 문해율을 높이고 성별과 무관하게 명석한 지성인을 발굴하기 위해 여성의 교육을 독려하는 분위기를 사회 모든 계층에 전파했다. 하지만 젊은 여성들은 전통적인 가족 문화와 재정 상황 때문에 기회를 차단당했고, 적성과 능력에 관계없이 남자 형제들이 늘 우선시되었다. 나의 외조부모님은 아들 셋에 딸 다섯을 두었지만 형편상 딸은 하나만 대학에 보낼 수 있었다. 안타깝게도 어머니는 그 기회를 잡지 못했다. 어머니는 대학에 가지 못해 얼마나 아쉬웠는지 숨기지 않았고 극단적이다 싶을 정도로 말했다. "학비 때문에 아빠와 엄마가 굶는 한이 있어도 너희는 반드시 대학에 보내줄게."

여성은 결혼을 하고 아이를 낳고 가정을 꾸리며 자신의 안위를 남편과 가족에게 맡겨야 한다고 생각하던 때였다. 여성이 밖에 나가 일을 하는 것도 좋게 보지 않았다. 교사, 회사원, 간호사, 소매점 직원 등으로 일하는 여성들이 있긴 했지만 적당한 혼처를 찾은 뒤에는 대부분 일을 그만두었다. 하지만 영국계 인도 여성이나 진보적인 가족 문화에서 성장한 여성, 재정적으로 어려운 가정의 여성은 일을 계속하기도 했다. 브라만 여성은 고학력이라도 일을 하지 않는 편이었다.

이런 현실과 대조적으로 인도는 여성을 존경하고 숭배했으며 '어머니'는 가족 중 가장 추앙받는 대상이었다. 하지만 엄마들은 이상할 정도로 무시당하기도 했다. 돈 한푼 받지 않은 채 남편이 퇴직한 후에도 집안을 무탈하게 건사하느라 고생했다. 엄마들의 노동이 인도 사회에서 중추적인 역할을 하는데도 누구도 이런 부조리에 대해 파고들지 않았다.

나는 진짜 권력을 가진 몇몇 여성을 롤모델로 삼았다. 첫 대상은 1966년부터 1977년, 이후 1980년부터 암살당하기 직전인 1984년까지 두 차례나 국무총리를 지낸 인디라 간디였다. 그녀의 정치적 입장은 논란의 여지가 있지만, 인도에 개성과 품격을 부여했다는 점에서 그녀는 국민들의 사랑을 받았다. 인디라 간디는 자와할랄 네루의 딸이었고, 네루의 여동생인 비자야 락슈미 판디트Vijaya Lakshimi Pandit 또한 중요한 인물이었다. 유엔 총회United Nations General Assembly 의장 자리에도 올랐던 그녀는 소련, 미국, 영국에 인도 특사로 여러 차례 파견되었다.

내 주변 인물로는 네쌴 수녀님, 베네딕트 수녀님, 니글리Nigli 선생님, 피스Peace 선생님, 미낙시Meenakshi 선생님, 사라스와티Saraswathi 선생님, 조바드 선생님 등이 있었다. 교육받은 커리어 우먼이란 무엇인지 보여준 분들이었다. MCC에서는 불문학 교수 한 명과 화학 교수 한 명만이 여성이었다. IIM 캘커타에는 여성 교수가 없었다.

찬드리카 언니와 내가 대학을 다니는 모습을 보며 부모님과 조부모님은 여성이 남성과 경쟁하는 것이 전보다 가능해졌다는 사실을 느꼈다. 우리가 결혼을 해 다른 친구들처럼 가정을 꾸리겠다고 나섰더라도 어른들은 이의를 제기하지 않았을 테지만 더 많은 것을 성취하길 원하는 우리를 가로막지도 않았다. 도리어 그러길 바라는 쪽이었다. 우리의 열정을 꺾지 않는 가족을 두어 행운이었다.

가난과 폭력, 오래전부터 남성이 지배해온 문화가 여전히 장애물이긴 하지만, 어린 여학생들을 교육하는 건 여성의 성공을 가능케 하는 기반이다. 교육을 받은 여자아이들과 여성들이 사회에 더 많은 기여를 하고, 10대 때 출산을 경험하는 일도 현저히 적다. 교육받은 여성들은 자신이 속한 커뮤니티를 이끌어나갈 수 있다.

개발도상국에서 교육을 받은 여자아이들은 10대 때 결혼을 할 확률이 낮다. 가족에게 존중을 받고 교육을 통해 자신감과 지혜를 쌓아가며 스스로 더욱 가치 있는 존재라는 인식이 생기는 것이 한 가지 이유다. 하지만 미국과 유럽 또한 이렇게 교육받은 명석하고 뛰어난 여성들이 활약할 경로를 마련하지 못하고 있는 실정이다.

1970년대 인도에서는 경영대학원 과정을 수료했어도 사무실에서 커리어를 시작할 수 없었다. 실제 현장에 나가서 해야 하는 업무가 주어졌다. 메터 비어드셀에서 근무하던 나는 봄베이의 알렉산더 스레드Alexander Thread 부서에서 6개월간 세일즈 수습으로 일했다. 스물한 살 생일을 넉 달 남겨둔 때였다.

업무를 맡은 후 회사가 만드는 업계용·소비자용 재봉실의 종류와 색깔 코드를 전부 외웠다. 재봉틀에 실이 어떻게 연결되고 또 세탁 후 실이 어떻게 변하는지, 어떤 실이 수축되는지를 배웠다. 외겹실, 이겹실, 세겹실, 면사, 실크, 폴리에스테르의 사용처와 각각의 가격도 외웠다.

이후에는 샘플 가방을 어깨에 둘러멘 채 힘들게 걸음을 옮기며 재단과 봉제 전문 의류 제작자들이 있는 곳을 누볐다. 이들은 인도의 거대한 의류 수출 산업의 톱니바퀴였다. 규모가 큰 거래처도 있었지만 대부분 대여섯 대의 기계로 티셔츠나 마드라스 체크 셔츠, 루즈 코튼 반바지, 칼라와 단추가 달린 셔츠를 쉼 없이 찍어내는 소규모 업체였다. 내가 판매한 파란색 실이 파란색 원단과 색깔이 잘 맞지 않을 때나 실의 색이 바래면 업체에서는 내게 소리를 질렀다. 나는 봄베이에서 쓰는 마라티어는 할 줄 몰랐고 힌디어는 기초적인 수준이었지만 어찌어찌 소통을 해나갔다.

방문판매를 하다 보면 겸손해지기 마련이다. 그때의 경험은 평생 잊지 못할 것이다. 재봉업체의 재단사들에게 나는 훌륭한 상품을 제작할 수 있도록 도와주는 사람이거나 다음 주문을 망칠 수도 있는 사람이었다. 나는 비즈니스란 한 번에 실 몇 타래만 다루는 것이라는 점과 고객을 책임져야 할 의무가 내게 있다는 것을 배웠다. 이들은 내 제품과 내 말을 믿어주는 사람들이었고, 나는 이들의 말을 경청하고 약속한 바를 전달해야 했다. 다음 판매도 성사시키고 싶었다. 세일즈에 재능이 있었고 사람들을 만나고 이들이 하는 일에 대해 이야기를 듣는 것도 재밌었다. 고객들은 내게 마라티어를 가르쳐주려 했다. 가족들 사진도 보여주었다. 고객들과 관계를 맺어나가는 동안 이들이 얼마나 겸손하고 성실하며 재능이 있는지 깨달았다.

걸어서 여러 업체를 도는 것이 점점 더 힘들었고, 특히 무릎까지 빗물이 차는 우기에는 더욱 그랬다.

6개월 후 나는 메터 비어드셀의 마드라스 본사에서 섬유 부문 어시스턴트 프로덕트 매니저를 맡았다. 이제 책상과 공유 비서도 있는 사무실에서 일하게 된 것이다. 내 직속상관인 프로덕트 매니저는 깐깐하지만 재밌는 사람으로, 현재의 역량보다 한 단계 어려운 프로젝트를 할 때 성장할 수 있다는 신념이 있었다. 당시 회사는 흰색 원단을 중심으로 고급 무지 면사와 롱 클로스를 제작하고 있었는데 그는 다양한 색감과 날염을 더하는 쪽으로 전환하려고 했고, 그를 돕는 것이 내 임무였다.

처음 몇 주는 힘들었다. 세일즈, 제조, HR, 재무 등 여러 부서를 돌며 업무를 배운 뒤 곧장 다음 시즌 색상과 샘플을 선택하는 일에 참여해야 했다. 연휴에 맞춰 상품을 판매하려면 30일 안에 색상과 샘플을 결정해야 했다.

우선 지난 몇 년간 우리 회사에서 생산된 모든 제품의 견본을 요청했다. 이미 출시된 디자인은 피하고 싶었고, 어떤 제품이 반응이 좋았고 또 어떤 제품이 실패했는지 살펴봐야 했다. 내 어시스턴트는 사무실 중앙에 자리한 커다란 서랍장을 가리키며 "전부 다 저기 들어 있어요"라고 말했다. 몇 년간의 샘플이 그 안에 마구잡이로 쌓여 있었다. 나는 소매를 걷어붙이고 샘플을 모조리 꺼낸 뒤 바닥에 양반다리를 하고 앉아 정리를 시작했다.

바로 그때, 라오의 새 상사가 될 신임 전무이사가 사무실에 나타났다. 얼마 전 영국 맨체스터에서 온 그는 회사에서 처음으로 채용한 경영대학원 출신의 여성 직원을 직접 만나고 싶어 했다. 자리에 앉아 있던 한 직원이 그에게 나를 가리켰다.

백발에 195센티미터의 키, 파이프 담배를 문 노먼 웨이드Norman Wade가 느릿느릿 다가오더니 이상한 여자를 보는 듯한 시선으로 나를 내려다봤다. 훗날 내 가장 열성적인 지지자 중 한 명으로 몇 년 동안 내 앞길을 이끌어준 영국인과의 첫 대면이었다. 노먼은 전통적인 영국 슈트 차림에 기사가 딸린 흰색 메르세데스 벤츠를 타고 다녔다. 그는 아내 앨리스Alice도 내게 소개해주었고, 영국에 있는 자녀들과 인도로 오기 전 매클스필드에서 지내던 이야기도 들려주었다. 그는 항상 나를 '러브Luv'라고 불렀다. 내게 미국으로 가는 게 좋겠다고 조언한 사람도 그였다.

어느 날 노먼이 우리 집에 찾아와 부모님과 인사를 나눴다. 그날 이후 종종 집에 들러 암마와 커피를 마시고 그네에 앉아 아버지와 긴 대화를 나누곤 했다. 아마도 우리 가족에게서 집과 같은 향수를 느꼈던 것 같다. 나보다 직급이 세 단계나 높은 상사의 관심을 받는 것이 늘 좋지만은 않았다. 노먼이 내 자리로 찾아와 이야기를 나누는 모습을 보며 심기가 불편했던 직원들이 있다는 것도 알고 있었다. 다만 내가 어찌할 수 없는 일이었다.

나는 메터 비어드셀에서 굉장히 열심히 일했다. 샘플 북과 가격 리스트를 챙겨 들고 영업사원과 함께 바닥부터 천장까지 온갖 종류의 염색 원단이 빼곡히 쌓여 있는 마드라스의 원단 도매업체 여러 곳을 방문했다. 우리 회사 원단을 판매하도록 영업사원을 돕는 것이 내 임무였다. 하루에 예닐곱 업체를 다니며 고객들과 커피나 간식을 먹었다. 우리 제품의 라인업을 설명하고 다양한 색깔의 블라우스에 원단을 대보며 매력을 어필했다. 고객들은 이런 일을 하는 여자 직원을 처음 맞이하는 것이었지만 굉장히 공손하게 대해 주었다. 몇몇 고객들 또는 그 아내들이 용케도 내 부모님을 찾아내 내게 어울릴 만한 남편감의 점성술 차트를 보내기도 했다.

우리보다 기술력이 좀 더 우수한 북인도 공장에서 만든 원단이 경쟁 대상이었다. 우리 회사 그래픽 아티스트가 꽃, 줄무늬, 기하학적 문양으로 디자인을 하면 나는 드레스나 스커트, 셔츠 용으로 만들 패턴과 패셔너블한 색을 선택하는 일을 했다. 품질 관리를 위해 6주에 한 번 마드라스에서 남쪽으로 약 160킬로미터 떨어진 폰디체리Pondicherry의 영불 원단 공장 여러 곳을 돌았다. 이곳저곳 정차하며 운행하는 11시 야간 버스를 타고 다음 날 아침 6시 30분에 공장에서 내린 후 그곳에 마련된 게스트하우스에서 샤워를 하고 커피를 마신 뒤 온종일 롤러에서 나오는 원단을 검수했다. 프린팅이 잘 되어 있는지, 가장자리가 뭉개진 곳은 없는지 살폈다.

스크린 날염, 롤러 날염 등 다양한 마감 방법을 배웠고, 대규모 주문에 납품하기 전 내가 검수를 했다. 사소한 디테일이 중요했으므로 꼼꼼하게 확인하며 제대로 된 기준을 마련하려 했다. 가장 힘들었던 점은 완성된 원단이 내 기준에 차지 않아 통과시키지 않는 바람에 직원들의 분노를 사는 일이었다. 오후 3시면 버스를 타고 마드라스에 8시에 도착했다. 힘든 일정이었다.

메터 비어드셀에서의 경험을 통해 낯선 분야의 일도 할 수 있고, 또 잘 해낼 수 있다는 자신감이 생겼다. 적정한 수준의 월급을 받았고, 아버지가 그랬듯이 대부분은 어머니에게 드려 가족들을 위해 썼다. 첫 월급을 탔을 때는 열세 살이 된 난두에게 큰돈을 들여 빨간색 자전거를 선물했다. 자전거가 집에 도착했을 때 난두의 표정이 어땠는지 아직도 또렷이 기억난다. 그 잠깐 동안만큼은 내가 세상에서 가장 훌륭한 사람이 된 것 같았다.

회사에서는 몇 가지 복지 혜택도 주었는데, 그중 하나가 차량 지원금이었다. 그 돈으로 나는 외부는 황록색, 내부는 회갈색이고 4도어에 수동 변속기가 장착된 트라이엄프 헤럴드Tirumph Herald 중고차를 구매했다. 그 차로 출퇴근도 하고, 주말이면 라디오를 크게 켜고 조수석에는 난두를 태워 친구들과 이곳저곳을 다니기도 했다. 우리는 유명 음식점인 우드랜드 드라이브인Woodland's

Drive-In 나무 아래서 시간을 보내곤 했는데, 그곳에서는 종업원이 음식이 담긴 쟁반을 차창에 고정시켜 차 안에서 식사를 할 수 있도록 해주었다.

그때만 해도 스물두 살밖에 안 되어 완전히 자유로운 처지는 아니었다. 암마는 자동차 유류비를 엄격하게 책정했고, 주말에도 저녁 7시까지는 귀가해야 했다. 어렸을 때 쓰던 방에서 잠을 자고 집안일도 도와야 했다. 마드라스에서는 여자 혼자 독립해서 생활하는 것이 용납되지 않았다. 예전과 똑같이 암마는 요리를 하고 정원을 돌보고, 난두와 친구들이 집을 들락날락했으며, 아버지는 일때문에 계속 바빴다. 찬드리카 언니는 봄베이 시티은행에 입사해 직원들과 함께 합숙소에서 지내며 집에서보다 자유로운 생활을 누렸다. 하나만 빼고 모든 것이 예전과 같았다. 타타가 떠난 후 타타의 방으로 쓰던 안락하고 너른 공간은 공용 라운지가 되었다. 타타의 침대에는 아름답게 날염한 커버를 새로 씌웠다.

1975년 마드라스에 흑백 TV가 들어와서 우리도 한 대 구매했다. 방송되는 프로그램이 별로 없었지만 주말이면 가사 도우미와 정원사 식구들까지 우리 집에 모여 주말 영화를 봤다. 그러던 중 또 한 번 예상치 못한 일이 벌어졌다. 1977년 말, 한창 일에서 승승장구하고 있다고 느끼던 시기에 남인도 원단 공장에서 파업이 벌어져 메터 비어드셀 제품 생산이 중단됐다. 모든 것이 멈췄다. 메터에 속한 주요 제조 공장의 노동자들이 마드라스로 와서 연좌농성을 벌이며 경영진에게 자신들의 요구를 전달했다. 이런 상황에서 내가 할 수 있는 일은 거의 없었다.

그즈음 존슨앤드존슨에서 내게 연락을 해왔다. 아마도 IIM 캘커타 졸업생이어서 그랬던 것 같다. 미용 및 위생 용품 부서장으로 예민한 성격의 C. V. 샤Shah와 면접을 한 후 봄베이에 있는 자리를 제안받았다. 여성 위생용품 브랜드인 스테이프리Stayfree를 인도에 론칭하는 프로덕트 매니저 자리였다.

노먼은 내게 그 제안을 받아들이라고 조언했다. 내가 떠나는 게 슬프고 괴롭지만 무엇보다 내가 성장하는 모습을 보고 싶다고 말했다.

1977년 나는 다시 봄베이로 거주지를 옮겨 존슨앤드존슨 근처에 가구와 욕실이 마련된 방을 얻었다. 집주인 가족은 엄격한 규칙을 정했다. 저녁 7시 30분까지 귀가해야 했고, 그보다 늦을 때는 미리 전화로 연유를 설명해야 했다. 귀가시간이 늦어지는 것을 극도로 경계했다. 집주인 가족은 내 안전을 책임져야 한다고 느꼈다.

존슨앤드존슨에서 나는 미국식 오피스를 처음 경험했다. 대단한 규모에 사무실은 하나같이 멋졌고 경영진에게는 차원이 다른 복지를 제공했다. 나는 기존보다 두 배 높은 연봉을 받았다. 업무시간이 길었고 가끔은 주말에도 일을 해야 했는데, 나중에 알고 보니 미국의 다국적 기업에서는 아주 일반적인 현상이었다. 메터 비어드셀 때와 근무시간에서 차이가 컸다.

당시 인도에서는 여성 위생용품을 쓰는 것이 불필요한 낭비라는 인식이 있었다. 대부분의 여성들은 옷을 똘똘 뭉치거나 접어서 위생용품으로 사용한 후 깨끗하게 세탁하고 말려 다시 사용했다. 존슨앤드존슨에서 이미 벨트형 패드인 케어프리Carefree를 출시한 상태였다. 케어프리보다 한 단계 더 나아간 스테이프리는 속옷에 붙일 수 있는 최초의 일회용 패드였다. 미국에서 10년 가까이 판매되고 있던 이 제품은 여성들에게 새로운 종류의 해방감을 안겨주고 있었다.

인도의 스테이프리 팀은 이 제품을 널리 상용화하기 위해 많은 수정작업을 거쳤다. 적당한 겹수의 흡수체와 인도 여성들이 입는 속옷에 어울리는 방수 소재를 더해 패드를 제조했다. 습도를 고려해 접착제 부분을 다시 작업해야 했다. 긴 머리의 여성이 하늘거리는 핑크색 드레스를 입고 바닷가를 거니는 그림의 상품 박스는 해외용 패키지와 색감을 정확히 일치시켜야 했다.

우리 팀은 광범위하게 연구를 진행했고, 나는 여성 직원들 수십 명과 그들의 지인에게 패드를 사용한 후 화장실에 다 쓴 패드를 놔달라고 부탁했다. 소재가 얼마나 구겨지는지, 얼마나 새어 나오는지 확인하려는 심산이었다. 이상한 요청이었지만 여성 직원 대부분이 우리를 신뢰했기에 요청을 들어주었다. 나는 하의 위로 도드라지지 않는 패드를 만들고 싶었다. 목적이 분명한 제품이라고 생각했고, 이 제품으로 여성들의 삶을 조금이나마 향상시킬 수 있다고 믿었다. 인도 여성들은 불편한 옷을 입었다. 새로운 위생용품으로 새로운 종류의 해방감을 전해줄 수 있을 터였다.

상사들이 전부 남성이었기에 제품에 대해 연구하고 깨달은 바를 설명할 사람이 나밖에 없었다. 민망한 대화였지만 남성 직원들 모두 집중해서 내 말을 경청했고 건설적인 제안도 했다.

당시 인도에서는 여성용품을 광고하는 것이 터부시됐다. 여성 용품 사용 경험은 간접적인 대화로만 나눌 수 있었다. 우리는 학 교와 대학을 찾아가 젊은 여성들에게 제품의 이점을 설명했다. 또 한 부모님들, 특히 어머니들을 설득해 딸들의 '자유'를 위해, 다른 데서 많은 자유를 누리지 못하는 딸들을 위해 돈을 써달라고 부탁 했다.

또 다른 문제가 있었다. 여성용품은 상점에 진열되거나 대놓고 요구할 수 없는 물건이었다. 카운터 뒤편에 보관되는 여성용품은 신문지에 둘둘 싸서 고객에게 전해졌다. 고객은 가게가 빌 때까지 기다렸다가 주로 남성인 점원에게 개인적인 용품이 필요하다고 나지막이 말해야 했다. 그렇게 말하면 보통은 이해했지만 어떤 점 원은 여성 고객이 불편하게 느낄 미소를 짓기도 했다. 당시 인도 에는 셀프 서비스 상점이 없었다.

이러한 여러 난관에도 불구하고 우리는 7개월도 채 안 돼서 테 스트 마켓(소비자 반응을 조사하기 위해 시험적으로 선정한 소규모 시장-옮긴 이) 두 곳에 스테이프리를 출시했다. 그간의 노력이 보상받는 기분 이었다.

내가 메터 비어드셀과 존슨앤드존슨에서 바쁘게 일하는 동안 대부분의 친구들은, 그러니까 남자들은 대학원 과정을 들으러 미 국 캘리포니아, 일리노이, 텍사스, 미네소타로 떠났다. 젊은 층은 미국에 특별한 매력을 느꼈고, 미국이 문화와 혁신의 중심이라는 인식이 높았다. 우리는 미국 음악을 듣고, 미국 영화를 봤으며, 미국 기사를 읽었다.

IIT의 뛰어난 학생 다수가 미국에서 석사와 박사를 한 뒤 멋진 커리어를 시작했다. 어찌 보면 인도 정부의 보조를 받은 엘리트 교육기관에서 공부한 인도 최고의 인재들이 전부 미국으로 향하는 꼴이었다. 이러한 극심한 인재 유출은 안타깝게도 오늘날까지 계속되고 있다. 인도 정부가 기업가적 생태계를 조성해 이런 인재들이 고국에 남도록 장려하려는 노력을 기울이지 않는다는 것이 내게는 놀라울 따름이다.

친구들을 보며 나도 미국에 가고 싶다는 생각이 꾸준히 들었다. 하지만 이내 미국에 갈 실질적인 이유가 딱히 없다는 결론으로 이어졌다.

미국에서 내가 뭘 할 수 있겠는가?

인도는 극심한 더위에 시달리는 나라지만 그중에서도 습한 여름을 맞이한 마드라스가 가장 덥다. 10대 때 찬드리카 언니와 나는 영국과 미국 영사관 내 도서관은 에어컨 시스템이 항상 가동된다는 걸 알게 됐다. 우리는 그곳으로 피신해 잡지, 신문, 책 등 다양한 해외 서적을 마음껏 읽었다.

1977년 12월, 연휴 동안 마드라스에 머물던 나는 예전에 자주 그랬듯이 집에서 1킬로미터가량 떨어진 미국영사관 내 도서관 American Library에 들렀다. 그곳에서 지난 호 잡지를 뒤적였다. 마침

내 지미 카터와 제럴드 포드가 표지를 장식한 1976년 12월호 〈뉴스위크〉를 찾았다. 예일대학교의 새로 생긴 경영대학원에서 공공경영과 민간경영에 대해 쓴 〈미묘한 차이A Shade of Difference〉를 읽었다.

굉장히 와 닿는 글이었다. 글로벌 비즈니스에 관심이 있었지만 미국에서 일자리를 찾을 확률이 아주 낮다고 판단했다. 미국에서 학위를 받는 것이 가장 좋은 방법이었다. 다시 MBA를 듣는 것이 망설여졌지만, 그간 다양한 수업을 듣고 여름 인턴십을 거치며 공공부문과 민영부문의 상호 의존에 대해 눈을 뜨게 됐다. 예일이야말로 내가 배우고 싶었던 조합을 깊이 있게 제공해줄 수 있을 것 같았다.

이후 몇 달에 걸쳐 예일에 입학 지원서를 보내고 GMAT 시험을 봤다. 부모님은 두 분 다 그리 호의적이지 않았다. 입학 허가 레터를 받았을 때도 다들 시큰둥했다. 학비를 댈 자금이 없었다.

그로부터 몇 주 후 편지가 또 하나 도착했다. 예일대에서 학자금을 지원하겠다는 내용이었다. 학비의 50퍼센트는 학자금 대출로, 20퍼센트는 근로장학금으로, 나머지는 장학금으로 지급하겠다고 했다. 순식간에 가족들 사이에 흥분과 초조함이 감돌았다. 내가 인도를 떠날지도 모른다는 생각이 현실이 돼가고 있었다. 아버지는 나를 무척 자랑스러워했지만 어머니는 나를 멀리 떼어놓을 생각에 두려워했다.

물론 두 분 모두 내가 학자금 대출을 어떻게 갚을 계획인지도 걱정했다. 인도 루피로 환산하면 졸업 때까지 쌓일 학비가 아버지 연봉보다 많았다.

1978년 5월 어느 날 저녁, 봄베이에 있던 노먼이 나를 저녁식사에 초대했다. 그는 공장 파업이 모두 끝났고, 섬유 부서 전체를 운영하는 책임자 자리를 줄 테니 메터 비어드셀에 다시 돌아오면 어떻겠는지 물었다. 파격적인 승진이었다. 믿기 어려울 정도였다. 기업의 60퍼센트 정도를 내가 책임지는 것이었다.

나는 노먼에게 예일대학원 소식을 전하며 물었다. "예일 입학을 포기하고 당신과 함께 일하는 게 나을까요?" 그는 이렇게 답했다. "아뇨. 그래선 안 되죠. 대학원에 간다니 아쉽지만, 딸이라고 생각하고 조언을 한다면 '가야 한다'고 말할 것 같군요."

이것이야말로 진정한 멘토십이라고 생각했다. 은퇴를 앞둔 나이에 이른 노먼은 영국으로 돌아가기 전 나를 임원으로 훈련시킬 생각을 한 게 분명했다. 하지만 그는 내 성장 또한 막고 싶지 않았다. 그는 바로 마음을 바꿔 다른 길을 지지해주기로 결심했다. 그는 이타적인 모습을 보였다.

그뿐만 아니라 그는 내가 미국에서 성공할 수 있을 거라고 부모님을 설득하는 데 큰 역할을 해주었다. 부모님께 메터 비어드셀에서 높은 자리를 제안받았다고 알리자 두 분은 내가 그 제안을 수락하고 마드라스로 돌아올 거라고 생각했다. 하지만 예일에 가는 것이 맞다는 노먼의 말을 전하자 부모님은 그 의견을 수용했다.

두 분은 노먼을 신뢰했다. 딸에 대한 믿음도 있었다는 걸 이제는 알고 있다.

인도를 떠날 준비를 하는 동안 메터 비어드셀에서 내 상사였던 두 사람이 내게 해준 일은 지금 생각해도 놀라움을 감출 수 없다. 당시 마드라스에 있는 미국영사관에서는 학생 비자 신청을 하루에 50건만 승인했고, 그마저도 신청한 사람의 절반 이상은 비자를 거부당했다. 제임스 E. 토드James E. Todd는 까다롭기로 소문이 자자한 면접관이라 나처럼 미국에서 유학생활을 꿈꾸는 학생들 사이에 두려움의 대상이었다. 그를 마주할 생각에 너무도 긴장이 됐다. 영사관 앞 캐서드럴 로드에서 저녁 9시부터 줄을 서서 밤새 기다려야 다음 날 아침 6시에 확인증을 받고 토드와의 면접시간을 확정 지을 수 있었다. 어느 날 저녁, 나는 영사관 앞에서 벽에 등을 기댄 채 줄을 서 있었다. 밤 10시가 되자 불안한 눈빛으로 입학서류를 든 채 초조하게 서 있는 사람들이 60명으로 늘었다. 그중 여자는 나 혼자였다.

그 후 몇 시간마다 노먼과 S. L. 라오가 음식을 챙겨 번갈아 들르며 격려의 말을 해주었다. 점차 줄이 길어졌고, 사람들은 두 사람의 행동에 하나같이 놀람과 감동이 뒤섞인 얼굴이 되었다. 밤 11시, 번쩍이는 흰색 메르세데스 벤츠를 탄 노먼이 내게 뜨거운 커피를 건네며 무엇이 필요한지 물었다. 새벽 2시에는 노먼의 운전기사가 커피를 주러 왔다. 새벽 5시가 되자 아침식사를 가져온 라오가 내게 행운을 빈다고 말했다. 이 두 남자가 내게 보여준 애정을 평생 잊지 못할 것이다. 나는 확인증을 받았고, 이후 토드가 비자를 발급해주었다.

1978년 8월, 미국행 팬 아메리칸 월드 항공Pan American World Airways을 타기 위해 부모님과 함께 봄베이로 향했다. 지난 몇 달 동안 밤마다 두 분이 내 결정에 대한 장단점을 두고 대화를 나누는 소리가 들렸고, 내가 날개를 활짝 펼칠 수 있도록 어머니를 설득해낸 사람은 결국 아버지였다. 출국 날에는 환한 얼굴로 내게 용기를 주었지만 딸을 그렇게 먼 곳으로 떠나보내는 두 분의 속마음이 얼마나 슬플지 상상할 수 있었다. 두 분이 아무도 모르게 많이 울었다고 암마가 나중에야 내게 말해주었다.

작별인사를 하기 위해 이모와 삼촌, 사촌 몇 명도 공항으로 나왔다. 언제 가족을 다시 보게 될지 기약할 수 없었던 나는 특히 난두를 두고 떠나는 것이 무척 힘들었다.

타타와도 여기서 작별인사를 나눌 수 있었다면 얼마나 좋았을까.

3

봄베이에서 뉴욕까지 스무 시간을 날아가는 동안 있었던 두 가지 일이 또렷하게 기억난다. 하나는 사운드 트랙이다. 보잉 747SP는 중동, 유럽, 대서양을 거치는 서쪽 경로로 비행했다. 팬암Pan Am의 최신 히트 오디오 채널은 제임스 테일러James Taylor의 〈핸디맨Handyman〉, 아트 가펑클Art Garfunkel의 〈왓 어 원더풀 월드What a Wonderful World〉, 앨 스튜어트Al Stewart의 〈이어 오브 더 캣Year of the Cat〉, 비지스Bee Gees의 〈스테인 얼라이브Stayin' Alive〉를 포함한 마흔 다섯 곡을 무한반복으로 틀었다. 비행기에서 최소 열다섯 번씩은 들었던 것 같다.

두 번째 기억은, 이코노미 라운지에서 한 젊은 미국인 비즈니스맨에게 조언을 들었던 일이다. 기내 중앙에는 스탠드업 바인 이코노미 라운지가 마련돼 있어 다리를 풀고 감자칩과 땅콩도 먹을 수 있었다. 그곳에서 만난 비즈니스맨에게 나는 코넥티컷에 있는 예일대로 간다고 말했다. 그러자 그는 나지막한 목소리로 말했다. "한 가지 알려주고 싶은 게 있어요. '코넥-티-컷'이 아니라 '코네-티-컷'이에요." 발음에 신경 써서 다시 말해보라며 몇 번 연습까지 시켰다. 주 이름을 정확한 발음으로 들어본 적이 없었고, 쓰여 있는 것과 다르게 발음될 거라고 생각도 못 했다. 낯선 이가 베푼 친절을 평생 잊지 못하고 있다.

　존 에프 케네디 공항에 도착한 나는 굉장한 충격에 빠졌다. 수많은 항공기와 유리 구조물로 된 공항을 바쁘게 오가는 사람들, 청결하고 질서 정연한 공항 내부, 어디를 둘러봐도 놀라움뿐이었다. 코네티컷 리무진센터에서 다른 승객 몇 명과 왜건형 자동차에 올랐다. 주간고속도로 제95호선을 달리며 모든 것이 어찌나 반듯하고 체계적인지 놀라움을 금치 못했다. 도로도 깨끗했고 교통 흐름도 원활했으며 경적을 울리는 차나 도로를 오가는 동물도 없었다. 정말 모든 것이 달랐다. 내게는 너무도 이국적인 광경이었다. 뉴욕 주에서 코네티컷 주로 진입하자 운전기사가 큰소리로 외쳤다. "미국에서 가장 위대한 주에 오신 것을 환영합니다!"

　두 시간 후 나는 예일유학생 지원센터Yale Office of International Students 앞에 도착했다. 당시에는 뉴헤이븐의 템플 스트리트와 트럼불 스트리트가 교차하는 지점에 센터가 있었다. 토요일 정오경이었다. 거리가 텅 비어 있었다. 바퀴가 달리지 않은 슈트케이스는 사리, 셔츠, 바지, 침대용 플랫 시트로 터질 듯했고, 휴대용 더플백에는 책과 현금 450달러가 들어 있었다. 이곳까지 차를 타고 오느라 50달러를 썼다.

　어찌어찌 여섯 블록의 거리를 두 번 오가며 짐을 옮긴 후 천장이 높은 기숙사 방의 텅 빈 침대에 몸을 앉힐 수 있었다. 1930년대에 지어진 고딕 양식의 대학원 건물에는 아치형 천장의 로비와 스테인드글라스 장식, 멋진 14층짜리 탑이 있었다. 오리엔테이션

날짜보다 이틀 먼저 온 탓에 룸메이트들도 아직 도착하지 않았다. 기숙사에는 아무도 없었다. 나는 전화기도 TV도 없었고, 뭘 어디서 구해야 할지도 전혀 모르는 상태였다. 식당도 닫혀 있었다.

전혀 집 같지 않은 느낌이었고 이상할 정도로 내가 예상한 것과 달랐다. 미국이 이렇게나 조용하다고? 시끄러운 택시와 요란한 소방차들은 다 어디 갔지? 패셔너블한 거리에 패셔너블한 사람들은? 반가운 얼굴로 인사를 나누는 사람들도 없고? 북적이는 소란스러움은? 난생처음으로 지독하게 외롭고 두려웠다.

이곳에 오기 전에 이미 미국에서 건너온 문화는 전부 경험했고 미국 기업에서 일도 했다. 그 때문에 내가 충분히 준비가 되었다고 생각했다. 하지만 어느 모로 보나 나는 완벽한 풋내기였다. 내가 상상한 것과 너무나도 달라 우울했고 눈물이 났다. 내일 바로 비행기를 타고 집으로 돌아갈까 진지하게 고민했다.

물론 나는 인도로 돌아가지 않았다. 내 여정은 이제 막 시작이었다. 지금은 수많은 이민자의 아메리칸 드림이 두려움과 경외감, 외로움으로 시작된다는 것을 알고 있다.

나는 아메리칸 드림을 믿는다. 실제로 내가 경험했기 때문이다. CEO가 되었을 때 나는 영국 총리의 공식 별장인 체커스Chequers의 원목으로 꾸며진 18세기 풍 다이닝 룸에서 30년 전 영국이 아니라 미국으로 이민을 간 이유가 무엇이냐는 질문을 받은 적이 있다. "그 이유는요, 총리님. 제가 영국으로 이민을 갔다면 지금 이렇게 총리님과 함께 점심식사를 하지 못했을 것이기 때문이죠."

나는 미혼의 인도 여성이었다. 1970년대 뉴잉글랜드에 자리한 그 기숙사에 입성한 것은 인도에 있는 가족이 내게 해준 모든 것에 대한 증거였다. 태어날 때부터 내 교육에 매진한 가족들, 나를 향한 조부모님과 부모님의 믿음, 딸이 꿈을 펼칠 수 있도록 수백 년간 이어온 문화적·사회적 압박에 저항한 부모님의 용기의 결과물이었다. 수녀원 부속 학교의 수녀님들, 내게 용기를 준 인도 동기들, 첫 여성 총리를 선출해 여성들 또한 어디든 올라갈 수 있다는 것을 보여준, 새롭게 독립한 내 조국 인도의 야망, 이 모든 것의 증거였다.

또한 당시의 시대상을 반영한 결과물이기도 했다. 과학기술, 여행, 커뮤니케이션의 급격한 발달에 힘입어 새로운 시장을 찾고자 여러 기업과 기관이 세계로 활동무대를 넓혀가고 있었다. 경영학이 크게 성장했고 미국은 나 같은 유학생들을 반갑게 맞이했다.

나는 비자와 명망 있는 대학의 입학 허가를 얻어 미국에 당당히 들어왔다. 내가 선택한 길이었고, 내가 노력해서 위로 올라가야 한다는 것도 알고 있었다. 어쩌면 이때의 경험이 나로 하여금 냉정한 비즈니스 세계에 대한 준비를 시킨 것인지도 모른다. 홀로 미국 생활을 하며 나는 공적인 삶과 사적인 삶 모두에서 골치 아픈 일과 고통을 수용하고 묵묵히 나아가는 법을 배워야 했다. 그리고 미국 대학원 생활이라는 기회를 귀중하게 여기는 것이 내가 해야할 일이었다.

내 경우는 고난을 겪은 이민자들의 이야기와는 다르다. 나는 빈

곤이나 박해, 전쟁에서 벗어나기 위해 힘들게 미국으로 온 사람이 아니었다. 나라가 위기에 처해 난민이나 홈리스가 된다는 게 어떤 것인지 모른다. 나는 영어를 할 줄 알았다. 500달러라는 돈을 들고 미국에 왔다. 예일대학원 학생이었다. 내가 사랑하고 내게 익숙하며 언제든 나를 다시 받아줄 가족이라는 안전망도 있었다.

하지만 미국으로 건너와 가족들의 풍족한 삶을 위해 애쓰는 이민자들에게 나는 일종의 유대감을 느낀다. 나는 여전히 두려움을, 이민자들이 느끼는 그 두려움을 갖고 있고, 무엇이든 더욱 잘하기 위해, 이곳의 일원이 되기 위해 노력해야 한다는 부담감을 느낀다. 처음 미국에 왔을 때 나는 가족들의 자랑이 되고 싶었고 내가 미국에서 관계를 맺은 모든 이들에게 좋은 모습을 보이고 싶었다. 미국에서 낯선 손님이 된 듯한 기분을 느꼈던 나는 짐스러운 사람이 아니라 좋은 사람이자 무언가 기여하는 사람처럼 보이고 싶었다.

예일에서 고독한 저녁을 보냈던 첫날, 모험심이 강한 내 기질이 조금씩 깨어났다. 이틀간 지구 반대편으로 이동하느라 무척 배가 고팠다. 먹을 것을 구하기 위해 기숙사에서 한 블록 떨어진 뉴욕스트리트와 브로드웨이의 모퉁이에 자리한 와와Wawa 편의점으로 향했다. 진열된 상품들, 브랜드, 패키징 모두 굉장히 낯설었다. 직접 물건을 골라 계산대에 가서 돈을 지불해본 적이 없던 터라 뭘 어떻게 해야 할지 난감했다. 그래서 다른 사람들이 물건을 구매하는 걸 지켜봤다. 남인도의 음식이 그리웠던 나는 주식이자 내게 위안을 줄 음식인 커드를 살 생각이었다.

편의점을 샅샅이 뒤졌지만 커드를 찾을 수가 없었다. 인도에서 커드라고 부르는 음식을 미국에서 요거트라고 하는 줄 몰랐다. 대신 화이트브레드 한 덩이와 토마토 하나, 감자칩 한 봉지를 샀다. 빵 위에 토마토를 으깨어 샌드위치처럼 먹었지만 맛이 밍밍하고 아쉬웠다. 매콤한 칠리가 그리웠다.

다음 날 아침, 행운이 찾아왔다. 작고 마른 체격에 안경을 쓴 이란 출신의 경제학과 학생이면서 같은 층에 사는 모흐센 파르마네시Mohsen Fardmanesh가 환한 얼굴로 내 방문을 두드렸다. 얼마나 다행이던지. 그도 이민자들의 외로움을 안다고 말했다. 나는 익숙한 음식을 찾기가 힘들다는 이야기를 시작으로 여러 가지 어려움을 토로했다.

모흐센은 이렇게 말했다. "그럼 이렇게 해요. 가장 쉬운 방법은 피자에 칠리 플레이크를 뿌려 먹는 거죠." 우리는 용기를 내어 근처에 있는 뉴욕사이드 피자집으로 나섰다. 목재로 된 칸막이 좌석에 벽에는 스포츠팀 사진을 액자로 걸어둔 전형적인 뉴헤이븐 식당이었다. 나는 그 전까지는 피자를 먹어본 적이 없었다. 모차렐라 치즈도 처음이었다. 모흐센이 내 몫의 피자 한 조각을 주문했고, 나는 입에 넣자마자 구역질을 했다. 입에 맞지 않았다. "피자를 싫어한다는 건 확실히 알겠네요." 모흐센이 말했다. "그래도 익숙해져야 해요. 미국에서는 주식이나 다름없거든요."

모흐센은 내게 뜻밖의 선물 같은 존재였다. 며칠간 개인 우편함과 은행 계좌 만드는 일을 도와주었다. 그는 외국인에게 미국에서의 삶과 예일에서의 생활이 어떤지 들려주었고, 내 배경을 새로운 삶에 어떻게 적용할 수 있는지도 가르쳐주었다. 하루를 잘 헤쳐 나가다 보면 즐길 수 있을 거라고도 했다. "하루하루 지날수록 괜찮아질 거예요."

채식주의자인 내가 한 달간 기숙사 식당에서 먹은 것이라고는 샐러드와 빵뿐이었다. 너무 괴로웠다. 살이 빠지고 계속 피로에 시달리는 와중에 학업은 나날이 과중해졌다. 뭔가 조치를 취해야 했다. 기숙사 관리부의 도움을 받아 몇 블록 떨어진 템플 스트리트 420의 헬렌 해들리 홀Helen Hadley Hall 기숙사로 거처를 옮겼다.

헬렌 해들리 홀은 건물 외관이 상당히 초라했고 지금도 여전히 그렇다. 1958년 여학생들 기숙사로 지어졌는데, 이런 안 좋은 건물을 여학생 전용으로 만들었다는 점이 여전히 거슬린다. 예일대 건축학과의 유명 교수인 빈센트 스컬리Vincent Scully는 이 기숙사를 두고 '따분하기 그지없는 후기 모더니즘 양식'이라고 말하기까지 했다. 예일 캠퍼스와 템플 스트리트를 가득 메운 고딕과 조지 왕조 풍의 건물들 사이에 이런 건물이 있다니 놀라울 따름이었다.

내부 시설은 비슷했다. 정사각형 창문이 있는 1인용 침실과 복도에 공용 욕실, 층마다 전화 부스 두 개가 마련되어 있었다. 형광등과 회색 바닥은 단조로운 인테리어를 한층 더 건조하게 만들었다.

자금 사정이 넉넉하지 않은 석사·박사 유학생들이 주를 이루는 기숙사였던 터라 고요하고 절제된 건물은 유학생들이 예일이라는 낯선 곳에 고향의 따뜻함을 더하기에 안성맞춤이었다. 층마다 있는 커다란 주방과 식당은 우울한 기숙사에 생기를 불어넣는 공간이었다. 거의 모든 학생이 직접 요리를 했고 매콤한 인도 카레와 중국과 자메이카 음식 냄새가 복도에 퍼졌다. 누가 어떤 차림을 하든, 억양이나 발음이 어떻든 다들 신경 쓰지 않았다.

쿠바 출신 미국인으로 뉴저지에서 온 박사 과정의 롭 마티네즈Rob Martinez가 옆방에 머물렀다. 롭은 기숙사를 가득 메운 문화의 다양성을 무척 좋아했다. 세상 이치에 밝은 그는 역사와 경제학에 박학다식했다. 그는 인도 음식을 먹으며 중국과 폴란드 학생들과 정치 이야기를 하는 걸 좋아했다. 그는 기숙사 친구들을 초록색 스바루Subaru에 태우고 몇 킬로미터 떨어진 코네티컷 주 햄든의 숍앤드숍Shop & Shop 식료품점까지 가서 장보는 것을 도와주기도 했다. 당시 인기를 끈 디스코 댄스인 허슬과 여러 라인 댄스(여러 명이 줄지어 대열에 맞춰 추는 춤-옮긴이)를 내게 가르쳐줬다. 그가 보여준 우정과 따뜻한 태도, 공감 덕분에 헬렌 해들리 홀의 유학생들은 미국에 한결 가까이 다가갈 수 있었다. 한 번은 저녁에 친구들이 모여 롭을 명예 인도인으로 추대하는 행사를 열기도 했다. 그는 내 평생의 친구가 되었다.

해들리 홀에서 전화를 사용할 수 있게 된 후 삶이 훨씬 나아진 느낌이었다. 개인 전화를 설치할 여유는 없었지만 학교 전화로 잠깐이나마 통화를 하는 것이 내게는 반가운 휴식이었다. 미국에 온

지 얼마 안 된 내가 충격을 잘 이겨낼 수 있도록 일리노이, 오클라호마, 캘리포니아에서 학교를 다니고 있는 마드라스 친구들이 내게 자주 연락해줬다. 얼마 후에는 친구들에게 이제 전화를 줄여달라고 부탁해야 했다. 마음을 써주는 것은 고마웠지만 해야 할 일이 많았다.

경영대학원School of Organization and Management, SOM은 예일에서 50년 만에 처음으로 만든 새로운 대학원 프로그램으로 하버드와 스탠퍼드에 점령당한 낡은 경영 교육 분야에 새로운 에너지를 불어넣었다. 민간과 공공 부문을 접목해 공공 및 민간 경영이라는 석사 학위를 개설했다. 수업을 같이 듣는 백여 명의 학생들 대부분이 정치나 군대, 비영리 단체에 몸담은 경험이 있었다. 3분의 1 이상이 여성이었다.

수업은 뉴헤이븐의 힐하우스 애비뉴에 자리한 고풍스러운 맨션 두 곳에서 진행됐는데, 뒤쪽으로 피자헛과 비슷한 짙은 초록색의 현대식 구조물로 두 건물이 연결되어 있었다. "피자헛 건물에서 만나자"라고 하면 다들 알아들었다.

처음에는 미국 학생들이 어떤 일이든 큰 긴장감 없이 대하는 모습을 보고 충격을 받았지만 얼마 후에는 감탄했다. 인도에서는 감히 상상도 할 수 없는 오만한 태도였다. 20년간 나는 선생님이 교실에 들어설 때면 자리에서 일어나 존경을 표하는 모습을 보고 자랐다. 예일 학생들은 책상 위에 발을 올리고, 샌드위치를 우물거리며 교수님을 '빅', '데이브' 같은 이름으로 편하게 불렀다. 수업에 늦게 들어오고 끝나기도 전에 자리에서 일어났으며 수업 중에는 교수의 의견에 격렬하게 반박했다. 자유 토론 시간은 정말 대단했다. 다양한 주제를 깊이 있게 논의했고 장단점에 대해 서로 반론을 제기했다. 지금껏 이런 비슷한 경험을 한 적이 없었다.

수업 첫 주에 우리는 가까이 앉은 사람들끼리 8명씩 한 조를 이루었고, 이 조가 앞으로 2년간 함께할 스터디 그룹이 될 거라는 이야기를 들었다. 여성 셋, 남성 다섯으로 구성된 우리 조의 이름을 돈트룩백Don't Look Back으로 지었다. 한 팀으로 북극과 사막에서의 생존전략 시뮬레이션을 진행하는 동안 교수는 한쪽에서만 보이는 거울을 통해 팀워크를 지켜보고 솔직한 피드백을 해주었다. 새삼 겸손함을 일깨우는 경험이었다. 다른 사람의 대화를 끝까지 듣는 법, 내 보디랭귀지에 유의하는 법, 그룹 대화에 모두를 참여시키는 법 등 내가 배워야 할 점이 많다는 것을 깨달았다. 나는 좀 더 분명하고 신중하게 발언하고, 다른 이들이 대화하는 도중에 끼어들 때는 최대한 짧고 함축적으로 말하는 것이 좋겠다는 피드백을 받았다. 큰 절망감을 느꼈지만 이 조언들을 유념한 후부터는 훨씬 나아진 모습을 보였다.

두 번째 석사 과정이었지만 IIM 캘커타와는 완전히 달랐다. 이론보다는 현실적인 내용을 많이 배웠다. 실제 사례들을 바탕으로 경영을 배웠다. 업계 리더들과 정부 관계자들이 방문해 생생한 현장 이야기를 들려주었다. 동기들은 전부 최소 2~3년의 경력을 갖춘 이들이었다. 수업을 통해 이론과 실전을 모두 경험할 수 있었다.

교수진은 말 그대로 최고였다. 월스트리트 투자은행 도널드슨, 루프킨 앤드 젠레트Donaldson, Lufkin & Jenrette를 공동 창립하고 리처드 닉슨 대통령 시절 국무부에 몸담은 윌리엄 도널드슨William Donaldson은 학장이었다. 차익거래 가격결정이론을 만든 스티븐 로스Stephen Ross는 미시경제학을, 빅터 브룸Victor Vroom과 데이비드 버그David Berg는 개인과 집단 행동을, 가치투자자인 마티 휘트먼Marty Whitman이 투자를 가르쳤다. 맥킨지McKinsey와 이후 캘리포니아의 CBS 레코드에서 근무한 래리 아이작슨Larry Isaacson은 전략과 마케팅을 가르쳤다. 하나같이 해당 업계의 전문가로 많은 사람의 존경을 받는 인물들이었다. 이들 모두 복잡한 내용을 단순하고 이해하기 쉽게 가르쳤다.

특히 래리는 나를 믿고 내가 더 많은 것을 성취하도록 밀어붙였다. 그는 나를 몇몇 마케팅 입문 강의에서 제외시키고 컨설팅 일을 돕게 했다. 그를 대신해 사회에 복귀하는 15명의 여성을 대상으로 마케팅과 소비자 세분화, 광고를 가르쳤다. 이 여성들에게서 희망과 두려움을 엿봤다. 그녀들은 새로운 기술이 복직에 도움이 될 거라는 희망에 찼지만 한편으로는 일자리를 구하지 못하거나 자신이 완벽히 준비되지 않았을까 봐 걱정했다. 나는 수업을 하는 것 외에도 이들이 자신감을 쌓을 수 있도록 도와주었다.

일주일에 하루, 점심시간에 부학장은 학생들과 만나 어떤 생각을 갖고 있는지, 어떤 문제가 있는지 들었다. SOM에서의 삶의 질이 어떤지 학생들의 의견을 듣고자 하는 학교 측의 노력과 교육 과정은 나를 놀라게 했다. 인도 교육기관의 상의하달식 접근법과 크게 달랐다. IIM 캘커타와 공통점이 있다면 비즈니스는 여전히 남성들의 세계라는 점이었다. 여성 리더의 비즈니스 사례에 대해서는 다루지 않았고, 여성 교수도 없었다. 우리가 배우는 학문에는 여성이 등장하지 않았다.

두 번째 해의 교과 과정은 실로 대단했다. 선택 강좌로 재정과 전략, 게임 이론, 무역, 다자 간 조직이 있었다. 버턴 말킬Burton Marlkiel의 저서 《랜덤워크 투자수업》을 분석했다. 면도기 제조사인 질레트의 성공 요인을 조사하고 뉴욕의 메트로폴리탄 미술관Metropolitan Museum of Art과 매사추세츠 주 우스터에 위치한 클라크 대학교Clark University의 재정 문제를 분석했다. 정치 여론조사를 배우고 1972년과 76년 두 차례 대선 후보로 출마한 헨리 '스쿱' 잭슨Henry 'Scoop' Jackson의 여론조사 요원으로 활약했던 에릭 마더Eric Marder와 대담 시간도 가졌다.

수업만큼이나 교내 사교활동 분위기도 대단했다. 나는 아웃사이더였고, 아이비리그 대학이나 미 북동부의 보딩스쿨을 졸업한 젊은 남학생과 여학생이 끼리끼리 모여 다니는 파벌에 대해서도 잘 알고 있었다. 대다수가 사립 고등학교 출신으로 스페리 탑 사이더Sperry Top-Sider 브랜드 신발을 신고 겨울이면 스키 여행을, 봄이나 가을 주말에는 케이프 코드나 롱아일랜드 해변으로 여행을 떠났다. 나는 똑똑하고 열심히 노력하는 모범생이었고 사람들은 나를 좋아했다. 하지만 눈에 거의 띄지 않았던 학생인 나는 유학생들, 특히 개발도상국 출신 학생들에 대한 인식이 어떤지 알고 있었다. 성실하나 멋은 별로 없고 이상한 억양을 쓰며 사회성이 떨어지는 학생들. 대놓고 우리를 거부하시는 않았지만 진심으로 환대하는 분위기도 아니었다. 나는 수줍어하지는 않았지만 말을 조심히 하려고 신경 썼다.

내 차림새에 대한 걱정도 있었다. 마드라스를 떠나기 전, 미국 잡지 몇 권을 들고 인근 재단사를 찾아가 요즘 미국 스타일에 따라 셔츠 몇 벌과 상의 몇 벌을 지었다. 하지만 이내 그런 옷들이 내게 잘 어울리지 않고 별로 예쁘지도 않다는 것을 깨달았다. 나는 채플 스트리트에 있는 케이마트Kmart 체인의 전신인 S. S. 크레스지Kresge에 가서 청바지와 그에 어울리면서도 관리가 쉬운 긴팔 폴리에스테르 셔츠를 세 벌 구입했다. 몇 달 후 시티은행에서 일하기 위해 뉴욕에 온 찬드리카 언니가 맨해튼 중심에 있는 알렉산더 백화점에서 밝은 파랑의 다운코트를 한 벌 사주었다. 눈 내리는 겨울을 버티게 해준 구세주였다.

나는 크레스지 셔츠와 알렉산더 외투를 자랑스럽게 입었다. 하지만 나중에 친구들이 별 뜻 없이 한 말을 듣고 내 옷이 많은 학생에게 조롱을 받았다는 사실을 알게 됐다.

함부로 낭비할 돈이 없었다. 비슷한 금액으로 받았던 장학금과 학자금 대출을 합치면 1년에 약 1만 5,000달러 정도였는데 대부분을 학비와 기숙사 비용, 식비로 지출했다. 일주일에 사나흘은 헬렌 해들리 홀의 프런트 데스크 직원과 수동식 전화 교환원으로 일하며 자정부터 새벽 5시까지 시급 3.85달러를 받았다. 주간보다 시급이 50센트 많았고 당시 최저 임금이었던 시급 2.65달러보다 1.20달러나 높은 금액이었다. 리셉션에 전화가 울리면 기숙사 방으로 신호를 보낸 뒤 복도에 있는 전화기로 연결해주었다. 매일 밤 잠옷 차림에 슬리퍼를 신은 학생들이 복도를 오가며 전화를 받았다. 입구를 지키고 우편물을 분류하며 과제도 했다.

약 4개월에 한 번씩 마드라스 집으로 100달러를 부쳤다. 가족들이 돈이 필요한 것은 아니었지만 내가 뭔가를 해줄 수 있다는 것이 좋았다. 항상 난두 몫으로 20달러를 보냈다. 용돈을 한 번도 받아본 적 없던 난두는 마음껏 써도 되는 거액의 돈을 보내는 내게 무척 고마워했다.

미국에서 처음 맞이하는 가을, 나는 뉴욕 양키스와 사랑에 빠졌고, 이 아름답고도 무조건적인 애정은 지금까지도 계속되고 있다. 1978년 월드시리즈에서 전년도 우승자인 양키스와 로스앤젤레스 다저스가 다시 맞붙었다. 플레이오프가 열리는 밤마다 낡은 의자와 해진 소파, TV 한 대만 있는 헬렌 해들리 홀의 학생 휴게실이 붐볐다. 배트와 공으로 하는 스포츠가 그리운 크리켓 선수였던 나는 미국 야구에 대해서는 전혀 몰랐다. 어느 날 저녁 남학생 몇 명이 같이 야구를 보자며 규칙을 알려줬을 때 무척 기뻤다. 레지 잭슨Reggie Jackson, 론 기드리Ron Guidry, 버키 덴트Bucky Dent에 관한 자료는 전부 찾아 읽기 시작했고, 양키스가 또 한 번 우승을 거머쥐었을 때는 뛸 듯이 기뻤다. 포수 서먼 먼슨Thurman Munson이 1979년 여름, 비행기 사고로 숨졌을 때는 눈물을 멈출 수 없었다.

그때 나는 스포츠의 언어가 그리고 특정 게임과 선수에 대한 이야기가 비즈니스 세계에서도 중요하다는 것을 배웠다. 아침이면 학생들이 모여 스포츠 이야기를 했다. 면접 자리에서도 고용주는 스포츠 이야기를 꺼냈다. 야구나 미식축구의 동향을 모르면 어울릴 수가 없었다.

몇 달 전 인도를 떠날 때 부모님이 들려준 지혜가 꼭 들어맞았다. "있는 그대로의 네 모습을 보여주되 주변과 조화롭게 어울려야 한다."

겨울방학을 마치고 얼마 지나지 않아 여름 일자리를 향한 레이스가 시작됐다. 돈을 벌어야 했던 나는 다행히도 평판이 좋은 학생이었다. 교수들은 내게 훌륭한 추천서를 써주려고 했다. 그들 눈에 나는 성실하고 함께 일하기 좋은 학생이었다. 교수진은 내가 미국 기업에 필요한 세계적인 시각을 갖고 있는 사람이라고 판단했다. 여러 기업이 예일을 찾아왔고 나는 어떻게든 좋은 인상을 남겨야 했다.

한 가지 걱정이라면 정장이 없다는 것이었다. 당시 전 재산이었던 50달러를 들고 크레스지에서 폴리에스테르 소재의 감색 투버튼 재킷과 바지로 구성된 옷 한 벌을 골랐다. 옅은 청색과 짙은 청색의 세로 줄이 들어간 청록색 폴리에스테르 블라우스도 집었다. 입어보고 싶었지만 한 번도 탈의실을 써본 적이 없었고, 커튼 가

림막에 의지해 옷을 벗자니 누가 들여다볼까 불안했다.

그래서 나는 거울 앞에 서서 옷들을 몸에 대보기만 했다. 바지는 괜찮아 보였지만 재킷은 좀 큰 것 같았다. 하지만 몸이 자랄 것을 염두에 두고 큰 사이즈의 옷을 사야 한다던 어머니의 조언이 떠올랐다. 스물네 살이었던 나는 이미 성장을 마쳤다는 사실을 잊고 말았다. 이렇게 큰돈도 쓸 줄 아는 어른이 됐다는 데 자부심을 느끼며 전 재산을 털어 내가 고른 옷을 전부 구매했다. 살면서 가장 큰 지출이었다.

크레스지를 나설 때 신발 판매대가 눈에 들어왔지만 신발에 쓸 돈이 없었다. 하지만 괜찮을 거라고 생각했다. 겨울 내내 신고 다닌 오렌지색 스웨이드 로퍼로 어떻게 해볼 수 있을 것 같았다. 테이블 아래로 발을 가리면 되었다. 아무도 눈치채지 못할 것이었다.

면접날 새로 산 옷을 입었다. 블라우스는 잘 어울렸지만 바지는 기장이 짧았다. 재킷은 어깨며 품이 너무 컸다. 하지만 달리 입을 옷이 없었다. 다른 사이즈로 옷을 교환하기에도 너무 늦었다. SOM 행정실 건물로 가니 고용인이 될지 모르는 사람들을 만나기 위해 다들 커리어 사무실에 모여 있었다. 남자 동기들은 몸에 딱 떨어지는 새 브룩스 브라더스Brooks Brothers 정장을 입었고, 여자 동기들은 실크 셔츠에 우아한 울 스커트, 재킷 차림이었다. 다들 숨을 헉, 들이마시는 소리가 들렸다. 모두 나를 쳐다보고 있었다. 나는 조금도 신경 쓰지 않는 척했다.

그날 나는 조립식 주택과 사무용품 등 여러 비즈니스를 운영하는 코네티컷의 대기업 인실코Insilco와 면접을 진행했다. 면접은 괜찮았지만 나는 상당한 민망함과 패배감을 안고 면접장을 나왔다. 곧장 복도를 내달려 경력개발부 책임자인 제인 모리슨Jane Morrison을 찾아갔다. 나는 사무실 소파에 앉아 울음을 터뜨렸다. "저 좀 보세요. 이런 차림으로 면접을 보러 갔어요. 다들 절 비웃어요." 제인은 아주 솔직한 사람이었다. "네. 심각하네요. 심각해요."

제인에게 경제적 어려움을 토로하며 예산 안에서 옷을 사야 했다고 설명했다. "다른 사람들과 비슷하게 보이고 싶었어요." 그러자 그녀는 인도였다면 면접에 어떤 옷을 입고 가겠는지 물었다. 나는 사리라고 대답했다. 사리는 방에 많이 있었다. 그녀는 이렇게 조언했다. "다음번에는 사리를 입어요. 만약 사람들이 있는 그대로의 당신 모습을 보고 고용하지 않는다면 그들 손해예요. 그저 당신의 모습을 보여주면 돼요."

그날 저녁 인실코에서 일자리를 제안받은 학생은 두 명이었다. 그중 하나는 바로 나였다. 내가 정말 새로운 환경에 놓여 있다는 것을 분명히 깨달았고, 미국이 능력주의 사회라는 점을 여실히 보여주는 사례라고 생각했다. 인실코는 내 끔찍한 차림새는 조금도 개의치 않은 채 내가 어떤 이야기를 했는지 또 내가 회사에 어떤 기여를 할 수 있는지를 보고 선택한 것이었다. 채용 제안을 고려해볼 시간으로 3주가 주어졌다.

다음 면접은 컨설팅 기업인 부즈 앨런 해밀턴Booz Allen Hamilton이었다. 컨설팅은 야심찬 분야라는 인식이 있었다. 업무시간과 출장 일정은 가혹했지만 연봉이 높았고, 일반적인 회사에 비해 컨설팅 기업에서 커리어를 시작한다면 3년에서 5년가량 앞서나가는 것이라는 말이 있었다. 이미 인실코의 제안을 받았지만 그냥 넘기기엔 너무도 좋은 면접 기회였다.

내가 제일 좋아하는, 크림색 꽃문양이 있는 청록색 실크 사리에 청록색 블라우스를 받쳐 입고 텍사스에서 온 부즈 앨런 파트너를 만났다. 그를 만나자마자 마음이 편안해졌다. 비즈니스 사례를 바탕으로 한 엄격한 분위기의 면접이 이어지자 내 능력을 평가받는다는 느낌이 들었고, 내 차림새나 외모에 대해 걱정할 필요가 없어졌다.

부즈 앨런은 하버드·스탠퍼드·노스웨스턴·시카고 대학교의 인턴들과 함께 나를 시카고에 있는 회사에서 여름 동안 일하도록 했다. 나는 식품 원료를 제조하는 인디애나 기업의 전략개발 팀에 합류했다. 팀원은 전부 남성이었지만 토론과 결정 과정에 나를 빼놓지 않았고, 코칭을 해주었으며, 전적으로 나를 지지해주었다.

나는 출근할 때마다 사리를 입었고 고객을 만난 적은 한 번도 없었다. 인디애나폴리스에서 열리는 고객 미팅에 사리를 입은 나를 대동하는 것은 당시에는 좀 껄끄러울 수 있는 일이었다. 나도 충분히 이해했고 동료들이 나를 빼고 고객들을 만나는 것도 수용했다. 내가 치러야 할 작은 희생이었다. 내가 미국에서 일하는 여성으로 자리를 잡아간다는 데 그저 신이 났다.

일이란 사실 할지 말지를 선택할 수 있는 대상이 아니다. 그래서 더욱 좋다. 유급 노동에는 여러 가지 이점이 있다. 바로 인간은 도전을 받을 때 더욱 번영한다는 것이다. 또한 우리는 어떠한 일을 잘 해낼 때 자부심을 느끼고 같은 목표를 지닌 사람들과 함께 경험하면서 많은 것을 얻는다. 무엇보다, 생활을 하기 위해선 누구나 돈이 필요하다.

밖에 나가 일한다는 건 여성의 웰빙과 가족의 풍요에 필수적인 선택이라고 생각한다. 한편 수준이 가장 높다는 사회에서마저 여성이 일을 해야 하는지에 대해 의문을 제기하는 사람들이 있다. 이런 관점은 아마도 엄마의 관심이 온전히 아이를 돌보는 데 집중되지 않으면 아이가 피해를 받는다는 생각에서 비롯되었을 것이다. 사회 전체가 과거의 익숙한 관념을 고수하는 게 편한 경우도 있다.

하지만 내 생각은 좀 다르다. 사실 워킹맘을 둔 아이들이 학교에서 더 나은 학업성취도를 보이고, 더욱 독립적이며, 엄마를 훌륭한 롤모델로 삼는 경우가 더 많다. 그뿐만 아니라, 여성이 일을 하는 것이 경제 전반에 중요한 역할을 한다는 확실한 증거도 있다. 더 많은 여성이 노동 인구에 포함될수록 빈곤이 줄고, 임금이 높아지며, 국내총생산이 증가하는 등 더욱 풍요로운 사회를 만들 수 있다.

하지만 더 직접적인 이유가 있다. 누구나 개인의 자유를 위해 경제권을 가져야 하기 때문이다. 여성이 노동 인력으로 완벽히 수용될 때 인류는 진보할 수 있다. 여성들은 남성 중심 세계에서 휘둘리던 처지에서 벗어날 수 있다.

여름 인턴십을 위해 기쁜 마음으로 시카고로 향한 나는 졸업 후 거취에 좀 더 열린 마음을 갖게 되었다.

예일 동기로 여름 인턴에 참여하게 된 킴벌리 루퍼트Kimberly Rupert와 함께 샌드버그 빌리지에 있는 고층 건물의 침실 하나짜리 집을 빌렸다. 시카고 불스 농구 선수 소유의 아파트였다. 욕조는 몇 주는 청소하지 않은 듯했고, 벽장에는 엄청나게 큰 사이즈의 스니커즈가 가득 있었으며, 싱크대에는 더러운 접시가 산더미처럼 쌓여 있었다. 임대 계약을 진행한 집주인은 청소를 제대로 할 것처럼 보이는 믿을 만한 세입자를 들이게 되어 만족한 듯 보였다. 금 목걸이를 몇 개나 하고 단추를 채우지 않은 셔츠 차림에 너무 스스럼없이 대하는 태도 때문에 겁을 먹기도 했지만, 시간이 지나자 그가 꽤 괜찮은 사람으로 느껴졌고 존중하는 마음도 생겼다. 여러 면에서 도움을 주는 집주인이었고, 우리는 아파트를 티끌 하나 없이 관리하는 바람직한 세입자였다.

하루 종일 청소를 하고 나자 커다란 창으로 도시가 내려다보이는 이 집의 거실은 부즈 앨런 인턴 일곱 명이 여름 내내 시끌벅적하게 지내는 아지트가 되었다.

댈러스에서 공부 중인 인도 친구는 라지 누이Raj Nooyi라는 남자를 꼭 한 번 만나보라고 했다. 그는 인도 망갈로르Managalore 출신의 젊은 엔지니어로 얼마 전 텍사스대학교에서 석사 과정을 마쳤다. "시카고에서 자리 잡는 데 도움이 많이 될 거야." 친구는 이렇게 말했다.

라지는 한창 개발 중인 시카고 교외의 공업 기업 이튼Eaton에서 일하며, 회사가 있는 캐럴 스트림 근처의 침실 하나짜리 아파트에서 살고 있었다. 그를 집으로 초대했고, 이내 그는 우리 그룹의 일원이 되어 시카고 아파트에서 함께 어울렸다. 자신이 사는 곳으로도 우리를 데려가 수영과 테니스를 하게 해주었다. 라지는 굉장히 똑똑하고 박식했으며 경험도 많았다. 그뿐만 아니라 잘생긴 외모에 미소가 멋졌고, 누구와도 두루두루 잘 지내는 성격이었다. 무엇보다 차가 있어서 그는 우리의 운전기사 노릇도 해주었다.

8월 말이 되자 인턴들 대부분이 학교로 돌아갔고 나는 일주일 정도 인턴 기간이 남아 있었다. 어느 금요일 저녁, 라지와 나는 한 블록 떨어진 곳에 위치한 오래된 영화관, 샌드버그 시어터Sandburg Theatre에 갔다. 진 와일더Gene Wilder와 리처드 프라이어Richard Pryor가 출연해 열차에서 범죄를 벌이는 영화 〈실버 스트리크Silver Streak〉를 보기 위해서였다. 영화에 흠뻑 빠진 우리는 슬랩스틱 코미디에 크게 웃음을 터뜨렸다.

영화관을 나와 음식점까지 걸어서 이동했고, 저녁식사를 마칠 즈음 우리는 결혼을 약속했다. 누가 누구에게 프러포즈를 했던가? 누가 먼저 결혼 이야기를 꺼냈던가? 프러포즈 전에 보통은 몇 개월간 데이트를 하기 마련인데, 우리도 그랬던가? 나도 잘 모르겠다. 42년이 지난 지금까지도 남편과 내 이야기가 다르다!

내가 뉴헤이븐에 돌아가기 전, 라지는 시카고에서 한 시간 거리인 일리노이 주 플로스무어에 거주하는 외삼촌 내외에게 인사하는 자리를 마련했다. 외삼촌 라메시 아디가Ramesh Adiga는 사우스 시카고 지역의 사우스 서버밴 병원South Suburban Hospital 혈관외과의였고, 외숙모인 자야Jaya는 가족 의료를 전문으로 하는 의사였다. 부부는 1960년대 한창 미국 중서부로 이민을 오던 인도 의사들 중 하나였다. 내가 처음 그들을 만났던 날, 라메시의 여동생과 모친이 마침 인도에서 들른 터라 집에 함께 있었다.

솔직히 말해 우리가 결혼을 약속했다는 기쁜 소식을 알렸을 때 라지의 가족은 불안한 기색을 내비쳤다. 가족들은 오래전부터 라지에게 신붓감을 찾아주려 했다. 키도 크고 학벌도 좋았으며 미국에서 근무하는 라지는 누가 봐도 탐나는 신랑감이었다. 라지가 데려간 나는 그의 모국어인 칸나다어는 전혀 할 줄 모르고 타밀어를 쓰는 데다 점성술로 궁합도 보지 않은 이방인이었다.

하지만 나 역시 고등교육을 받은 성실하고 탄탄한 중산층 힌두 집안 출신이었다. 충분히 좋은 조건이었다. 후에 라지가 반드시 나와 결혼하겠다고 선언하자 반대하던 목소리도 사그라졌다. 그의 가족들은 이내 우리가 서로를 보완해주는 좋은 짝이라는 것을 깨닫고 나를 전적으로 받아들였다.

나도 부모님께 전화로 결혼할 생각이라고 알리며 라지 이야기를 들려주었다. 라지를 직접 만나본 적도 없고 그의 가족들에 대해 따로 알아보지도 못한 부모님은 당연히 걱정을 했다. 하지만 부모님도 별다른 선택권이 없었다. 이번에도 두 분은 내 결정을 믿고 따라주었다.

한 달 후, 양측 부모님과 친인척들이 마드라스에 모여 정식으로 약혼식을 치렀다. 나와 라지 없이 말이다. 라지의 가족이 무척 마음에 들었던 부모님은 우리 둘 또한 잘 지낼 거라고 확신했다.

예일에서의 두 번째 해는 미래를 계획하고, 결혼과 일이라는 현실을 헤쳐나가느라 정신없이 보냈다. 나는 최고의 전략 컨설팅 기업으로 시카고 지사를 설립한 보스턴 컨설팅 그룹Boston Consulting Group, BCG에 입사하고 싶었다. 나에게 완벽한 회사라고 생각했다. 여섯 번에서 일곱 번 정도 연속으로 힘겨운 면접을 본 후 가을이 됐을 때 마침내 입사 제안을 받았다.

여름 인턴십 덕분에 SOM 동기들 사이에서 내 위치가 달라진 것 같았다. 전보다 많은 학생이 내게 아는 척을 해왔지만 나는 경계심을 늦추지 않았다. 아직도 내가 그곳에 완전히 녹아든 것 같지 않았다.

라지와 나는 통화를 하며 지내다 몇 주에 한 번씩 얼굴을 봤다. 내가 일리노이에 있는 그의 작은 아파트로 가서 과제와 공부를 했다. 몇 달 동안 꼼꼼하게 결혼식 비용을 따져본 우리는 하객 40명만 초대해 라지의 외삼촌 집 지하에서 식을 올리기로 했다. 꽃장식과 성직자를 모시는 비용을 지불하고 나면 하객을 한 명도 더 받을 수 없었다.

5월 말, 내 졸업식을 위해 부모님과 난두, 찬드리카 언니와 라지까지 모두 뉴헤이븐에 모였다. 화창한 날씨에 완벽한 날이었다. 오랜만에 가족이 한자리에 모였고, 부모님은 내 남편이 될 사람을 마침내 만나게 되어 무척이나 들떴다. 두 분 다 라지를 마음에 들어 했다.

멋진 여정의 시작을 눈앞에 두고 있었지만 한편으로는 예일을 떠나 학생으로서의 삶을 마치게 되어 아쉬운 마음이 들었다. 대학원에서 나는 바라던 모든 것을 배웠다. 어떻게 해야 민간부문과 공공부문, 비정부 조직이 조화로운 사회를 만들 수 있는지에 대해, 그리고 미국에 대해 충분히 배운 나는 미국 비즈니스 세계에 발을 내디딜 준비가 된 것 같았다. 함께 공부했던 동기들 다수가 굉장한 커리어를 쌓았고 지금까지도 서로 의지하는 친구로 지내고 있다. 예일 SOM에서 시작한 우정은 40여 년이 지난 지금, 그 어느 때보다도 *끈끈한* 힘을 발휘하고 있다.

졸업식을 하고 나서 가족들은 며칠 후 있을 내 결혼식을 위해 렌트카 두 대에 몸을 싣고 약 1,370킬로미터를 운전해 시카고로 향했다. 어머니는 내 웨딩용 사리와 어렸을 때부터 모았던 패물을 몇 개 챙겨왔다.

외삼촌 집에 여가용으로 마련된, 낮은 천장에 우드패널로 벽이 꾸며진 공간에서 우리는 결혼식을 올렸다. 한 시간가량의 예식이 끝난 후 근처 음식점에서 준비해준 인도식 뷔페를 저녁식사로 대접했다. 헬렌 해들리 홀의 이웃이었던 롭 마티네즈와 래리 아이작슨 교수가 참석해주었다.

인도였다면 최소 하루 하고도 반나절은 예식이 진행됐을 터였다. 부모님과 친가·외가 친척들 모두 인도식으로 결혼식을 치르지 않은 데 서운함을 느꼈다. 하지만 개의치 않았다. 나는 정말 행복했다. 먼 곳에 있는 내 가족이 한자리에 모여 무척 기뻤다.

결혼식을 치른 다음 라지의 아버지인 N. S. 라오$_{Rao}$가 우리를 따로 불렀다. 그는 우리에게 열심히 일해야 한다는 조언과 힘든 일을 나눌 가족이 있다는 점을 명심하라는 덕담을 들려주었다. 그런 뒤 나를 불러 이렇게 말했다. "인드라. 네 일을 포기하지 말거라. 지금껏 공부를 했는데 마땅히 활용해야지. 우리가 할 수 있는 것은 무엇이든 도우마."

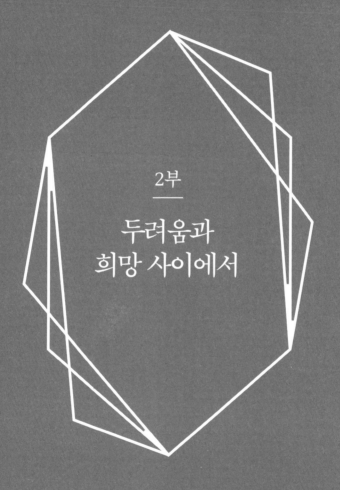

2부
—

두려움과
희망 사이에서

4

시카고에서 서쪽으로 약 266킬로미터 떨어진 일리노이 주 미시시피 강 근처에 자리한 멀린은 미국의 심장부로 옥수수와 콩 농장이 가득한 지역이다. 1980년에는 60년 역사의 작업화 제조업체인 서버스 러버Servus Rubber가 있던 곳이었고, 당시 이 회사는 해외에서 들어온 새로운 경쟁사 때문에 골머리를 앓고 있었다. 서버스는 내 첫 경영 컨설턴트 고객이었다.

결혼식 일주일 후, 내가 BCG에 입사할 때 채용 담당자였던 앨런 스푼Alan Spoon과 소형 비행기를 타고 멀린으로 향했다. 이후 몇 달 동안은 일주일에 2~3일을 그곳 중저가 호텔에서 머물며 업무·세일즈·마케팅 매니저들과 대화를 나누고, 공장을 살피고, 조립 라인의 작업자들에게서 이야기를 들으며 고무와 작업화에 대한 모든 것을 배웠다.

경영 컨설팅이 다양한 글로벌 비즈니스 커리어의 원천으로 꼽히는 이유가 있다. 젊은 MBA 졸업생으로 BCG에서 6년간 일하는 동안, 다른 어떤 곳에서보다 많은 것을 배울 수 있었다. 항상 멋진 사람들과 토론하며 함께할 수 있어 일이 즐거웠다. 기업이 BCG 같은 컨설팅 회사를 고용하는 이유는 경영에 대한 몇 가지 핵심적인 질문에 답을 얻기 위해서다. 비즈니스의 가치를 만드는 것은 무엇인가? 그것은 어떻게 달라질 수 있는가? 시간이 지날수록 가치를 창출해내는 전략적 선택들은 어떻게 달라져야 하는가? 어디에 투자를 해야 하는가? 내부 체계를 어떻게 잡아야 하는가? 기업들은 다양한 업계에서 경험을 쌓아온 컨설팅 회사의 지식과 노하우에 돈을 지불하는 것이다.

컨설턴트는 특정 비즈니스의 이면에 자리한 기술과 사실을 이해하기 위해 깊이 파고들어야 한다. BCG는 전략 컨설팅으로 정평이 나 있었다. 창립자인 브루스 헨더슨Bruce Henderson이 1970년에 개발한 '성장-점유율 매트릭스growth-share matrix'는 상대적인 시장 점유율과 성장률에 따라 카우cows(투자에 비해 수익이 큰 사업-옮긴이), 도그dogs(점유율과 성장률 모두 낮은 사업-옮긴이), 스타stars(점유율과 성장률 모두 좋은 사업-옮긴이), 물음표question marks(미래가 불투명한 사업-옮긴이)로 나누어 비즈니스를 설명하는 개념으로 자주 등장하는 모델이다. 우리는 입사 첫날부터 고객이 듣고 싶은 말이 아니라 데이터와 객관적인 판단을 통해 고객이 마주한 진짜 문제를 짚어주는 데 초점을 맞추는 훈련을 받았다. 우리는 불편한 진실을 파헤치고, 고객사 경영진과 마주 앉아 우리가 분석한 내용을 설명하고, 앞으로 나아갈 방향을 제시했다. 내게는 이 일련의 업무가 정치적 사안을 배제하고 지적 정직성을 추구하는 과정처럼 느껴졌다. 물론 노련하게 처리해야 할 사내 정치 문제도 많았지만 말이다.

컨설팅 일이 내게 정말 잘 맞았다. 비즈니스를 줌인해 깊이 들여다보며 성장 및 수익 동력을 파악한 뒤, 줌아웃해 비즈니스 또는 기업의 전략을 어떻게 전환해야 할지 방향을 찾는 과정이 즐거 웠다. 모든 프로젝트에 깊이 몰입했고, 항상 정신없이 바빴다. 잠 도 많이 자지 않았고, 고객사 분석에 빠져들면 몇 시간이고 집중 했다.

내가 입사할 당시 BCG 시카고 지사는 빠른 속도로 성장하고 있었다. 얼마 지나지 않아서는 먼로 스트리트에 있던 사무실을 왜 커 드라이브의 110층짜리 시어스 타워Sears Tower 맞은편 번쩍이는 고층 건물로 이전했다. 우리는 한 층을 다 사무실로 사용했다. 봄 이면 수십 명의 졸업생을 채용해 밀려드는 업무를 배정했다. 신입 들을 교육할 파트너들이 적어 우리가 알아서 배우거나 서로 가르 쳐주며 일했다. 우리는 계산기와 2B 연필로 복잡한 모델링 작업을 했고 종이로 된 스프레드시트에 셀 수백 개를 채웠다. 수기로 그 래프를 그린 뒤 상세한 설명을 덧붙여 제작 부서로 보내 프레젠테 이션용 슬라이드 덱으로 만들어달라고 했다. 컴퓨터와 엑셀 스프 레드시트가 없던 시절 거쳤던 수고로운 과정이었다. 작성한 시트 를 부분으로 나눠 확대 복사한 뒤 테이프로 붙여 동료들, 상사들 과 함께 살펴봤다.

우리는 폭넓은 분야에서 프로젝트를 진행했다. 나는 신탁은 행, 연료첨가제, 염료 분야의 프로젝트를 맡았다. 메인프레임 컴 퓨터에 저장된 뉴스와 법률 정보를 제공하는 기업인 렉시스넥시 스LexisNexis를 맡았을 때는 도시 열다섯 곳에 포커스 그룹을 지정 해 사람들이 이 기업의 서비스를 어떻게 활용하고 또 비용과 이점에 대해 어떻게 생각하는지, 이들이 기업에 만족하지 못하는 부분은 무엇인지 연구했다. 꼼꼼한 소비자 분석을 바탕으로 서비스 단계와 가격 책정을 포함한 통합 마케팅 전략을 세웠다. 최종적으로 이 모든 정보를 취합해 수익 및 수익성 모델을 완성했다.

내가 BCG에서 일하기 시작한 초기에 위스콘신 주 라크로스에 있는 산업용 난방·환기·냉방HVAC 시스템 기업인 트레인Trane에서 우리에게 컨설팅을 의뢰했다. 스코틀랜드계 미국인 BCG 파트너를 팀장으로 해서 유대인 남성, 이탈리아 남성, 그리고 내가 한 팀을 이뤄 이 프로젝트를 맡았다.

몇 주 뒤, 트레인의 CEO가 팀장에게 근황 이야기를 하던 중 농담 삼아 이렇게 말했다. "여기가 위스콘신 라크로스인 건 아시죠? 유대인 남자와 이탈리아 남자, 인도 여자가 있는 팀을 보냈더라고요. 이게 도대체 무슨 일이랍니까?" 파트너는 멋지게도 이렇게 응수했다. "최고의 팀을 요청하셨기에 최고의 팀을 보내드린 것뿐입니다."

트레인 CEO였던 빌 로스Bill Roth는 마음이 따뜻하고 사려 깊은 사람으로 훗날 나에게 파트너의 대답이 정말 마음에 들었다고 털어놨다. 나는 3년 넘게 트레인의 여러 프로젝트를 진행하며 중서부 사람들 특유의 너그러움을 몸소 경험했다.

우리의 임무는 트레인의 성장과 수익성을 가속화하는 일이었다. 처음 몇 달간은 트레인의 업계 내 위치를 파악하고 이를 어떻게 향상시킬 수 있을지 이해하고자 수많은 오피스 빌딩과 소규모

쇼핑몰, 아파트에 HVAC를 설치한 하청업체와 대화를 나눴다. 그런 뒤에 원도급 업체, 기술자들, 관련 관공서 담당자들을 만나고 다녔다. 최근 3년간 경쟁업체에 빼앗긴 일들이 무엇인지 전부 분석했다. 트레인 측은 굉장히 꼼꼼한 우리의 접근 방식에 크게 감탄했다.

컨설팅 일이 손에 익기 시작한 후부터 나만의 리서치 루틴을 만들어나갔다. 시트러스 가공 처리 기계를 제작하는 기업과 일할 때는 브라질과 플로리다의 주스 공장을 다니며 시중에 나온 다양한 기계로 오렌지를 착즙할 때 무엇이 어떻게 다른지 복잡한 역학을 배웠다. 용어와 과학, 기술을 이해하기 위해 책을 사서 공부했고, 지금도 오렌지 가공 처리 기계에 관해 주석을 달아 정리해놓은 책을 소장하고 있다.

한 일본 기업의 경우 최신 초고속 보틀링 장비의 미국 시장 진출 가능성을 분석해야 했다. 일리노이 주 스코키에 본사를 둔 제약회사 G. D. 설Searle 컨설팅 때는 1965년 설 연구소가 개발한 인공감미료 아스파탐에 대해 연구하고 제조 공정을 확대하는 방법을 고민했다. 두 번째 과제로는 당시 새롭게 등장해 향후 10년에서 20년 내에 상용화가 가능할 것으로 예상되는 제로 칼로리 감미료를 조사했다. 화학을 전공한 것이 도움이 되었지만 좀 더 정확한 정보를 위해 감미료 분야의 전문가인 교수 한 명을 고용해 캘리포니아와 유럽의 연구소 여러 곳을 함께 다녔다. 오렌지 주스와 보틀링 장비, 감미료가 훗날 내 인생에서 중요한 부분이 될 거라고는 전혀 예상하지 못했다!

나는 티슈와 화장지도 연구했다. 우리는 미국에 있는 모든 티슈 제조 라인의 비용 모델을 만들었다. 제조 속도, 원자재, 폐기물, 비용을 고려한 모델이었다. 크리넥스Kleenex와 퍼프스Puffs, 차민Charmin과 스카트Scott, 스토어 브랜드 화장지의 차이점을 연구했다. 위스콘신 주 그린 베이의 바에 앉아 레모네이드를 마시며 경쟁사들의 공장 직원들이 티슈 제조 라인에 어떤 불만을 갖고 있는지 엿듣고 고객에게 조언해주기도 했다. 독일, 스웨덴, 핀란드의 장비 생산업자들을 만나 차세대 티슈 제조기기와 공정에 대해 배웠다. 이번에도 오하이오 주의 옥스퍼드에 위치한 마이애미대학교Miami University 소속 제지공학자를 고용해 함께 다니며 설명을 들었다.

그러다 보니 특허에까지 발을 들이게 되었고, 특허 출원 과정에 대해서도 관심이 생겼다. 과학을 이용해 사회적 문제에 접근하는 단체인 바텔Battelle에서 개발한 프레임워크를 바탕으로 복잡한 특허 분야를 파고들었다. 우리는 경쟁이 심한 업계에 통찰력을 제시하기 위해 30년 역사의 티슈 비즈니스를 분석했다.

출장이 쉴 새 없이 이어졌다. 매주 서류 가방과 하트만Hartmann 가먼트 백(의류가 구겨지지 않도록 보관하는 여행용 가방-옮긴이)을 들고 공항을 오갔다. 가먼트 백 무게 때문에 오른쪽 어깨가 지금까지도 비뚤어져 있다. 사나흘 출장을 다녀온 뒤 주말마다 숫자를 낱낱이 분석하고 그래프를 그리고 프레젠테이션을 준비했다. 많은 것을 배운 시간이었다. 지식은 쌓여갔지만 몸은 지쳐갔다.

위스콘신 주 니나로 하루 동안 출장을 갔을 때는 근처 오시코시에서 굉장히 유명한 에어쇼가 열리는 바람에 호텔을 구할 수가 없었다. 차로 세 시간 거리인 시카고 집으로 갔다가 다음 날 다시 니나에 오기로 했다. 폰더랙 근처를 지날 즈음 과속으로 붙잡혔고, 경찰은 벌금 125달러를 비자카드로 결제해도 된다고 했다. 아메리칸 익스프레스밖에 없었던 나는 결국 폰더랙 경찰서로 가 라지에게 전화를 걸었다. 그 순간 유치장에 마련된 깔끔한 침대가 눈에 들어왔고, 지금 생각해도 말이 안 되지만 경찰에게 다음 날 아침 남편이 현찰을 갖고 올 때까지 그 침대에서 하룻밤 잘 수 있는지 물었다. 시카고까지 운전해 갔다가 다음 날 다시 돌아올 엄두가 나지 않았고, 몸을 눕히고 싶은 생각이 간절했다. 경찰은 내게 집으로 가도 좋다고 했다. 벌금은 다음 날 수표로 지불했다.

바쁜 업무에 치여 라지와 함께 있는 시간이 거의 없었다. 남편도 굉장히 바쁘게 일하던 때였다. 기반을 다지기 위해서 우리가 치러야 할 대가라고 여겼고, 혹시 모를 나쁜 상황에 대비해야 한다는 불안감도 있었다. 밤마다 서로의 안부를 확인하는 짧은 통화를 했다. 몇 년 동안 대화를 나누지 못한 사람들처럼 통화했다.

우리는 캐럴 스트림에 있는 라지의 아파트에 신혼살림을 차렸다. 돈을 아끼려고 신문에 붙어 있는 식료품 쿠폰을 모았다. 매달 지출과 수입을 꼼꼼하게 관리했던 우리는 월급을 받으면 가장 먼저 내 학자금 대출을 상환할 돈과 저축액을 얼마간 떼어놓고는 인도에 있는 양쪽 부모님께 100달러씩 송금했다. 딱히 돈이 필요한 분들은 아니었지만 우리가 번 돈을 보내드리는 게 뿌듯했다.

나는 큰 리본이 달린 크림색 블라우스 두 벌과 이반 피콘Evan Picone의 울 소재 카멜색 정장 한 벌, 검은색 정장 한 벌을 구입했다. 정장 두 벌의 상하의를 교차해 네 벌처럼 입었다. 매주 똑같은 짐으로 기내용 가방을 채워 위스콘신 주의 니나, 애플턴, 라크로스, 루이지애나 주의 배턴루지, 뉴욕을 오갔다. 비행기에서 내리면 옷이 엉망이 될 때가 많아 회의에 들어가기 전 호텔방에서 정신없이 다림질을 했다.

라지는 여전히 이튼의 전자 조정 장치를 만드는 공장에서 엔지니어로 일했다. 남편도 옷이 별로 없었다. 셔츠 두어 벌, 바지 두어 벌, 외삼촌 라메시에게서 물려받은 타이 몇 개가 다였다. 매일 밤 남편은 셔츠를 빨아 널고는 다음 날 다림질을 해서 입고 나갔다. 늘 말끔한 차림으로 출근했다.

라지는 석사 학위가 있었지만 경영진으로 승진하기 위해서는 MBA 학위가 필요했다. 얼마 후 그는 시카고대학교에서 운영하는 야간 MBA 프로그램을 시작했고, 10시 30분에 귀가해 저녁을 먹었다. 2학년 때 이튼을 퇴사하고 남은 6개월은 공부에 매진해 1983년 MBA를 졸업했다.

우리는 사람들과 자주 어울리지 않았다. 바쁘기도 했고 아는 사람도 많지 않았다. 사교적인 모임에 초대받는 일도 없었다. 주말에는 가끔 라지의 외삼촌과 외숙모를 만나러 갔다. 아니면 26번가에 자리한 코니스 피자Connie's Pizza에서 스터프드 파이를 먹거나 데번 애비뉴의 5.99달러 무제한 인도 뷔페에 갔다. 여전히 매운 고추나 레드 페퍼 플레이크를 음식에 곁들여 먹었다.

외출을 할 때면 가장 적은 돈으로 가장 오래 즐길 수 있는 활동을 찾았다. 미국에서 처음 본 콘서트는 파크 웨스트 시어터Park West theater에서 열린 아메리카America 밴드의 콘서트였다. 리글리 필드Wrigley Field에서 컵스Cubs의 경기를 몇 번 보기도 했고 양키스와 화이트 삭스의 경기를 보러 코미스키 파크Comiskey Park에 간 적도 있었다.

한 번은 내복과 두꺼운 스웨터에 코트까지 입고 솔저 필드Soldier Feild의 가장 저렴한 자리에서 시카고 베어스의 미식축구 경기를 보기도 했다. 옷을 아무리 껴입어도 소용없는 날씨였다. 미시간 호에서 불어오는 찬바람에 금세 몸이 얼어붙었다. 텍사스에서 살았던 라지는 댈러스 카우보이스의 굉장한 팬이었고, 주말마다 그와 함께 경기를 보기 위해서는 미식축구 규칙을 공부해야 했다.

1년쯤 지난 후 우리는 집을 사야 한다는 생각이 들었다. 글렌 엘린에서 튜더 양식의 방 세 개짜리 멋진 집을 발견했다. 새로 지은 집이라 잔디도 깔려 있지 않았고 나무도 가지 몇 개만 뻗어 있는 정도였다. 가격은 12만 5,000달러에 최소 5퍼센트의 계약금을 지불하는 조건이었다. 모은 돈이 3,000달러 정도 있었고 라지의 외삼촌이 4,500달러를 빌려주었다. 자금이 적어 모기지 보험에도 가입해야 했다. 금리가 17.5퍼센트였다.

숫자만 놓고 보면 결코 현명한 선택은 아니었다. 하지만 우리가 생각하는 아메리칸 드림이란 미국에서 집을 구매하는 것이었고, 집의 가치가 오를 테니 도리어 돈을 절약하는 길이라 생각했다. 새 집으로 이사했을 때 우리는 여유자금이 많지 않았다. 때문에 아침식사를 하는 공간과 거실, 부부용 침실에만 가구를 들였다. 남은 방은 모두 비워두었다. 곧장 동네 공구점에서 토로Toro의 잔디 깎는 기계를 구입했다. 미국인이 된 것 같았다.

부모님은 결혼식이 끝난 직후 마드라스로 돌아갔고, 아버지는 언젠가 다시 미국에 와서 손주들과 여행할 날을 기다리겠다고 말했다. 부모님이 무척이나 그리웠지만 낮 시간에는 국제전화가 더욱 비쌌다. 그래서 일주일에 한 번, 밤 10시 30분이 지난 후에야 부모님과 난두에게 전화를 걸어 한 시간 정도 통화를 한 뒤 라지의 가족에게도 전화를 걸었다.

똑똑한 난두는 마드라스의 고등학생을 대상으로 치러진 시험에서 1등을 했고, 예일대에 지원한 상태였다. 난두는 부분 장학금과 학자금 대출 일부를 지원받는 조건으로 입학 승인을 받았다. 언니는 컨설팅 기업인 맥킨지에 입사해 인도에서 뉴욕으로 거주지를 옮겼다. 우리 둘이 난두의 나머지 학비를 책임지기로 했다. 1981년 8월 뉴헤이븐에 온 난두는 1985년 졸업 예정이었다. 라지와 나는 미래를 위해 저축하겠다는 계획을 잠시 보류하기로 했다.

1983년 1월 끔찍했던 어느 날, 어머니는 전화로 아버지가 한 달 가까이 황달이 지속되고 있다는 소식을 전했다. 기존 몸무게의 3분의 1 이상인 27킬로그램이나 살이 빠진 아버지는 복부의 통증을 경감하기 위해 수술이 필요한 상황이었다. 아버지는 우리가 미국에서의 생활을 저버리고 급히 인도로 오게 될 것을 우려해 소식을 알리고 싶어 하지 않았다. 매주 통화를 할 때마저도 아버지는 몸이 불편한 기색을 전혀 내비치지 않았다.

찬드리카 언니와 난두, 나는 곧장 인도의 봄베이에서 만나 마드라스까지 함께 가기로 했다. 걱정과 두려움에 사로잡힌 우리는 공항에서 곧장 병원으로 향했다. 아버지를 보고 우리 모두 큰 충격을 받았다. 심한 통증에 고통스러워하며 껍데기만 남은 듯한 모습을 하고도 아버지는 우리에게 걱정할 것 없다는 말을 했다. 아픈 아버지를 보니 과거 베스파 스쿠터를 타고 가다 사고를 당했던 때가 떠올랐다. 지난 몇 달간 아버지 간병을 오롯이 감당했던 엄마를 생각해서라도 내가 굳건하게 버텨야 했다. 하지만 심한 통증에 시달리면서도 우리에게 의연한 모습을 보이려는 아버지를 보니 마음이 무너지는 것만 같았다.

우리를 위로해주러 온 친척들로 큰 집이 가득 찼다. 네 시간의 수술 후 아버지의 췌장암을 알린 의사는 상황이 그리 좋지 못하다고 덧붙였다.

그때 BCG 시카고 지사장인 칼 스턴Carl Stern이 내게 전화를 걸어 아버지를 돌봐드리라며 6개월의 유급휴가를 제공했다. 커리어 초반 내가 경험했던 가장 값지고 귀한 회사의 배려였다. 얼마 전 런던에서 온 칼은 친절하고 현명한 성품으로 컨설팅 일이 얼마나 힘든지를 잘 이해했고, 직원들이 따뜻한 분위기에서 근무할 수 있는 환경을 조성하기 위해 노력하고 있었다. 칼은 내 고객사인 설의 감미료 부서 CEO가 내가 맡은 프로젝트를 천천히 진행해도 된다고 전했다고 알렸다. 두 번째 고객사도 프로젝트를 잠시 보류해도 좋다고 허락해주었다.

칼의 배려 깊은 행동은 감사한 일일 뿐만 아니라 BCG에서의 내 가치를 인정한다는 의미였고, 당시 내가 해야 할 딸의 역할을 수행할 수 있도록 기회를 마련해준 것이기도 했다. 아버지를 돌보기 위해 BCG를 그만뒀다면, 공부를 하고 있는 라지가 새로운 일자리를 찾기 전까지 심각한 경제적 어려움에 시달리며 불안정한 생활을 이어가야 했을 것이다.

또한 BCG 측에서 먼저 제안을 했다는 것이 중요했다. 내가 휴가를 요청하지는 않았을 테니 말이다. 젊은 컨설턴트였던 나는 회사에 나를 배려해달라고 요구할 입장이 못된다고 생각했다.

이 경험으로 인해 나는 직종을 막론하고 출산이나 질병 등 다양한 상황에서 유급휴가가 얼마나 중요한 제도인지를 깨달았다. 직접 그 혜택을 경험해봐야 그것이 얼마나 필요한 일인지 실감할 수 있다.

아버지의 암 수술 이후 언니와 난두는 미국으로 돌아갔고 나는 마드라스에 남았다. 아버지의 치료를 돕고 엄마를 돌봤지만 인도에서는 아버지의 삶을 연장시키기 위해 할 수 있는 일이 거의 없었다. 4주 후 우리는 아버지를 시카고로 모셔가기로 했다. 라지의 외삼촌이 대형 병원에 아는 사람이 몇 있었고, 아버지가 건강을 회복하도록 돌봐드릴 집도 마련된 상태였다. 아버지는 겉으로는 미국에서 완치될 수 있을 거라는 희망을 가진 것처럼 보였지만 속으로는 정말 어떤 생각을 하고 계셨을지 알 수 없었다.

라지가 위층의 빈 침실에 놓을 매트리스와 박스 스프링을 준비했고, 부모님과 나는 두바이와 뉴욕을 거친 긴 여정 끝에 글렌 엘린에 도착했다. 난두는 우리와 함께 지내기 위해 예일에서 한 학기를 휴학했다. 뉴욕에 있던 찬드리카 언니는 매주 주말마다 우리 집에 들렀고, 매일 4~5분씩 전화로 아버지의 안부를 묻고 직접 통화도 했다. 나는 사랑하는 아버지의 병세가 악화되는 모습을 지켜보는 것이 너무나 고통스러운 나머지 가끔 방에서 혼자 울곤 했다. 아버지는 6월의 어느 오후, 위층 침실에서 내가 지켜보던 중에 돌아가셨다. 지금껏 열심히 일하며 은퇴 후 아내와 세계여행을 다니기 위해 저축을 해온 아버지는 61세의 젊은 나이로 세상을 떠났다.

아버지는 내 1호 팬이었다. 나와 숨바꼭질을 해주고, 내 로그리듬 밴드 노래를 따라 불렀으며, 캘커타로 또 예일로 가는 나를 데려다주기 위해 봄베이까지 동행해준 분이었다. 몇 달 전부터 마음의 준비를 하고 있었지만 아버지의 죽음은 너무나도 큰 충격이었다.

라지의 시카고대학교 MBA 수료식이 있던 날 아버지가 돌아가셔서 수료식에는 아무도 참석하지 못했다. 유일한 아들로 장례식을 진행해야 했던 난두와 함께 어머니는 인도로 돌아갔다. 13일 동안 상을 치른 뒤 화장한 유골은 인도의 성스러운 강에 흘려보냈다.

그즈음 내가 임신했다는 사실을 알게 되었다. 돌아가시기 며칠 전에 아버지께 기쁜 소식을 전할 수 있어 다행이었다. 많이 쇠약해졌음에도 아버지는 가족들에게 나를 잘 챙겨야 한다고 내내 당부했다. 살아 계셨다면 아버지는 정말 좋은 할아버지가 돼주셨을 거다.

병의 진행 속도가 빨라 BCG가 배려해준 6개월의 유급휴가를 다 쓰지 않았다. 3개월 후 회사로 복귀해 그간 밀린 프로젝트를 처리하면서 끔찍한 입덧에 시달렸다. 두 시간에 한 번씩 뭐라도 먹지 않으면 게워내기 일쑤라 슈트케이스에 간식거리를 잔뜩 챙겨 북쪽에 있는 라크로스로 향했다. 1980년대 위스콘신 주의 라크로스에서 채식주의자가 먹을 만한 음식을 찾는 것은 원래 어려운 일이었다. 하지만 임신은 또 다른 세상이었다. 철저히 준비해야 했다.

사무실이나 호텔에서 데워 먹을 수 있는 양념된 채소와 밥을 챙겨 다음 날 트레인으로 향했다. 그렇게 2주 정도를 지냈다. 그러던 어느 날 탕비실에 들어간 나는 나를 위한 음식 스케줄이 적힌 달력을 보게 되었다. 비서진이 나를 돕기 위해 요일을 나눠 정한 스케줄이었다. 비서진은 내가 일하는 동안 먹을 샌드위치와 수프를 준비했고, 이는 몇 달이나 이어졌다. 이들의 친절함에 굉장히 감동받았다.

트레인과의 마지막 미팅에서 CEO인 빌 로스는 전세기 두 대를 대동해 경영진을 모두 데리고 시카고에 있는 우리 회사로 찾아왔다. 보통 때라면 트레인 이사회실에서 회의가 진행되어야 했지만 임신 9개월 차에 접어든 나는 출장을 다니기 어려운 입장이었다. 빌은 BCG 측의 최종 프레젠테이션에 내가 자리하길 바랐던 것이다.

아버지가 돌아가셨을 때 어머니는 겨우 50세였다. 세 자녀 모두 미국에 있는 데다 곧 손주가 태어날 예정이라 어머니는 우리 집에서 지내기로 했다. 이사한 지 1년도 안 된 글렌 엘린 집을 내놓았다. 슬픈 기억이 너무도 많은 집이었고, 시카고 시내까지 한 시간이나 걸리는 통근이 힘들기도 했다. 라지는 일리노이 주 다우너스 그로브에 있는 휴렛팩커드Hewlett Packard, HP에서 제조 시스템 영업 직원으로 새로운 일을 시작했다.

우리는 이스트 오하이오 스트리트에 있는 고층 아파트의 5층, 미시간 호가 보이는 곳으로 이사했다. 갓 지은 아파트가 무척이나 멋졌다. 길만 건너면 마트가 있었고, 거의 집에서만 시간을 보내는 어머니는 유동 인구도 많고 시끌벅적한 동네를 마음에 들어 했다. 바로 옆 블록에 BCG 동료인 빌 엘커스Bill Elkus가 살고 있었는데, 어머니는 빌의 아내인 레슬리Leslie를 딸처럼 여겼다. 두 사람은 아주 가깝게 지냈고 레슬리는 우리 집에 자주 놀러 왔다. 새 아파트가 BCG와 가깝다는 것도 이점이었다. 사무실 밖에서 자정까지 대기하는 서비스를 제공하던, 플래시 캡Flash Cab이라는 택시를 타고 퇴근할 때가 많았다. 임신한 내게 특별히 신경을 써준 운전기사 패터슨Patterson과 친해졌다. 내가 아무리 늦은 시간에 나와도 그는 회사 건물 앞에서 나를 기다려주었다.

1984년 1월의 어느 추운 날, 집에 있던 중에 양수가 터지고 진통이 시작되었다. 지금껏 내 진료를 봐온 집 근처의 친절한 인도계 미국인 산부인과 의사가 진통하는 내내 함께 있겠다고 약속했지만, 나는 예전 집과 가까운 한 시간 거리의 병원으로 가야 했다. 야근 중이던 라지와는 병원에서 만나기로 했다. 라지가 없을 때 임시 보호자를 하겠다고 자처했던 BCG 동료 밥 솔로몬Bob Solomon에게 전화를 걸었다. 몇 분 후 그는 패터슨이 모는 플래시 캡을 타고 나타났다. 어머니와 함께 그 택시에 올랐다. 바깥 날씨는 영하 15도 정도였는데 그보다 훨씬 춥게 느껴졌다.

열여덟 시간 진통을 하는 내내 친구와 지인들이 곁에 있었다. 레슬리가 병원에 와 암마의 옆을 지켰다.

마침내 제왕절개로 예쁜 프리타 누이가 태어났다.

처음 본 순간부터 라지와 나는 세상 그 무엇에도 비교할 수 없을 만큼 우리 딸을 사랑했다. 아이는 5년간 우리 사이에서 또는 내 바로 옆에 놓은 유아용 침대에서 잠을 잤다. 회사에서 3개월의 유급 출산휴가를 제공했고, 너무나 감사하게도 초보 엄마인 나를 도와주는 어머니가 곁에 있었다. 출산휴가를 받을 수 없었던 라지는 곧장 회사로 복귀해야 했다. 당연히 그렇게 해야 한다고 여겼다.

프리타는 양쪽 집안의 첫 손주였기에 태어나자마자 모두의 뜨거운 관심을 받았다. 아이의 삶을 미리 읽는 점성술을 보기 위해 태어난 시간과 태어난 곳의 경도, 위도가 인도의 가족들에게 전달되었다. 몇 주 후, 아이의 미래가 밝을 거라는 소식이 전해져 모두들 안심했다.

우리는 삼각대에 커다란 VHS 카세트 카메라를 세팅해 아이가 꿈틀대고 트림도 하는 모습을 몇 시간이나 영상으로 담았다. 6개월 후 인도에 있던 라지의 부모님이 방문해 몇 달 동안 함께 지냈다. 라지는 퇴근을 하면 곧장 아이를 유모차에 태우고 근처 공원에 가서 행복한 시간을 보냈다. 찬드리카 언니는 프리타를 보기 위해 격주로 주말마다 방문했고 아이의 옹알이를 들으려 매일같이 전화를 했다. 난두는 연휴 때마다 우리 집에 왔다.

엄마가 되고 내가 한 번도 경험해보지 못한 깊은 사랑을 경험한 후 삶이 완전히 달라졌다. 하나의 가족으로 변해가는 과정은 대단한 경험이었다. 라지와 나는 딸을 보살펴야 했고, 이제 우리 둘만 생각해서는 안 되었다. 프리타를 보거나 돌봐주러 오는 친지들로 집이 늘 붐볐다. 이제는 무엇도 되돌릴 수 없었다. 어떤 선택이든 가족 모두를 고려해야 했다.

점차 확장되는 가족은 하나의 구속이었다. 아름다운 구속이었지만 구속이라는 사실은 변함이 없었고, 나는 그 과정을 온전히 경험하고 싶었다.

아이를 낳았다고 일을 그만둘 생각을 한 적은 한 번도 없었다. 다른 선택지는 없었다. 감정에 따라 또는 이성에 따라 내린 선택이 아니었다. 오로지 경제적인 관점에서 내린 결정이었다. 생활비를 벌고 미래를 대비해 저축을 하기 위해서는 맞벌이를 해야 했다. 내가 복직할 수 있었던 것은 어머니가 프리타를 돌봐줄 수 있어서였다. 어머니는 육아 경험이 풍부했기에 내가 걱정할 건 전혀 없었다.

이후 몇 년간 라지와 내가 일을 계속 해나갈 수 있었던 건 우리의 곁을 지켜준 양쪽 집안의 가족들 덕분이었다. 다들 우리가 성공하길 바랐다.

그렇다고 해서 아이를 두고 출근해야 하는 고통이 가벼워지는 것은 아니었다. 3개월의 출산휴가 후 나는 모유수유를 중단했고, 아이가 첫 걸음마를 떼던 순간, 처음으로 말을 하던 순간을 함께하지 못했다. 하지만 이것이 현실이었다. 나는 BCG에서의 원래 생활로 돌아가 중서부 지역을 돌며 고객을 만나고 최선을 다해 일했다.

그러던 어느 날이었다. 1986년 5월 말의 금요일 오후, 시카고 남부에서 약 185킬로미터 떨어진 일리노이 주 후페스턴에서 빨간색 토요타 캠리를 몰고 나는 집으로 향하고 있었다. 고속도로로 나가는 길이 나 있는 경사로에서 정지신호를 받고 차를 멈추었다가 양쪽을 살핀 후 좌회전을 하기 위해 차를 돌렸다.

눈을 떴을 때는 일리노이 주 캥커키에 있는 병원의 중환자실이었다.

5

교통사고로 허리 쪽 뼈 몇 군데의 골절과 온몸에 찰과상을 입었고, 회복하는 데 석 달이 걸렸다. 내출혈과 경추 손상, 뇌진탕 진단을 받았다. 사고가 있고 며칠 후 내 소지품을 받기 위해 경찰서로 간 라지는 완전히 망가진 차를 확인하고 충격으로 두 다리가 얼어붙었다. 에어백이 없는 차는 운전석이 형태를 알아볼 수 없을 정도로 구겨져 있었다. 뒷좌석 바닥에 놓인 내 가죽 서류가방은 다 찢어져 있었다. 살아남은 것이 기적이었다.

캥커키 병원의 의사는 내출혈을 감지하고 신장 하나를 제거하려 했지만 라지의 외삼촌이 반대하고 나섰고, 이후 일리노이 주의 헤이즐 크레스트에 있는 더 큰 규모의 외삼촌 병원으로 이송되었다. 외삼촌이 매 시간마다 내 상태를 확인하고 내 목과 등의 극심한 근경련을 치료하기 위해 한밤중에 잠옷 차림으로 병원에 오기도 했다는 말을 나중에 간호사들을 통해 들었다. 가족들이 내가 있는 곳으로 모여들었다. 푸에르토리코에서 프로젝트를 진행하던 찬드리카 언니는 사고 소식을 듣고 곧장 시카고로 왔다. 뉴헤이븐에 있던 난두도 와주었다. 라지는 24시간 내내 곁을 지켰다. 어머니를 따라 병원에 온 두 살 난 프리타는 내 옆에 누워 울음을 터뜨렸다. 이상한 방의 이상한 침대에 각종 튜브가 연결된 나를 보고 잔뜩 겁을 먹은 아이는 내 곁을 떠나려 하지 않았다.

몇 주 후 퇴원을 하고 집에 돌아온 나를 가족들이 매일같이 돌봐주었다. 물리치료를 받아야 했다. 뇌진탕으로 몇몇 사람들의 이름을 다시 배워야 했고, TV를 보거나 글을 너무 많이 읽어서도 안되었다. 내부 손상을 입은 탓에 향후 몇 년간은 아이를 가져선 안된다는 이야기를 들었다. 이상하게도 나는 이 소식을 덤덤하게 받아들였다. 프리타가 있는 것만으로도 기뻤고, 아이가 재잘거리는 소리가 내게는 큰 행복이었다.

회복을 위해 무조건 휴식을 취해야 했던 나는 전과 다르게 아주 느긋한 생활을 했다. 잠을 아주 많이 잤고, 컨디션이 좋은 날에는 당장이라도 회사에 나가고 싶었다. 그렇지 못한 날에는 멀쩡히 살아 있다는 사실에 감사했다. 마주 오는 차를 확인하지 못하고 교차로로 진입한 내 잘못으로 벌어진 사고였다. 법원에 출석한 날 참고인으로 참석한 경찰관의 말처럼 교차지점에 설치된 표지판이 엉망이었다. 경찰관은 사고가 많이 일어나는 지점이라고 진술했다.

큰 시련을 겪는 동안 BCG는 내게 월급을 지급하는 것으로 또한 번 큰 도움을 주었다. 그뿐만 아니라 회사에서 제공한 훌륭한 의료보험 혜택이 아니었다면 정말 큰일날 뻔했다.

나는 일을 잠시 쉬며 내 삶의 우선순위를 새롭게 생각했다. 이제는 딸이 있었고, 끝없는 출장과 업무에 더는 신이 나지 않았다. 집에서 멀리 떠나고 싶지 않았다. 그러나 리크루터가 모토로라Motorola의 자동차 전장사업부 일자리를 두고 몇 번이나 전화를 했을 때, 결국 나는 보행보조기에 의지해 일리노이 주 샴버그에 있는 모토로라 본사로 가 면접을 봤다.

육중한 강철 덩어리였던 자동차와 트럭은 1980년대를 맞아 오늘날의 컴퓨터로 작동되는 가벼운 기계로 변했다. 송수신 라디오와 무선호출기, 반도체, 휴대전화, 정부용 위성 개발 분야에서 핵심 플레이어였던 모토로라는 엔진 제어부터 안티 록anti-lock 브레이크와 지능형 내비게이션까지 자동차의 새로운 시스템을 개발 중이었다. 당시 자동차 전장사업부를 총괄했던 게르하르트 슐마이어Gerhard Schulmeyer는 브라운, 질레트, 소니에서 근무했고, MIT에서 MBA 학위를 받았다. 굉장히 냉철한 사람이라는 소문이 있었다. 그는 모토로라의 거대한 자원을 이용해 개인용 교통수단을 크게 업그레이드할 방법을 고민해줄 새로운 전략 책임자를 찾고 있었다.

게르하르트를 만나자마자 그가 대단한 영향력을 지닌 인물이라는 것을 단번에 알 수 있었다. 면접은 전자 기술이나 자동차가 아니라 비즈니스 전략가로서의 사고 과정에 초점이 맞춰졌다. 내가 전혀 모르는 업계의 동력을 이해하기 위해 무엇을 어떻게 할 것인가? 비즈니스 전략의 동향은 어떻게 파악할 것인가? 내 인맥은 얼마나 넓게 형성돼 있는가? 이런 질문이 주를 이뤘다. 나는 게르하르트가 마음에 들었다. 그는 미래의 모습을 뛰어난 언변으로 그려내는 데 탁월한 재주가 있었다. 그는 내가 자신과 잘 맞는 사람인지 확인하고자 했다. 면접 후 얼마 지나지 않아 모토로라에서 정식으로 입사 제안을 해왔다.

생각지 못하게 일이 너무 빠르게 진행되면서 내가 사랑하는 BCG를 이제 그만 떠나야 할지 고민에 빠졌다. 라지에게 도움을 청했다. 우리는 게르하르트와 똑똑하고 유쾌한 그의 아내 헬가 Helga를 초대해 저녁식사를 했다. 게르하르트 부부의 애정과 배려가 우리에게 깊은 인상을 남겼다. 식사를 마치고 집에 들어온 후 라지는 내가 정말 BCG를 떠나고 싶다면, 그리고 내가 여성이고 이민자이며 엄마라는 점을 신경 쓰지 않고 내 능력만을 중요시하는 사람과 일하고 싶다면 게르하르트가 적임자라고 말했다. "그 사람에게는 결과만 중요해." 남편은 이렇게 말했다. 나는 모토로라의 제안을 받아들였다.

이후 게르하르트와 8년을 일했다. 내 스승이자 코치, 비평가이자 지지자였던 게르하르트는 우리 가족에 대한 배려와 지혜로운 안목으로 내 커리어를 이끌어주었고, 이것이 훗날 내가 CEO까지 오를 능력을 갖추고 발판을 마련하는 기반이 됐다. 그는 복잡한 문제를 단순화하고 효율적으로 전달하는 법을 알려주었다. 또한 내게 기회를 주고자 노력했다. 한 번은 MIT에서 그에게 요청한 강의를 내가 대신 하도록 주선해주었다.

또 한 번 멘토이자 지지자, 친구인 멋진 상사를 만나는 행운을 누렸다. 그 보답으로 나는 야근을 마다하지 않고 열심히 일했다. 그를 향한 내 충성심은 확고했다.

1986년 말, 여전히 다리를 약간 절룩였던 나는 시카고 다운타운에 있는 집에서 모토로라까지 약 48킬로미터 거리를 차로 운전해 다니기 시작했다. 몇 주 후 어머니는 찬바람이 살을 에는 시카고의 겨울을 더는 겪고 싶지 않다고 털어놓았다. 소복하게 내리는 눈은 아름답지만 집 안에만 갇혀 지내는 것이 답답해 몇 달만이라도 인도에서 지내고 싶다고 했다. 라지와 나는 어머니의 심정을 충분히 이해했고, 비행기 티켓을 예매해드렸다. 프리타는 어머니가 떠나는 것을 그리 반기지 않았다.

이제는 아이를 봐줄 사람이 없었다. 내가 임신을 하고 엄마가 되고 끔찍한 교통사고에서 회복하는 동안 암마가 있어준 덕분에 프리타에 대한 걱정을 조금도 하지 않을 수 있었다. 아이가 뭘 먹고 뭘 입는지, 사랑받으며 잘 자라고 있는지 전혀 걱정하지 않았다. 암마는 아이에게 책을 읽어주었고, 대화 상대가 돼주었으며, 안아주었고, 용기와 격려를 해주었으며, 여러 수업도 데리고 다녔다. 나는 암마와 자주 대화하며 두 사람이 어떤 시간을 보냈는지 자세히 전해들었다. 딸아이는 충만하고 헌신적인 환경에서 자랐다.

하지만 이제는 춥고 암울한 겨울을 맞아 라지와 내가 오롯이 모든 것을 책임져야 했다. 이후 5개월 동안은 어린아이를 키우는 맞벌이 부부가 적절한 가격에 수준 높은 보육 시스템을 쉽게 찾을 수 없고, 맞벌이 가정을 위한 지원 시스템이 전무한 환경에서 살아남는 것이 얼마나 어려운지를 뼈저리게 경험했다.

우선 우리는 친척 및 친구들, 이웃들에게 아이를 돌봐줄 사람을 찾는다고 널리 알리고 면접도 진행했다. 하지만 수많은 부모들과 마찬가지로 우리가 믿을 수 있고 우리와 잘 맞는 사람을 찾지 못했다. 관련 교육을 받은 고급 인력 보모는 너무 비쌌다.

그러던 중 다행스럽게도 인도 음악 콘서트에서 몇 번 마주쳤던 바산타Vasantha라는 여성이 도와주겠다고 나섰다. 10대에 접어든 세 딸과 아들을 둔 바산타는 우리 집에서 라지의 사무실로 가는 길에 있는 일리노이 주 오크 파크에 거주했다. 아침에 프리타를 자신의 집에 데려다놓고 우리 둘 중 한 명이 퇴근길에 아이를 데려가면 된다고 말했다. 이제 와 생각해보면 바산타가 시간을 정해두지 않고 퇴근길에 언제든 아이를 데려갈 수 있도록 배려해준 것은 정말 감사한 일이다.

우리는 아침 6시 30분이면 프리타에게 두툼한 겨울옷을 입히고 모자를 씌우고 장갑을 끼게 하고 부츠를 신겼다. 그리고 기저귀 가방과 여분의 옷, 장난감, 로션, 간식을 챙겨 준비를 마쳤다. 7시가 되면 아이를 안은 라지가 시카고의 추위를 뚫고 길에 세워둔 차로 향했다. 유아 카시트에 아이를 태운 뒤 오크 파크로 출발했다.

저녁에는 주로 라지가 눈더미를 헤치고 바산타의 집으로 향했다. 나는 모토로라 입사 후 첫해는 애리조나 주에 '겨울용 본사'를 둔 경영진을 만나기 위해 피닉스로 자주 출장을 갔던 터라 프리타를 데리러 가기가 어려웠다. 내가 아이를 픽업하기로 한 날 오헤어 공항 활주로에서 비행기가 꼼짝하지 않는 바람에 애가 탔던 적이 여러 번이었다. 어떤 때는 9시, 10시가 다 되어서 바산타의 집에 도착했다.

프리타는 바산타를 잘 따랐지만 추운 겨울날 이른 아침부터 차를 타고 갔다가 밤늦게 집에 오는 스케줄을 힘들어했다. 아침이면 한 번씩 집에 있겠다고 떼를 썼다. 그해 겨울은 우리 가족에게 그리 행복한 시절이 아니었다. 봄이 되자 라지와 나 모두 지쳐 있었다. 다른 방법을 찾아야 했다.

우리는 다시 글렌 엘린으로 가기로 했다. 공원과 몬테소리 학교가 있는 곳에 방 네 개와 아직 완성되지 않은 지하실, 현관 베란다, 그리고 차 두 대를 주차할 수 있는 넓은 차고가 있는 새 집을 구했다. 내 직장과도 훨씬 가까웠고 방문하는 가족들은 물론 입주 보모가 지낼 여분의 방이 있어 좋았다.

교외에서의 삶을 다시 한 번 시작하는 셈이었지만, 이번에는 거의 모든 공간을 가구로 채웠고 활기 넘치는 세 살짜리 딸이 있었다. 아이는 집 안 이곳저곳을 탐험하고 곳곳에 마련된 계단을 신나게 오르락내리락했으며 욕조에서 물놀이를 즐겼다. 프리타는 길 건너에 사는 마크Mark와 데이비드David라는 친구를 사귀어 같이 〈닌자 거북이Teenage Mutant Ninja Turtles〉를 시청했다. 내게는 그리 재밌는 프로그램은 아니었지만 라파엘Raphael, 도나텔로Donatello, 미켈란젤로Michelangelo, 레오나르도Leonardo, 이 네 명의 주인공은 내 가장 친한 친구들이 되었다.

라지와 나는 인도에 있는 부모님과 이모, 삼촌들에게 미국으로 와 프리타를 돌봐줄 수 있는지 물었다. 몇몇 친척들이 나서주었고,

우리는 그에 맞춰 스케줄을 짰다. 1년 치 날짜가 모두 적혀 있는 커다란 달력을 이용해 몇 달 전부터 여행 일정과 티켓 구매를 계획하고 비자와 관련 서류를 준비했다.

　이후 몇 년 동안 암마, 라지의 부모님, 친척들이 번갈아가며 우리와 함께 지냈다. 가끔은 유치원 수업 준비와 요리, 집안일을 도와줄 베이비시터도 고용했다. 저녁에는 라지와 내가 아이를 돌봤다. 여전히 사람들과 어울리는 시간은 갖지 못했다. 좋은 이웃들을 만났지만 다들 일을 하고 가정을 돌보느라 바빴다.

　인도 친척들은 두세 달씩 머무르면서, 1층에 있는 화장실이 딸린 환한 침실에서 지내며 프리타를 돌봤다. 사실 가족들은 TV를 굉장히 오래 봤고, 우리가 시카고를 구경시켜주거나 쇼핑몰에 데려가거나 영화를 보여주는 주말을 제외하고는 아무데도 가지 않았다. 가족들은 고요한 교외의 생활을 힘들어했고, 늘 손님들이 들락거리는 시끌벅적한 인도의 집을 그리워했다. 외국 방문객이 비행기로 미국 이곳저곳을 둘러볼 수 있도록 만들어진 비지트 USA 항공권을 가족 모두에게 구매해주었지만 아무도 사용하지 않았다. 가족들은 우리와 함께하기 위해 글렌 엘린에 오는 것이었다.

　인도 정부기관의 중간관리직으로 일했던 남자 친척들은 그간 휴가를 전혀 쓰지 않았기에 유급휴가를 받아 미국으로 올 수 있었다. 그 아내들은 직업이나 얽매인 일이 없었다. 우리 가정을 도와주는 일이 그들에게는 일종의 책임감이자 기쁨이었다. 우리의 성공을 자신들의 일처럼 생각했다.

가족들은 바깥에서 돈을 벌어도 밥을 차리고 빨래와 청소를 하며 남편과 자식을 돌봐야 하는 인도의 전통적 여성상을 내게 기대하지 않았다. 피곤한 몸을 이끌고 퇴근을 하는 내게 얼른 쉬라고 말했다. 결혼식 후 라지의 아버지가 일을 포기하지 말라고 했던 것처럼 직장 일로 바쁜 나를 가족들은 무척 자랑스러워했다. 나는 엘리트 교육을 받은 열정적인 여성으로 미국 비즈니스계에 나름의 발자취를 남기고 있었고, 가족들은 내 커리어에 대해 인도에 있는 친구들과 지인들에게 이야기했다. '누이'는 망갈로르 근처의 작은 마을 이름이었는데, 시가에서는 내가 그 이름으로 미국에서 활약하며 그 작은 마을을 널리 알린다는 데 크게 기뻐했다.

우리를 도우러 온 친척들이나 암마에게 따로 수고비를 드리지는 않았다. 어머니가 우리와 지내는 동안 생활비 일체를 책임지기는 했지만 아이를 키우고, 요리와 청소를 하고, 지난 몇 년간 우리 가정을 위해 했던 수많은 일에 대한 대가를 지불하지 않았다. 돈을 내밀었다면 우리가 자신을 무시한다고 여겼을 것이다.

프리타를 베이비시터 집에 맡기고 데려오던 겨울 동안 라지와 나는 정신없이 바빴고 걱정도 많았으며 가끔 다투기도 했지만, 우리가 겪고 있는 문제가 별 것 아니라는 건 알고 있었다. 잠깐만 버티면 되는 일이었다. 둘 다 안정적인 직장이 있었고 아이는 건강했다. 친척들의 도움도 받을 수 있었다. 큰 행운 덕분에 우리 가족이 성장해나갈 수 있었다. 그뿐만 아니라 우리 부부가 커리어를 계속 쌓아나가는 것도 가능했다.

하지만 이런 행운을 누리지 못하는 수백만의 가정은 어떻게 해야 할까? 눈보라뿐만 아니라 실직, 이혼, 질병, 그 외 우리 앞에 닥치는 수많은 어려움을 매일같이 해결해야 하는 맞벌이 부모들을 생각하면, 적정한 비용에 누구나 접근 가능한 수준 높은 돌봄 서비스가 국가의 우선순위 정책이 되지 못한 이유를 도무지 이해할 수 없다.

베이비시터의 집에 안심하고 아이를 맡긴 덕분에 모토로라에서 일에 몰두할 수 있었다. 출근 첫 주에는 예전의 자동차 전장사업부 빌딩에 마련된 사무실에 앉아 최근의 전략기획 업무를 훑어보다가, 게르하르트가 내가 입사하기 전 18개월 동안 전략 책임자 서너 명을 갈아 치웠다는 것을 알게 됐다. 좋은 사인은 아니었다. 어떻게 된 일인지 인사부장에게 물었다.

"맞아요. 게르하르트가 같이 일하기 힘든 사람이기 때문이죠." 그는 이렇게 설명했다. "아이디어가 불현듯 떠오르는 사람이라 보조를 맞추기 힘들거든요. 부디 당신은 오래 있길 바라고 있어요."

중요한 정보였다. 게르하르트는 내가 자신의 속도에 맞춰 발 빠르게 움직이고 그의 비전을 이 조직 내에서 실현하는 데 도움을 주길 바랐다. 매일 아침마다 그가 새로운 아이디어를 들고 내 사무실에 찾아오면 나는 그의 아이디어를 셋 중 하나로 분류했다.

① 당장 착수할 업무 ② 몇 주 후 시작해도 되는 업무 ③ 실행할 가치가 없는 업무. 후에 다시 리스트를 정리하며 그에게 해당 업무가 어떻게 진행되고 있는지 보여주었다. 그는 내가 아이디어를 어떤 기준으로 분류하고 왜 그렇게 판단하는지 묻지 않았다.

게르하르트가 자동차라고는 전혀 모르는 나를 고용한 이유는 그가 내가 다양한 산업 분야에서 경험을 쌓았고 무엇이 가치를 창출하는지 전략적 프레임워크를 적용해 이해할 줄 알았기 때문이었다. 나는 솔직한 의견을 거침없이 전했고, 현재 상황에 도전하는 데 망설임이 없었다.

하지만 자동차나 전자 장치에 대해서는 아무것도 몰랐다. 그래서 일주일에 두 번씩 전문대 교수 두 명을 사무실로 초청해 수업을 받았다. 한 명은 자동차의 원리를, 다른 한 명은 고체물리학과 전자공학을 가르쳤다. 마이크로프로세서는 무엇인가? 반도체란 무엇인가? 카뷰레터는? 이런 수업이 없었다면 성공하지 못했을 것이다. 호기심 넘치며 습득이 빠른 학습자의 태도로 모토로라의 전체 포트폴리오를, 특히 자동차 전장부문을 배워나갔다.

1928년 시카고에서 설립된 모토로라는 차량용 무전기를 처음 개발한 회사였다('모토motor'에 소리sound를 뜻하는 접미사 '올라ola'가 더해져 사명이 되었다). 60년 후 모토로라는 과학기술의 혁신을 선도하는 뛰어난 인재들로 가득했다. 이 인재들이 NASA와 협력해 닐 암스트롱의 육성을 달에서 지구로 전달할 무전기를 만들었다. 이들이 고안하고 만든 마이크로프로세서와 반도체가 애플을 비롯한 여러 기업에서 만든 컴퓨터를 작동시켰다. 1971년 휴대용 전화기를 처음 개발한 것도 이들이었다. 내가 입사했을 당시 이 휴대용 전화기는 세계 최초로 상용화에 성공한 휴대전화 다이나텍DynaTAC 8000으로 성장해 있었다. 3,995달러의 가격에 책만 한 사이즈, 배터리 수명은 30분인 휴대전화 한 대를 모토로라 임직원으로서 받게 되어 무척이나 뿌듯했다. 나 같은 임원진은 언제든 연락을 받을 수 있어야 했으므로 스커트 허리춤에 무선호출기도 차고 다녔다. 연락하는 사람은 고작해야 가족과 친구들뿐이라도 중요한 인력이라는 징표였다.

2년간 나는 게르하르트와 함께 자동차 전장부서가 지속적인 성장을 할 수 있도록 사업부를 새롭게 다지는 데 힘썼다. 그러던 중 게르하르트의 추천으로 회사는 내게 전사적 프로젝트를 이끄는 자리를 제안했다. '사람과 기계를 위한 이동 간 통제 통신Control and Communications for People and Machines on the Move'이라는 이름의 프로젝트였다. 우리의 일상에 과학기술을 어떻게 접목해야 하는지를 분석하는 태스크포스 팀을 '미래의 자동차Care of the Future', '미래의 트럭Truck of the Future', '미래의 가정Home of the Future', 이렇게 세 개로 구성했다. 사람들이 기술적으로 발전된 집과 자동차 또는 트럭으로 더욱 편리하고 연결된 삶을 누릴 방법을 연구했다.

내게 주어진 일도, 그 과제가 지닌 대단한 영향력도 마음에 들었다. 넉넉한 예산이 주어졌고, 나는 모토로라 임원 몇 명과 이 프로젝트에 참여하기 위해 한 학기를 휴학한 MBA 학생 일곱 명으로 팀을 꾸렸다. 과학기술이 우리의 미래를 어떻게 바꿔놓을 수 있을지에 대해 다양한 아이디어가 나왔다. 엔터테인먼트와 내비게이션이 통합된 기능을 탑재한 대시보드, 내장형 휴대전화, 차에서 집을 제어하는 원격 관리 기능 등 아이디어가 넘쳤다. 앞으로 모토로라가 투자 전략을 어떻게 세워야 할지 고민해야 했다. 시니어 임원 열 명과 온종일 회의를 할 당시, 임원진에게서 부서 간 적극적인 협업을 할 것이고 결과물이 실현되도록 힘쓰겠다는 말을 들었던 것이 기억에 남는다. 내 일이 이토록 환영을 받는다는 데 개인적으로 큰 성취감을 느꼈다.

1988년 말, 서른세 살의 나이로 모토로라의 전략기획 책임자로 승진했다. CEO들과 함께 일하면서 이 핵심 집단의 일원이 된 것 같은 기분을 느꼈다. 기업 운영을 총괄했고, 훗날 CEO가 된 크리스 갤빈Chris Galvin의 지지에 힘입어 여성으로 드물게 부사장 자리에 올랐다.

갈색 벽돌과 큰 창이 돋보이는 커다란 본사 건물 6층으로 사무실을 옮겼다. 승진과 함께 자동차와 실내 주차 자리가 제공됐다. 겨울에는 퇴근길에 차창에 쌓인 눈과 얼음 조각을 긁어내지 않아도 되어 좋았다. 연봉 인상폭은 적었지만 돈은 그리 중요하지 않았다. 더 큰 역할을 맡게 된 데 나는 잔뜩 신이 나 있었다.

그간 모토로라에서 제대로 평가를 받지 못했던 기업전략 업무에 활기를 불어넣는 것이 내 임무였다. 나는 BCG에서 같이 일했던 예전 동료들과 모토로라의 다른 사업부에 소속된 직원들로 열두 명을 팀에 데려와 온몸을 던져 일했다. 사람들을 관리하는 것도, 모토로라를 어떻게 성장시켜 실리콘밸리의 애자일 기업들과 경쟁할지 설명하는 것도 즐거웠다.

리더인 나는 올바른 결정을 내리고 싶다는 의지를 가감 없이 드러냈다. 회의에서 기획안에 대해 직설적으로 의견을 전했고, 특정 조직의 전략이 어디가 어떻게 잘못되었는지 지적할 때도 있었다. "당신의 전략은 말이 안 되는군요", "당신이 말하는 재정 모델에서 그 정도 수익을 창출할 방법이 없습니다." 이렇게 말하는 식이었다. 그리 호감을 사지도 못했고 효율적이지도 않은 방식이었다.

내 스타일을 눈치 챈 CEO 조지 피셔George Fisher가 나를 따로 불러냈다. "수류탄을 함부로 던지면 안 됩니다. 당신의 의도가 아무리 좋다 해도 사람들이 당신 말을 듣지 않게 될 수 있어요." 조지는 다른 방식으로 메시지를 전달하는 법을 가르쳐주었다. "제가 좀 더 분명하게 이해할 수 있게 설명해줘요. 제가 보기엔 이 테크놀로지 플랫폼에는 상당한 투자와 인내심이 필요할 것 같아요. 즉각적인 이익을 창출하는 것이 가능할지 고려해봐야 하지 않을까요?" 이런 식으로 질문을 하며 부드럽게 말하는 화법이 싫었지만 성과는 있었다. 나를 따로 불러내 일대일로 직접적이면서도 건설적인 조언을 전해준 조지에게 고마웠다. 많은 것을 배웠다.

한편 상급직이 너무 많이 포진해 있는 복잡한 CEO실과 여러 부서장들, 그 외 모토로라의 전략과 기획에 영향력을 발휘하고 싶다는 선의를 지닌 여러 관리자들 때문에 업무가 힘들어졌다. 직급보다는 진짜 영향력을 발휘할 줄 아는 사람들과 일하며 내게 주어진 전략 업무를 완수해나가는 나름의 방법을 깨쳤지만, 이런 방식은 시간 낭비가 너무 컸다.

1989년 말 어느 날, 게르하르트가 전화로 모토로라를 떠나게 됐다고 알렸다. 그가 합류하기로 한 취리히의 ASEA 브라운 보버리Brown Bovery, ABB는 스웨덴의 ASEA와 스위스의 BBC 브라운 보버리가 합병해 야심차게 출범한 기업이었다. ABB는 제너럴 일렉트릭General Electric, GE, 미쓰비시Mitsubishi를 포함해 발전 설비, 전송 장비, 산업 제어 시스템 등 규모가 큰 전기 장비 제조 분야에서 세계적으로 명성을 날리는 기업들과 경쟁을 할 예정이었다. 게르하르트는 스위스를 오갈 계획이었고, 일단 아내 헬가와 세 자녀는 시카고에 머물기로 했다.

그의 소식에 아쉬움이 컸지만 놀라지는 않았다. 게르하르트는 몇 개월 전부터 모토로라의 유럽 비즈니스를 맡았는데, 글로벌 프로덕트 부서가 그의 직설적인 업무 스타일에 불만을 갖고 비협조적으로 나온다는 것을 알고 있었다. 좌절감을 느꼈던 그는 더 나은 곳을 찾아 떠나기로 했다. 게르하르트의 가르침 아래 성장한 나는 그가 잘 지내길 바랐고, 계속 연락을 하자는 약속도 했지만 그가 무척이나 그리울 것 같았다.

한편, 우리 기업전략팀은 큰 미션을 새로 맡았다. 모토로라 사업 일체에 대한 포트폴리오를 완수하는 것이었다. 우리 팀은 밤낮으로 모토로라의 강점과 약점은 무엇인지, 어떤 사업부문에 투자해야 하고 장기적으로는 어떤 과학기술에 투자하는 것이 가장 타당한지를 분석하는 데 매달렸다. '미래의 자동차, 트럭, 가정'에 대해 연구했던 것이 마침내 보상받는 기분이었다. 모토로라가 목표로 삼을 만한 좋은 아이디어들을 몇 가지 도출해냈다.

1년쯤 후, 우리 팀은 모토로라의 임원진을 대상으로 상세한 리뷰와 더불어 명확한 액션 플랜을 정리한 여섯 시간짜리 프레젠테이션을 진행했다. 우리 팀이 만들어낸 결과물에 대단한 자부심을 느꼈다. 내가 지금껏 한 일 중에 가장 종합적이고도 규모가 큰 업무였다. 프레젠테이션을 하는 자리에서 흥미롭고도 의미심장한 담론이 오갔다. 참석자들 모두 칭찬을 쏟아냈고 최고 임원진은 논의 후 이 아이디어들을 어떻게 진행할지 몇 주 내로 정리해 알려주겠다고 했다.

게르하르트가 또 한 번 전화를 해주었다. 취리히에 도착한 그는 내가 ABB에 합류하길 바랐다. 나는 취리히로 이사를 가거나 미국과 취리히를 오가며 일을 하기는 어려울 것 같다고 말했다. 그는 충분히 이해한다고 했다. 하지만 내가 그 역할을 하지 못하는 이상, 그를 도와줄 사람을 찾아줘야 하지 않을까? 그는 이미 리크루터에게 '인드라 누이' 같은 사람을 찾아달라고 부탁한 상태였다. 그가 원하는 인재상을 이해하기 어려웠던 리크루터는 내게 전화를 걸어 도움을 요청했다.

나는 적임자를 물색하기 시작했다. 게르하르트의 요청으로 런던까지 가서 새로운 전략가 네댓 명을 직접 만나기까지 했다. 그들은 왜 모토로라 직원이 ABB 면접을 진행하는지 의아했을 것이다. 하지만 그런 것은 별로 중요하지 않게 됐다. 게르하르트가 이들 모두를 거절했기 때문이다. 그의 비서가 내게 게르하르트가 원하는 게 무엇인지 물을 때가 많았다. 나를 두고 '게르하르트 통역사'라는 농담까지 했다. 게르하르트와 일을 시작한 초반에 그의 비서는 내게 많은 도움을 받았다.

그렇게 몇 달이 흘렀다. 프레젠테이션 이후 다음 단계를 어떻게 진행해야 하는지 지시를 기다렸지만 윗선에서는 기다리라는 말만 했다. 퇴근 후, 처음으로 라지에게 회사에 대한 불만을 늘어놓고 불안에 시달리는 모습을 보였다. 그에게도 그리고 나에게도 낯선 상황이었다. 늘 흔들림 없는 모습을 보이던 내가 좌절감에 빠져 있었다.

모토로라가 기업의 미래를 좌우하는 중대한 결정들은 신중한 숙고의 과정을 거쳐 느리게 진행한다는 것을 이해했어야 했다. 하지만 당시 나는 조급했고 스트레스를 받은 상태였다. 내 성급한 성미가 악덕인지 미덕인지 그때도 지금도 알 길이 없다.

게르하르트에게서 또다시 전화를 받았다. 그는 ABB가 전 세계의 소규모 엔지니어링 회사와 장비 제조업체 수백 곳을 사재기하듯 흡수했다고 알렸다. ABB는 20만 명의 직원을 거느리며 연매출 200억 달러를 기록하는 기업으로 성장해 있었다. 그리고 코네티컷 주의 스탬퍼드에서 발전 시스템과 산업 장비를 만드는 컴버스천 엔지니어링Combustion Engineering을 인수했다. 게르하르트에게 미국 사업체를 책임지는 업무가 추가로 주어졌다. 이제 그는 ABB 사업체의 3분의 1을 관리하게 됐다. 게르하르트와 아내는 코네티컷으로 이사할 예정이었다.

나도 그곳으로 가야 할까?

당시 라지는 휴렛팩커드에서 굉장한 성과를 보이고 있었다. 영업사원이라는 직무에 대단히 만족했던 그는 기업의 상위 0.1퍼센트 영업사원에게만 주어지는 프레지던트 클럽 어워드President's Club Award의 초기 수상자 중 한 명으로 이름을 올렸다. 그는 함께 일하는 동료들과 가까운 친구처럼 지냈다. 일도, 업무환경도 모두 만족스럽게 여겼다.

프리타는 글렌 엘린의 몬테소리 학교를 다니고 있었다. 우리 부부는 너무 늦지 않은 시간에 퇴근을 하고 집에 도착해 저녁을 함께 먹고 아이와 놀아주고 책도 읽어주었다. 주말이면 라지가 아이를 데리고 모튼 수목원Morton Arboretum에서 새와 나무, 꽃과 교감하는 시간을 가졌다. 그러지 않을 때는 과학박물관에 가거나 시카고 시내에 있는 셰드수족관Shedd Aquarium으로 향했다. 당시 우리는 즐겁고 안정적인 삶을 누렸다. 마당에 심은 나무들이 쑥쑥 자라고 있었다. 회사에서는 힘든 나날을 보냈지만 그것을 상쇄할 만큼의 기쁨이 삶에 자리했다.

게르하르트는 여전히 뜻을 굽히지 않았다. 나와 이야기를 나눈 후 그는 라지에게 전화를 걸어 코네티컷으로 이사할 계획을 알리고는 우리도 이사를 해야 하는 이유를 조목조목 설명했다. 찬드리카 언니가 있는 뉴욕과도 가깝고 학군과 집도 더욱 좋으며 연봉도 높고, 상사와 조직 문화 모두 행동지향적이라는 것이었다. 라지는 훌륭한 세일즈맨이었다. 게르하르트의 이야기를 참을성 있게 다 들어주었다. 성실하고 따뜻한 그의 성품이 그대로 드러나는 대목이었다.

어느 날 밤, 라지는 내게 모토로라 포트폴리오 분석 건이 어떻게 진행되고 있는지 물었다. 나는 그리 낙관적이지 않다고 답했다. 문제는 모토로라의 리더십에 있었다. 부서장들은 의사결정에서 나보다 훨씬 우유부단한 편이었고, CEO들은 핵심 전략 결정을 두고 부서장들과 합의점을 도출해야 했다. 내가 이끄는 팀에서 항상 여러 아이디어가 나왔지만 우리의 제안이 실행되기까지 몇 년이나 걸릴지 모를 일이었다. 변화하는 기술 분야의 속도에 맞춰 조직이 발 빠르게 나아갈 방법은 없는 걸까?

"알겠어." 라지는 말했다. "그럼 이사하자. 당신이 행복하길 바라는데 이곳에서는 그렇지 못한 것 같아."

내 행복과 일을 무엇보다 중요하게 생각하는 남편의 모습에 진심으로 감동받았다. 고심 끝에 남편은 아내와 딸을 먼 곳으로 보내고 자신은 시카고에 남아 언젠가 우리를 따라오기로 결심한 것이었다. 그러려면 휴렛팩커드에서 다른 직무를 맡거나 다른 회사로 이직해야만 한다는 것도 알고 있었다. 그는 내가 성취감을 느끼며 살아가길 무엇보다 바랐다.

　라지의 이타적인 태도는 당시의 관습에 여러모로 상반되는 것이라 더욱 놀라웠다. 그는 고등 교육을 받은 야망 있는 30대 남성으로 장차 재정적으로나 승진 면에서 크게 성공할 잠재력이 있었다. 게다가 인도 이민자로 미국에서 거주하며 모국에 있는 가족과 친구들은 물론 미국에서 알게 된 수많은 사람의 기대에 얽매여 있는 처지였다. 내 커리어를 위해 자신의 삶을 변화시키겠다는 결정은 이 모든 것에 위배되는 행위였다. 나와 가족을 향한 그의 헌신과 용기는 내가 그를 사랑하는 이유이자 그가 내 삶의 가장 큰 선물이라 여기는 이유였다.

　모토로라에 사직 의사를 밝히자 창립자인 할아버지와 전 CEO인 아버지를 둔 크리스는 눈에 띄게 동요했다. 어느 주말 아침에는 우리 집을 찾아와 회사에 남아달라고 설득까지 했다. 그는 내게 한 개인(게르하르트)을 위해 조직(모토로라)을 떠나서는 안 된다는 반박하기 어려운 말을 꺼냈다. 나는 떠나고 싶지 않지만 내가 이곳에서 영향력을 발휘하지 못하는 것 같다고 설명했다.

　내가 바라는 것은 그저 내 일에 대한 결과를 확인하는 것이었다.

6

1990년 말, 나는 어머니와 프리타와 함께 코네티컷 주 스탬퍼드의 스트로베리 힐 애비뉴에 위치한 방 두 개짜리 작은 임대 아파트로 이사했다. 굉장히 큰 콘크리트 건물 내에 자리한 아파트는 벽은 얇고 카펫은 낡았으며 여섯 살이 된 프리타가 뛰어놀 곳도 없었다. 그나마 잠시만 머물면 된다는 게 위안이었다.

라지는 북동부에 있는 휴렛팩커드 지사에 자리가 나길 기다리며 2주에 한 번씩 주말마다 시카고와 코네티컷을 오갔다. 그는 최고의 영업사원이자 승진 대상자였으며, 자신의 일을 사랑했다. 라지는 금방 해결될 거라 생각했지만, 안타깝게도 몇 달 후 우리는 코네티컷에서 현재 라지의 직급보다 높은 자리가 나려면 1년도 넘게 기다려야 한다는 소식을 들었다. 코네티컷과 시카고를 오가는 생활을 라지는 문제 삼지 않았지만 나는 1년이나 넘게 그와 떨어져 지낸다는 게 싫었다. 프리타도 아빠를 많이 그리워했고, 나도 남편 없이 잘 지낼 자신이 없었다.

앞으로 뭘 어떻게 해야 할지 불분명한 상황에서 라지는 코네티컷으로 오기로 결정했다. 그는 가족을 사랑하는 마음으로 큰 희생을 감수하는 어려운 선택을 했다. 테크놀로지 혁명을 주도하는 기업의 훌륭한 일자리를, 그것도 한창 자신의 입지를 굳건히 다져가던 때 그만둔 것이었다.

그래도 글렌 엘린의 집이 몇 주 만에 금방 팔렸고, 뉴욕과 가까운 코네티컷에서 지내는 데 꽤 만족하고 있었다. 언니와 동생이 가까이에 있었고, 코네티컷에는 인도에서 온 어머니 친구들도 있었다. 뉴잉글랜드(코네티컷과 매사추세츠 등 북동부 지역의 여섯 주-옮긴이)의 분위기도 친숙했다. 예일까지 차로 한 시간 거리였고, 양키 스타디움Yankee Stadium에 가서 야구 경기도 볼 수 있었다.

다시 게르하르트와 일하게 되어 무척이나 신이 났다. 그와 직접 상의하고 결정을 내리고 바로 행동으로 옮길 수 있는 업무환경이 만족스러웠다. 나무가 우거진 곳에 자리한 호화스러운 건물에 널찍한 사무실이 있었다. 나는 전략 및 전략 마케팅 수석부사장으로 ABB의 북미 지역과 글로벌 산업 부문을 총괄했다. ABB의 최고 임원 50인 중 한 명이었다.

당시 ABB는 기업 인수에 몰두했다. ABB가 인수한 코네티컷의 컴버스천 엔지니어링은 전성기 시절만 해도 미국의 거의 모든 공공사업체에 증기 발전기와 동력 전달 장치를 공급하던 상징적인 미국 기업이었다. 하지만 이제는 몇만 명의 직원으로 증기 터빈을 제조하며 적자를 면치 못하는 처지였다. ABB는 북미 지역에 세를 넓히며 기업의 전력 발전 공급을 확장하고자 했다. 나는 ABB가 컴버스천 엔지니어링을 인수한 것은 깊이 고민하지 않은 탓에 벌어진 대단한 실수라고 여기는 쪽이었다. 문제가 너무도 많았다. 게르하르트는 이 기업의 운영 방식을 간소화하고 야심찬 유럽 대기업의 세계관을 접목시키는 임무를 맡았다.

취리히에 있는 ABB의 CEO 퍼시 바네빅Percy Barnevik은 젊은 경영인으로 3년 전 ASEA와 브라운 보버리의 합병을 지휘한 인물이었다. 퍼시의 경영 스타일은 독특했다. 그는 기업을 수백 개의 법인으로 나누어 시니어 매니저에게 절대적인 지배권을 주었다. 그런 뒤 매니저가 제 역할을 제대로 못하면 호되게 질책했다. 퍼시는 유럽의 '올해의 CEO'로 선정되었고, 그의 경영 스타일은 언론의 주목을 받았다. 다들 퍼시를 대단하게 여기는 한편 조금 두려워했다. 그에게서 멀리 떨어져 있던 나는 다행히도 그저 보고 배울 수 있는 위치에 있었다.

우리의 가장 큰 경쟁사는 전설적인 CEO 잭 웰치Jack Welch가 이끄는 GE였고, 널찍하게 뻗은 본사가, 우리 사무실에서 고작 32킬로미터 떨어진 거리에 있었다. ABB는 질투와 두려움이 어린 눈으로 GE의 발자국을 낱낱이 연구했다. 잭 웰치의 GE야말로 우리가 본받아야 할 기업이었다. 다만 ABB의 모든 이가 혼란스러워했던 지점은 GE의 수익 대부분이 GE캐피털GECapital에서 나오고 있다는 것이었다. 금융 시장이 불안정해지면 GE의 실적이 크게 흔들릴 수 있는 위험한 전략이었다. 즉, GE의 가치는 제조업에서 발생하는 것이 아니었다. 우리는 그간 잘못된 기업을 벤치마킹하고 있었다.

나는 다시 한 번 복잡한 비즈니스 공부에 매진했다. 이번에는 직물, 제지, 오일과 가스, 일반 산업 분야의 생산 공장에서 사용하는 글로벌 산업 장비 분야였다. 고객들은 구동 장치와 모터, 프로그램에 의한 장비 제어 장치, 계측 장치를 어떤 식으로 구매할까? 하나의 시스템으로 구매하는 걸까, 부분적인 하부 시스템을 구매하는 걸까? 아니면 상품 하나하나를 구매해 내부의 엔지니어가 통합하는 걸까? BCG에서 일하며 배웠던 업무가, 특히 트레인의 복잡한 HVAC 시스템에 대해 연구했던 경험이 이러한 질문을 해결하는 데 도움이 되었다.

ABB 제품 전반에 대해서도 공부하기 시작했다. 스위스의 취리히, 독일의 만하임, 스웨덴의 베스테로스 등 유럽 공장을 주기적으로 방문해 글로벌 고객들과 동료들을 만났다.

북미 지역의 업무는 좀 더 통합적인 성격을 띠었다. 산업 고객들에 더해 공공기업들과 함께할 일이 많았다. 앞으로 20년간 전력 수요가 어떻게 달라질까? 전력 발전이 필요한 분야는 어디일까? 스팀일까, 가스일까? 설치 기반은 얼마나 낙후됐을까? 나는 산업 자문위원회를 꾸려 전문가들의 도움을 받아 전략을 세웠다. 장비 공급사와 공공기업체는 상호 독립적인 관계였기에 다양한 질문을 하고 전문가들에게 조언을 구하는 방식이 고객들을 이해하는 데 도움이 됐다. 한편 내가 이끄는 팀은 결속력이 높고 서로 친밀하며 성과도 좋았다.

이렇게 업무를 해나가는 동안, 내 출장을 계획하고 스케줄을 관리하는 애니타 그리핀Anita Griffin의 도움이 컸다. 그녀는 모두를 위해 멋진 업무환경을 만드는 데 일조했다. 내가 미국 시민권을 취득하고 선서식을 한 날 그녀는 사무실에서 깜짝 파티를 열어주었다. 빨간색, 흰색, 파란색의 모자와 작은 미국 국기 여러 개, 케이크도 준비했다. 내게 큰 의미가 있는 날이라는 것을 그녀는 이해하고 있었다. 미국 시민이 되어 기뻤지만 내가 태어나고 자란 나라, 내 정체성의 중심인 인도의 시민권을 포기했다는 의미이기도 했다. 여러 감정이 오갔다.

기업전략 업무로 무척 바쁜 나날을 보내는 한편, 나는 게르하르트의 눈과 귀라는 중요한 역할도 맡고 있었다. ABB 포슈탄트 Vorstand, 즉 이사회 일원인 그는 취리히 본사에 머물 때가 많았다. 나는 미국에 있는 중재자로서 그와 관리자들 사이에 메시지를 전하며 게르하르트의 아이디어가 실행될 수 있도록 힘썼다. 우리는 하루에도 몇 번씩 통화했다.

게르하르트는 영어를 썼지만 그의 스타일은 독일식에 가까웠다. 그는 깔끔하게 정리된 프레임워크와 데이터가 논리적으로 제시되는 것을 선호했고 간결한 프레젠테이션을 좋아했다. 한 번은 모두가 있는 회의 자리에서 내게 이렇게 말한 적도 있다. "내게 보고하기 전에 당신이 먼저 자료들을 검토하지 않았나보군요." 회의 동안 그의 귀가 빨개지는 것을 보고 이런 말이 나올 거라 짐작하고 있었다. 그의 심기가 불편하다는 것을 다른 사람들은 아무도 눈치채지 못했다.

그 때문에 동료 대부분은 게르하르트에게 보고하기 전 내게 먼저 자료를 들고 왔다. 내 조언을 감사하게 생각했고, 나 또한 내가 직접적으로 관련되지 않은 업무에 대해 알 수 있어서 좋았다. 게르하르트와의 관계에서 비롯된 권한을 함부로 쓰지 않으려 조심했다. 동료들에게 내가 게르하르트를 대신하는 사람이 아니라는 점을 분명히 했고, 게르하르트 또한 내가 말을 옮기고 다니고 싶어 하지 않는다는 것을 알고 있었다.

이런 내 역할에는 불리한 면도 있었다. 모토로라에서 크리스 갤빈이 했던 말이 맞았다. 게르하르트를 향한 내 충성심은 대단했지만 나는 조직이 아닌 한 개인을 위해 일하고 있었다. ABB에서의 내 성공과 근속은 게르하르트에게 달려 있었다.

스트로 힐이 그리 마음에 들지는 않았지만 몇 달 후 우리 부부는 집을 장만할 돈을 모을 때까지 세를 살 곳을 알아보기 시작했다. 라지와 나는 신중하게 접근했다. 우리가 사고 싶은 집과 가까운 위치에 세를 얻어 그 동네에 정착하기로 했다.

우리가 선택한 코네티컷의 페어필드 카운티는 큰 규모의 베드타운으로 메트로 노스Metro-North 철도역 몇 개가 자리한 덕분에 수만 명의 직장인들이 매일같이 뉴욕으로 통근을 했다. 대서양 해안선을 따라 형성된 페어필드 카운티는 뉴욕 주 경계선 내 구불구불한 숲길에 집들이 포진한 그리니치부터 1990년에 파산을 선언한 후 지역 경제가 흔들리고 있는 브리지포트까지 약 48킬로미터를 아우르는 넓은 지역이다. 그 사이에 자리한 데리언, 뉴케이넌, 노워크, 페어필드, 웨스트포트 등은 소박한 학교, 공립 도서관, 오래된 교회, 가을이면 현관에 놓인 호박 등 뉴잉글랜드 교외의 삶을 잘 보여주는 작은 마을들이다.

몇 차례 집을 구하러 다녔지만 별다른 성과가 없자 게르하르트는 내게 한 가지 제안을 했다. 그의 아내 헬가와 아이들이 시카고에서 올 예정이었지만 몇 주 후의 일이었고, 그들은 뉴케이넌에 임시로 머물 집을 이미 구해놓은 상황이었다. 게르하르트는 우리가 그 집에 살면 어떻겠냐고 물었다. 게르하르트 가족은 다른 집을 찾을 시간 여유가 있었다.

다 자란 나무와 멋진 마당을 갖춘 그들의 집은 무척 아름다웠고, 우리가 염두에 둔 집보다 규모가 컸다. 집을 본 우리는 돈은 좀 더 들겠지만 이곳으로 옮기기로 결심했다. 하지만 게르하르트가 자신 대신 인도 부부가 들어올 거라고 알리자 집주인은 단호히 말했다. "집을 임대할 수 없습니다."

그 이유야 짐작할 수 있었지만 라지와 나는 그리 깊게 생각하지 않기로 했다. 집을 구하는 것이 급선무였다. 게르하르트 부부도 그 집에 들어가지 않기로 했다.

우리는 데리언의 노로튼 베이라는 마을에 집을 구했다. 주변에 습지가 형성돼 있고 새와 다람쥐가 많아 프리타가 신나게 쫓아다녔다. 널찍한 규모에 현대식 구조로 된 집은 방마다 벽에서 습기가 배어나와 번들거렸다. 수리가 좀 필요했지만 우리에게는 더없이 완벽했다.

라지는 스탬퍼드에 있는 KPMG에서 전자기술 산업 분야의 공급망 관리를 전문으로 하는 컨설팅 일을 시작했다가 1년이 못 되어 KPMG의 계열사인 PRTM 컨설팅 기업으로 자리를 옮겼다. 그곳에서 9년을 일한 그는 파트너가 되었다. 컨설팅 일이 그에게 활력을 불어넣었다.

프리타는 뉴케이넌 카운티 스쿨에 입학했고, 우리 집으로 들어온 어머니가 뉴욕에서 결혼해 얼마 전 딸을 낳은 찬드리카 언니네 집을 오갔다. 동생은 예일대를 졸업한 뒤 매사추세츠의 케임브리지에 있는 MIT에서 박사 과정을 밟고 있었다.

얼마 지나지 않아 나는 둘째를 임신했다. 프리타 때와 마찬가지로 끔찍한 입덧에 시달렸지만 무척이나 설레고 기뻤다. 사무실에서 정신을 잃어 집에서 며칠 동안 쉬었던 적도 있었다. 내가 급히 병원에 가야 할 일이 생길 것을 대비해 게르하르트는 자신의 기사인 프랭크Frank를 우리 집 앞에 대기시켰다. 프랭크에게 괜찮다고 말해도 그는 꿈쩍도 하지 않고 이렇게 말했다. "슐마이어 씨가 허락하지 않을 일입니다."

프리타의 학교생활을 챙겨주면서 합리적인 비용에 믿을 수 있는 돌봄 시스템이 다시 한 번 필요해졌다.

이번에는 평판이 좋은 에이전시를 통해 입주 보모를 구하기로 했다. 우리가 신뢰할 수 있는 검증된 사람이면서 프리타를 차로 등교시킬 수 있어야 했다. 우리는 업스테이트 뉴욕 출신의 20대 중반 여성을 선택했다. 우리가 집에 없을 때 프리타에게 TV를 많이 보여주는 것 같았지만, 대체로 마음에 들었다. 그러던 어느 날 밤, 친구와 뉴욕에서 열리는 파티에 참석한 보모는 다음 날 우리에게 전화를 걸어 파티가 열린 집에서 친구가 문제에 휘말렸다고 알렸다. 자신과는 무관한 사건이지만 경찰이 찾아올지도 모른다고 덧붙였다. 그렇게 그녀와는 관계를 정리했다.

우리는 다시 에이전시에 찾아가 상당한 수수료를 내고 새로운 보모를 선택했고, 우리 가족과 좀 더 오래 지낼 수 있는 사람이길 바랐다. 미드웨스트 출신의 그 여성은 소개글이나 사진으로는 좋은 인상을 풍겼다. 전화로 면접을 진행했다. 유능하고 깔끔한 성격처럼 느껴졌다. 하지만 2주 동안 함께 지내보니 자신에게 주어진 일을 감당할 능력이 없는 것 같았다. 친절한 사람이었지만 오늘 하루는 무사히 지나갈지 걱정하는 생활을 더는 이어갈 수 없었다. 그녀와도 헤어져야 했다.

에이전시가 있었지만 그럼에도 보모를 구하는 과정에서 스트레스가 심했고 고민해야 할 것도 너무 많았기에 대다수의 맞벌이 부부들이 그렇듯 우리도 기존의 계획을 포기할 수밖에 없었다. 일단 암마가 되는 대로 프리타를 돌봐주었고, 그러지 못할 때는 가까이 사는 은퇴한 한 여성에게 부탁을 했다. 라지나 내가 프리타를 학교까지 데려다주기 어려울 때는 프랭크의 손을 빌렸다.

당시 나와 라지는 희망과 스트레스, 흥분과 두려움을 동시에 느끼며 살았다. 배가 불러오자 힘든 입덧은 사라졌지만 말도 못할 정도의 피곤함이 찾아왔다. 일을 하고, 출장을 가고, 훌륭한 임원으로, 엄마로, 아내로, 딸로 나의 역할을 해내는 것이 쉽지 않았다. 어머니가 큰 도움이 됐지만 시간이 지날수록 문제점도 드러났다. 프리타를 양육하는 데 어머니는 자신만의 방식을 고수했다. 취침시간과 식사시간이 잘 지켜지지 않았고 TV 시청 시간도 제멋대로였다. 라지는 프리타가 좀 더 규칙적인 생활 패턴을 가지길 바랐다. 어머니는 세 아이를 자신의 손으로 키웠고 양육에 관해서는 자신이 전문가라는 점을 우리에게 계속 주지시켰다. 나는 어머니를 노엽게 하고 싶지 않았다. 프리타의 생활방식을 좀 더 잡아주고 싶어 하는 라지의 생각은 옳았다. 하지만 어머니를 이제 와 바꿀 수는 없었다. 내가 중재해보려고 했지만 성과는 없었다.

집 안에 무거운 긴장감이 감돌았다.

동양을 포함해 전 세계 여러 문화권에서는 여러 세대가 함께 사는 것을 자연스럽게 생각하고, 이러한 가족이 맞벌이 부부에게는 굉장한 이점으로 작용한다. 필요할 때면 부모님에게 도움을 청할 수 있고, 나와 타타가 그랬고 또 프리타가 내 어머니 그리고 라지의 부모님과 그랬듯 아이들은 조부모와 유대감을 쌓으며 오랫동안 깊은 관계를 지속할 수 있다. 이런 가족 형태를 통해 젊은 사람들이 나이 든 어른들을 돌보고 세상에 첫발을 내디디는 젊은이들은 집에서 원조를 받는 것이 가능해진다.

하지만 이런 가족 형태가 쉽지 않다는 것도 잘 알고 있다. 가족 구성원 모두의 양보가 필요하다. 사생활을 침해당하기 쉽고, 부모나 조부모의 마음을 다치게 하는 언쟁이 오갈 수 있으며, 부부 간 불화가 생길 소지도 크다. 물론 누구도 의도한 결과는 아니다. 건강한 관계를 유지하기 위해서는 모든 가족 구성원이 일정한 선을 지키고 행동을 조심하는 데 합의해야 한다.

이러한 가족 형태가 일반적인 문화권에서는 엄마이자 딸 또는 며느리의 역할을 하는 여성에게 특히 힘들 수 있다. 일을 하는 여성인 경우 훌륭한 가정주부이자 부모, 어른을 잘 모시는 아랫사람의 역할도 해야 한다는 엄청난 부담을 느낀다. 모든 언행이 심판대에 오르고 비판을 받기도 한다. 본인의 바람과 달리 월급을 가족들에게 저당잡혀 자기 마음대로는 조금도 돈을 쓰지 못하는 경우도 있다. 누구의 기대도 충족시키지 못한다는 죄책감과 함께 스스로 결정할 자유까지 박탈당하는 기분을 느낀다.

전 세계적으로 고령화가 빠르게 진행되는 가운데 이제 막 가정을 꾸린 젊은 부부에 대한 현실적인 지원 문제를 고려해 다세대 가족 형태를 실질적으로 유지할 방법을 찾는 것이 시급해졌다. 창의적인 집 구조와 지역사회의 기반시설을 통해 이 문제를 잘 해결하는 것이야말로 맞벌이 부부의 부담을 줄이는 한편, 가족이 다같이 모여 살 때 경험하는 무수한 이점들을 지키는 방법이 될 것이다.

라지와 나는 노로튼 근처에 정착할 집을 찾기 시작했다. 바닷가 근처인 점도 좋았고 이웃도 친절했으며 프리타도 학교에 만족하고 있었다. 그러던 어느 날, 코네티컷 교외에 거주하는 여성 임원과 비행기에 나란히 앉아 유럽 출장을 갈 일이 있었다. 내가 집을 구하고 있다고 하자 그녀는 무척 단호하게 말했다. "백인들 동네인 데리언이나 뉴케이넌은 고려하지 않는 게 좋을 거예요."

그녀의 말에 충격을 받았지만 무슨 뜻인지는 묻지 않았다.

몇 주 후 이웃에게 집을 구한다는 이야기를 했더니 그가 되물었다. "백인들 동네인 데리언에서요?" 결국 어울리지 못할 테고 소외당하는 기분을 느끼게 될 거라고 그가 말했다.

몇 주 사이에 같은 이야기를 두 번이나 듣고 나니 예전 게르하르트가 임차한 집에 들어가지 못했던 일이 새삼 심각하게 다가왔다. 아버지는 항상 상대에게 선의가 있다고 생각하라는 말을 했었다. 하지만 이 동네가 우리 같은 사람들에게는 맞지 않는다는 게 분명해 보였다.

우리는 뉴욕 도심과 가까우면서 규모가 큰 동네인 그리니치를 알아보기로 했다. 다양한 인종이 모여 사는 곳이라고는 볼 수 없지만 비교적 외국인 가족들이 많이 산다는 이야기를 들었다. 부동산 중개인이 매매로 나온 집을 모두 보여주었고, 그중 상업지구와 가까운 멋진 집이 눈에 들어왔다. 예산을 초과했지만 다른 기준에는 모두 부합하는 집이었다. 우리는 그 집을 사기로 했다. 이제 우리 집이었다.

그리니치가 부유한 사람들이 모인 지역이라는 점을 알고 있었다. 주변 환경이 좀 더 차분했던 시카고와는 다른 분위기였다. 복잡한 심정이 들기도 했지만 학군이 좋았고 동네도 안전했으며 두 아이를 잘 지켜낼 수 있다는 생각 끝에 내린 결정이었다.

집을 매입하고 얼마 후 우리는 이사 전에 집을 수리해줄 작업자를 고용했다. 몇 주 후 출장을 다녀와 진행 상황을 확인하고자 집에 들렀더니 집 절반이 허물어진 채 뼈대만 남아 있었다. 작업자는 예상했던 것보다 집에 문제가 많았다고 설명했다. 조금씩 철거를 하다 일이 커져버린 것이었다.

끔찍했다. 이렇게 대대적인 공사를 감당할 돈이 없었다. 임신 4개월 차였다. 우리는 그 작업자가 부정직한 사람 같아 새로운 팀을 고용했고, 덕분에 일정이 아주 빠듯해졌다. 집수리는 라지도 나도 문외한인 분야였다. 이 집은 목조주택이었지만 우리가 인도에서 살았던 집은 콘크리트 집이었다. 2×4 목재가 무엇인지, 눈이 올 때를 대비해 지붕에 어떤 타르 방수제를 시공해야 하는지 아는 게 전혀 없었다. 우리는 그저 작업자들의 말을 들을 수밖에 없었다. 다행히도 ABB가 직원에게 제공하는 대출 프로그램으로 얼마간의 돈을 빌려 고비를 넘길 수 있었다. 또한 디자이너로서 리노베이션 경험이 많은 헬가가 도움의 손길을 내밀었다. 당시 헬가는 그리니치에 새로 얻은 본인 집을 공사하던 중이었고, 그 김에 우리 집도 같이 진행해주기로 했다. ABB를 최고의 글로벌 선도 기업으로 만드는 것부터 밤이면 몸을 누이고 쉴 곳을 마련하는 일까지, 나와 헬가는 서로 의지하며 어려움을 헤쳐나갔다.

새 집으로 이사한 지 나흘이 지난 1992년 12월 중반, 진통이 시작되었다. 다음 날 제왕절개로 예쁜 딸 타라 누이Tara Nooyi를 낳았다. 또 한 번 아기를 향한 뜨거운 모성애에 사로잡혔다. 병원에 있는 동안에는 아이와 한시도 떨어지고 싶지 않아 신생아실로 보내지 않았다. 경이로운 눈으로 아이를 바라보며 타라와 프리타를 위해 좋은 엄마가 될 능력과 강인함을 달라고 기도했다.

우리 가족이 완성된 기분이었다. 라지와 나는 두 딸이 있다는데 큰 기쁨을 느꼈다. 우리는 두 아이를 무척이나 사랑했고 막중한 책임감을 느꼈다. 이 아이들을 보호하고 싶었고, 우리 부모님이 그랬듯이 두 아이의 학비와 결혼 비용을 모아야 한다는 생각이 들었다. 두 아이가 큰 꿈을 꾸며 높이 날아오르길 바랐다. 우리는 두 딸이 자신이 속한 지역사회와 국가에 기여하고 타인을 배려하며 책임감 있는 부모로 자라도록 잘 키워야 한다는 이야기를 나눴다.

아이가 둘이 되자 하나를 키울 때보다 힘들어졌다. 타라가 태어나고 얼마 지나지 않아 두 아이를 기르는 것이 정서적·신체적·구조적으로 우리의 예상보다 훨씬 복잡한 일임을 깨달았다.

되돌아보면 여동생이 태어난 이후 프리타가 잘 적응할 수 있도록 내가 신경을 더 썼어야 했다는 생각이 든다. 지금껏 모든 가족의 최우선 순위에 있었던 프리타는 나와 단 둘이 노래를 부르고 춤을 추는 시간을 무척이나 소중하게 여겼다.

아이가 회사 일로 바쁜 나를 그리워한다는 것은 이미 알고 있었다. 프리타가 여덟 살 때 게르하르트가 커서 뭐가 되고 싶은지 묻자 아이는 이렇게 대답했다. "아저씨가 하는 일을 하고 싶어요. 그러면 엄마랑 항상 같이 있을 수 있으니까요."

타라가 태어났을 때 프리타는 3학년이었고 막 새로운 집에 이사를 온 상태였다. 그동안 우리는 집 보수 공사와 임신, 출장, 그외 여러 가지 일들로 바쁘게 지냈다. 프리타가 동생을 반길 거라 생각했다. 하지만 이제 와 생각해보면 주인공 자리를 빼앗긴 아이가 질투를 느끼고 화를 내는 것이 당연했다. 아이는 말썽을 부렸고 우리 말도 잘 듣지 않았다. 늘 바빴던 나는 프리타에게도 엄마가 필요하다는 사실을 지나치게 자주 잊고 말았다.

한편 타라는 침대에 앉은 내 무릎을 베지 않으면 잠을 자지 않았다. 침대머리에 몸을 기대고 앉아 밤을 보낼 때가 많았다. 일을 하려고 마음을 먹었다가도 내 무릎을 베고 자는 아기와 내 옆에서 꾸벅꾸벅 조는 프리타에게 둘러싸여 지금 내가 잘하고 있는 건가 하는 생각이 들 때가 많았다. 계속 일을 해야 할까? 회사를 그만두면 어떻게 될까? 후회나 억울함에 사로잡혀 집 분위기를 망치게 될까?

회사를 몇 년 쉬고 다시 돌아갈 수 있을지 나는 알 수 없었다. 여직원 중에는 이런 선례가 없었다. 공백이 생기면 내 능력이 쓸모없게 될까 봐, 그래서 다시 취업 전선에 뛰어드는 것도 어려워지고 우리 가족의 경제적 안정에 기여할 수도 없으며 명민함도 무뎌질까 봐 걱정이 됐다. 젊은 엄마들 사이에 한시적이라도 재택근무를 하는 사람을 찾아볼 수 없었다. 반드시 회사에 출근을 해야 했다.

머리가 복잡해 잠이 오지 않았다. 하지만 그럼에도 계속 앞으로 나아갔다.

일은 여전히 많았다. 3개월의 유급 출산휴가 중이었지만 시니어 임원으로서 이 시간을 가족에게만 온전히 쓸 수 없었다. 나는 일을 쉬지 않고 계속했다.

실제로 타라가 태어난 다음 날 게르하르트가 병원으로 전화를 걸어 내 의견이 필요하다며 프로젝트에 대해 상의하기도 했다. 그에게 어제 출산을 하고 수술에서 회복 중이라는 사실을 밝혔다. "아이를 낳은 것은 몸이잖아요." 그는 농담을 했다. "머리를 쓰는 데는 문제가 없을 거라고요."

게르하르트는 내가 그에게 필요한 존재이고, 내게 감사하고 있으며, 그가 일을 하는 데 내가 중요한 역할을 하고 있음을 표현한 것이었다. 그는 출산이 중대한 일이라는 것도 잘 알고 있었고 내가 원할 때 복직할 수 있도록 배려도 해주었다.

하지만 그에게서 프로젝트에 대해 들은 나는 곧장 팀을 소집했다. 팀원 전부 남성이었지만 출산이 얼마나 큰일인지는 알고 있었기에 다들 이렇게 빨리 업무에 복귀하는 것은 말도 안 된다고 했다. 내가 필요할 때는 전화로 알려주겠다고도 했다. 그럼에도 나는 출산휴가 중에 주기적으로 팀원들을 집으로 불러 프로젝트에 대해 상의했다. 내가 원해서 한 일이었다.

　나조차도 내 마음은 왜 어떤 상황이 닥치든 항상 일에 대한 책임을 다해야 한다고 소리치는지, 왜 이렇게 타고난 것인지 궁금했다. 내가 조금이라도 도움이 되는 상황이라면 도무지 그냥 지나갈 수가 없었다. 도움을 요청하는 사람을 거절할 수 없었고 내가 무엇이든 해야 한다는 강한 의무감을 느꼈다. 그래서 가족을 무척 사랑하지만 가족과 함께할 시간을 많이 빼앗겼고, 가족에게 실망을 안기기도 했다.

　가끔씩은 내가 이런 성격이 아니었으면 하고 바랐다.

　그즈음 어느 정도 돈이 모여 도우미를 고용할 수 있었고 덕분에 복직이 용이해졌다. 우리는 은퇴한 간호사를 고용해 갓난아기인 타라를 돌보고 프리타의 생활을 관리하는 일과 요리를 맡겼다. 청소를 도와주는 사람도 두었다. 그리고 옆집에 사는 메리 워터먼Mary Waterman 씨와 친해졌다. 프리타와 동갑인 아들 제이미Jamie를 키우는 그녀는 우리 일을 돕는 간호사와 라지의 부모님, 우리 집을 자주 방문하는 친척들과도 알고 지내게 되었다. 그녀는 친지들의 질문에 대답해주고 내가 부재했을 때 집에 어떤 일이 있었는지 알려주는 등 우리에게 많은 도움을 주었다.

　타라가 태어나고 1년 동안 이렇게 여러 사람들이 하나의 공동체로 점차 자리를 잡아갔다. 두 딸의 생활을 돌봐주는 사람들이 항상 있었고, 모두가 함께 부담을 나눴다. 내게는 무척 익숙하고 건강한 환경이었다.

20년간 라지와 나는 휴가라는 것을 가본 적이 거의 없었지만, 매년 인도로 가족여행은 떠났다. 우리는 마드라스와 망갈로르를 방문했고, 프리타와 타라는 그곳에서 보내는 시간을 정말 좋아했다. 딸들이 다른 아이들과 게임을 하고 함께 웃고 즐기는 모습을 보면 내 어린 시절의 여름날이 떠올랐다. 아이들은 자기들끼리만 정원을 돌아다니며 놀았고, 모기나 단전, 시끌벅적한 소음에 대해 단 한 번도 불평하지 않았다. 인도에 도착하면 아이들은 곧장 인도에 동화되었다. 인도 옷을 입고 바나나 잎에 싼 음식을 먹는 데도 주저하지 않았다. 두 아이에게는 모든 것이 하나의 큰 모험이었다.

프리타가 4학년이 되자 우리는 집에서 가까운 노스 스트리트 North Street 공립학교로 아이를 전학시켰다. 그런데 6개월 후 선생님에게서 아이가 숙제를 제출하지 않는다는 놀랄 만한 이야기를 들었다. 프리타는 똑똑했고 명랑했으며 재밌는 아이였고 학교생활도 즐겁게 했다. 우리는 아이의 교육에 신경을 많이 썼다. 프리타는 늘 책과 함께 생활했고 훌륭한 성적을 받았다. 아이는 겨우 열 살이었고 숙제도 그리 많지 않았다. 하지만 선생님의 지적을 받고 몹시 걱정스러웠다.

아이의 방을 확인하자 이미 다 해놓고도 제출하지 않은 숙제가 보였다. 어찌된 일인지 묻자 아이는 제대로 대답하지 않았다. 그저 어깨만 으쓱해 보였다. 선생님과 학교 관계자들을 신뢰했던 우리는 아이에게 화가 났고, '타임아웃'이 적합한 벌이라 생각해 아이에게 혼자 생각할 시간을 주었다.

옆집에 사는 메리에게 이 상황을 의논하자 그녀는 프리타가 보기 드물게 성실한 아이이고 분명 학교에서 무슨 일이 있었을 거라고 했다. 메리는 아동심리학자와 상담을 하고, 교장선생님의 허락 하에 교실에 아동심리학자가 들어가 관찰하는 것이 좋겠다고 제안했다.

하루 만에 문제가 무엇인지 드러났다. 아동심리학자에 따르면 프리타는 답을 묻는 교사의 질문에 매번 손을 들었지만 단 한 번도 이름이 불리지 못했다. 한 남자 교사가 아이를 완전히 무시한다는 이야기를 들었다. 점심시간이면 아이들끼리 모여 앉아 이야기를 하지만 프리타는 혼자 밥을 먹었다. 같이 앉으려는 프리타를 아이들이 밀어냈고, 식사가 끝난 후에는 프리타에게 뒷정리를 시켰다. 나중에서야 프리타가 몇 주 동안이나 괴롭힘을 당했고 점심시간을 감독하는 교사들도 아무런 개입을 하지 않았다는 사실을 알게 됐다.

우리는 굉장한 충격에 빠졌다. 아동심리학자의 이야기를 듣는 내내 라지와 나는 눈물을 쏟았다. 학교에 몇 없는 유색인 중 한 명이라는 이유로 아이가 이런 식으로 괴롭힘을 당했다니 믿을 수가 없었다. 우리가 예상했던 것보다 훨씬 배타적인 부유층 커뮤니티에서 아이를 지키는 데 실패했던 것이다.

얼른 조치를 취해야 했다. 우리는 그리니치의 가톨릭 여학교인 세이크리드 하트Sacred Heart에 전화를 걸어 교장인 조안 마그네티 Joan Magnetti 수녀와 상담했다. 이틀 후 프리타는 그 학교에 입학해 수업을 들었다. 프리타와 타라까지 나는 총 18년간 세이크리드 하트의 학부모로 지냈다. 2011년 타라가 졸업 연설을 하던 때는 내 인생에서 가장 감동적인 순간 중 하나였다. 내가 시간이 되는 날에는 항상 두 아이를 세이크리드 하트에 데려다주었고, 그때마다 아이들에게 친구들이 하나둘씩 다가오는 모습을 지켜봤다. 졸업과 동시에 세상으로 한발 나아가는 타라와 친구들을 보는 것이 내게는 굉장한 의미로 다가왔다.

게르하르트는 지칠 줄 몰랐다. 그는 훌륭한 리더였고 ABB에서 대단한 성공을 거두었지만, 조직 고위층에서 벌어지는 사내 정치나, 임원들 간의 늘 상충하는 의견 대립이 그에게 큰 좌절감을 안겼다. 혼자 사업체를 운영하고 싶었던 그는 1993년 말 ABB를 떠나 뮌헨에 있는 지멘스Siemens AG의 계열사로서 정보통신 시스템을 담당하는 지멘스 닉스도르프Siemens Nixdorf의 CEO 자리에 올랐다.

이로써 그와 7년 동안 함께한 여정이 끝났다는 것을 직감했다. 그는 내게 가족들과 독일로 와서 일할 생각이 있는지 슬쩍 물었지만 나는 거절했다. 너무도 큰 변화였다. 슬프기도 했지만 내 결정에 만족했다.

이후 몇 달간 ABB에서 일을 했지만 업무환경은 내게 호의적이지 않았다. 미국 전력회사에서 온 새 상사는 여성 직원들과 일하는 것을 불편해했고, 나를 '허니'라고 불렀다. 처음으로 회사에서 겉도는 느낌이 들었다. 나는 퇴사 계획을 세웠고, 나를 위해 일했던 여섯 명의 직원들이 다른 회사로 이직할 수 있도록 도와주었다.

그런 뒤 나는 상사와의 자리를 마련했다. 그에게 게르하르트와 내가 한 팀으로 그간 어떻게 일했는지, 게르하르트가 운영하던 큰 규모의 비즈니스에서 내가 어떤 역할을 했는지 설명했다. "누가 저를 '허니'라고 부르는 데 익숙지 않은데, 당신은 물론 당신이 데려온 사람들은 계속 저를 그렇게 부르더군요. 제가 이만 ABB에서 나가는 것이 최선일 듯합니다."

대화는 비교적 온화한 분위기에서 이뤄졌지만 그는 자신의 방식을 바꿀 수 없다고 말했다. 지금껏 내가 겪은 일들을 받아들여야만 한다고 덧붙였다.

나는 가뿐한 마음으로 회사를 나왔다.

ABB를 퇴사한 것은 객기 때문이 아니었다. 그간 업계에서 좋은 평판을 쌓아왔던 터라 여러 리크루터가 항상 나를 찾았다. 금방 다른 일자리를 찾을 수 있으리라는 걸 알았다. 그뿐만 아니라, 내 뒤를 봐주는 게르하르트가 있었다. 곧장 그는 내게 잭 웰치와의 점심식사 자리를 주선해주었다.

당시 잭은 10년 넘게 CEO 직을 수행하며 GE를 미국에서 가장 가치 있는 회사로 만들어가고 있었다. 수십만 명의 직원을 해고한 그에게 '중성자 폭탄 잭'이란 별명이 붙여졌다.

우리는 GE 전용 다이닝룸에서 두 시간 동안 글로벌 비즈니스, 전력 발전과 송전의 미래, 리더로서의 고충에 대해 대화를 나눴다. 점심식사가 끝나갈 때쯤 그는 GE 운영이사급의 다양한 자리를 제시하며 내가 선택하도록 했다. 회사는 뉴욕 주 스케넥터디와 켄터키 주의 렉싱턴 등 작은 도시에 있었다. 그는 내게 몇 년 후 코네티컷으로 돌아와 CEO실에 합류할 수 있다고 덧붙였다.

나는 그 자리에서 제안을 전부 거절했다. 어린아이 둘을 키우고 있고 남편이 새로운 일을 시작한 지 얼마 되지 않았다고 설명했다. 다른 도시로 움직이기가 여의치 않았다. 그러자 잭은 GE캐피털의 CEO인 게리 벤트Gary Wendt가 큰 규모의 대출회사를 세우기 위해 세계적인 금융회사를 사들이고 있으니 대화를 한번 나눠보라고 했다. 내가 할 일이 있을 것이고 코네티컷 스탬퍼드에서 근무가 가능할 거라고 덧붙였다. 괜찮을 것 같았다. 점심을 마치고 그의 제안에 대해 곰곰이 생각했다.

얼마 후 미주리 주의 세인트루이스에 있는 농약회사 몬산토 Monsanto의 CEO 밥 샤피로Bob Shapiro의 연락을 받았다. BCG에서 근무했을 때 G. D. 설의 아스파탐 프로젝트 고객이었던 밥과 함께 일한 경험이 있었다. 몬산토가 입사 제안을 해왔다. 다른 지역으로 가고 싶지 않았던 나는 그 제안도 거절했다. 밥과 함께 일하면 많은 것을 배울 수 있으리란 것은 알았다.

명확한 패턴이 그려지고 있었다. 나는 고위직 채용 시장이라는 큰 리그에서 나름의 명성을 쌓아왔고, 내가 자신의 성공에 도움이 될 거라 여기는 시니어 리더들이 도처에서 연락을 해오는 식이었다. 내게는 나라는 인간을 보증해줄 영향력 있는 사람들이, 전부 남성들로 구성된 *끈끈한* 네트워크가 있었다. 이 게임 안에서는 내 인종이나 연봉은 중요하지 않았다.

한편 제안받은 일자리들은 하나같이 내 가정과 남편 및 아이들의 생활을 바꿔야만 가능한 일이었다. 새로운 곳에서 일을 시작하기 위해 치러야 할 대가였고, 많은 남성은 자신의 미래를 위해 기꺼이 그런 선택을 했다. 가족 전체가 남자를 따라 삶을 바꾸는 경우가 흔했다.

나는 그럴 수 없었다. 원하지도 않았다.

또 전화가 울렸다. 음료, 스낵, 레스토랑 비즈니스 기업인 펩시코의 기업전략 및 기획 수석부사장 자리에 면접을 볼 생각이 있느냐는 리크루터의 연락이었다. 높은 잠재력을 지닌 50여 명의 신규 관리자가 약 18개월 동안 기획부서에서 근무한 후 사내 곳곳의 경영관리 직무로 배치될 예정이었고, 나는 이들을 감독하는 역할도 해야 했다. 멘토링과 트레이닝이 큰 부분을 차지하는 역할이었다.

소비자 비즈니스에 진입한다는 데 고민이 깊었다. 모토로라와 ABB에서 8년간 일하며 어떤 업무든 배워나갈 수 있다는 것을 깨달았고, 엔지니어링, 테크놀로지, 큰 규모의 기반시설 프로젝트를 전문으로 해왔다. 게다가 펩시코가 KFC와 타코벨, 피자헛을 소유하고 있다는 이야기를 들은 후 내가 할 수 있는 일인지 의구심이 들었다. 나는 육식을 하지 않는 사람이었다. 이런 레스토랑 비즈니스를 내가 얼마나 이해할 수 있을까?

그렇지만 펩시코의 본사가 집과 가까운 뉴욕 퍼체이스에 있고, 일 자체에는 흥미가 일었다. 나는 차를 끌고 본사로 가 최고 재무책임자CFO인 밥 데트머Bob Dettmer와 인사 책임자 로니 밀러 해즈데이Ronnie Miller Hasday를 만났다. 밥과 나는 만나자마자 즉시 통했다.

며칠 후 펩시코의 CEO인 웨인 캘러웨이Wayne Calloway를 만났다. 캘러웨이는 심각할 정도로 과묵한 사람이었다. 내 말을 듣고 고개를 끄덕일 뿐 한 마디도 하지 않았다. 그의 스타일이었다. 한 시간의 대화 중 내가 57분을 말하고 그는 3분 정도만 말했던 것 같다. 하지만 그는 진심 어린 태도로 내가 하는 이야기를 경청했다. 그가 내게 발언할 시간을 주고 중간중간 호응 어린 감탄사를 해준 덕분에 말이 술술 나왔다.

GE와 펩시코 모두 매력적인 제안으로 나를 압박했다. 라지의 친구이자 베인 앤드 컴퍼니Bain and Company의 회장인 오릿 가디쉬Orit Gadiesh와 상의하며 두 곳을 저울질하고 있었다. 간식과 티셔츠가 든 커다란 선물 바구니를 받고 프리타와 타라는 펩시코로 마음이 기울었다. 로니는 가족의 마음을 사로잡는 법을 잘 알고 있었다.

잠시 숨 돌릴 틈이 필요했기에 잭과 웨인에게 일주일 후에 답변을 주겠다고 전했다. 웨인이 GE 이사회 소속이라 두 사람은 서로 알고 지내던 사이였다.

그러던 중 웨인에게서 놀라운 전화 한 통을 받았다. 그는 GE 이 사회 회의에 참석했다가 잭에게서 내가 GE에 합류하게 될 거라는 이야기를 들었다고 했다. "이해는 합니다. 좋은 기업이고 잭도 훌륭한 CEO니까요."

"하지만," 그는 이렇게 덧붙였다. "다음 주에 최종 결정을 알려준다고 했으니 마지막으로 한 번 더 펩시코에 합류해달라고 설득하고 싶군요. 잭보다 제게 당신이 더 필요합니다. 회사 중역들 가운데 당신 같은 인재는 없었습니다. 당신이 펩시코에 크게 기여할 수 있을 거라 믿습니다. 이곳에서 성공을 거둘 수 있도록 우리 모두가 적극 도울 겁니다."

그렇게 통화가 끝났다. 가슴이 벅찼다. 웨인은 무척이나 겸손하게 호소하고 있었다. 지금껏 그가 한 말 중에 가장 내 마음에 와 닿았다.

그날 오후, 열 살짜리 프리타와 18개월짜리 타라의 엄마이자 출장이 잦은 컨설턴트의 아내인 나는 펩시코 본사를 찾아가 제안을 수락했다. 당장이라도 그곳에서 일하고 싶었다.

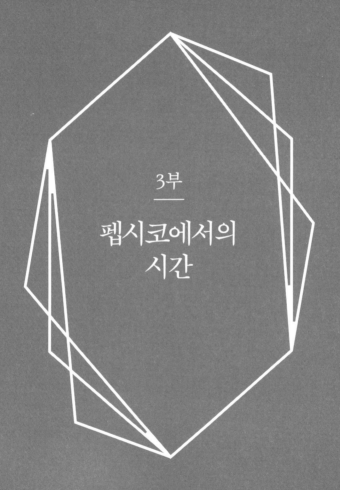

3부
———
펩시코에서의
시간

7

뉴욕 주 웨스트체스터 카운티에 있는 펩시코 본사는 미드 센추리 모던 풍의 세련된 느낌을 주는 거대한 사무실 단지로 구성되어 있었다. 건축가 에드워드 듀렐 스톤Edward Durell Stone이 설계한 옅은 회색 콘크리트 건물 일곱 채가 U자 모양으로 둘러싼 가운데 중심부에는 정원이 세 곳 있었다.

사무실 단지가 자리한 20만 평이 넘는 잔디밭에는 잘 손질된 울타리와 나무, 큰 연못, 화단, 백합과 오크나무 그리고 자작나무 숲이 어우러진 연못, 황금의 길Golden Path이라는 이름의 산책로가 마련되어 있었다. 영국의 디자이너인 러셀 페이지Russell Page가 조성한 이 공간은 후에 벨기에 조경사인 프랑수와 고피네François Goffinet의 손길로 새롭게 태어났다. 오귀스트 로댕August Rodin, 바버라 헵워스Barbara Hepworth, 알베르토 자코메티Alberto Giacometti 외에도 19세기와 20세기를 빛낸 수십 명의 대가들이 남긴 기념비적인 조각품이 곳곳에 전시되어 있었다. 이 정원은 개방된 공간이었다. 수천 명의 사람들과 학생들이 예술과 자연을 배우러 이곳을 방문했다.

나는 1994년 3월 30일부터 펩시코에 합류해 새로운 일을 시작했다. 하지만 황금의 길을 걷거나 조각품을 감상하는 일은 2014년이 되어서야 가능해졌다. 20년간 그럴 시간이 전혀 없었다.

그해 봄 동안은 적응하느라 바빴다. 내 팀원들과 다른 부서장들을 만났다. 너그러우면서도 엄격한 상사 밥 데트머는 펩시코의 구조, 재무, 우선순위 등에 관해 끝없이 이어지는 내 질문에 답해주었다. 솔직히 말해 이곳에 오자마자 모든 것이 너무 마음에 들었다. 펩시코는 낙천적이고 활기 넘치는 곳이었다. 첫날부터 내 낙관적인 성격과 잘 맞았다. 지금껏 내 커리어에서 부족했던 점을 채워주는 곳이었다.

완공까지 수년씩 걸리는 중요한 기반시설 프로젝트를 맡았던 ABB에서는 도전 정신이 넘치는 과제가 좋았다. 모토로라는 내게 테크놀로지의 세상을 소개해주었다. 내 아이디어가 실현되는 모습을 보기 전에 다른 고객사 프로젝트로 넘어가야 했지만 컨설팅 일도 좋아했다. 이제 내게는 비즈니스 자체를 직접 보고, 냄새 맡고, 맛을 보는 기회가 주어진 셈이었다. 누구나 우리 브랜드를 알았다. 일반 사람들이 우리의 고객이었다. 내 아이들도 아는 브랜드였다. 언젠가 친구에게 내가 어떤 일을 하는지 알려주려던 타라는 엄마가 KFC에서 일한다고 아주 간단하게 설명했다. "엄청 멋지다!" 친구가 이렇게 말했다고 한다. 내가 하는 일은 누구나 알고 공감할 수 있었다.

펩시코는 굉장히 야심차고, 친근하며, 즐거운 곳이었다. 이곳에서 일하게 되어 무척 흥분되었고, 펩시코에 완전히 마음을 빼앗겼다.

청량음료인 펩시콜라는 1898년, 노스캐롤라이나의 약사 케일럽 브래덤Caleb Bradham이 처음 개발했다. 몇 번의 파산을 겪은 펩시콜라는 1930년대 라디오 CM송 하나로 콜라 업계의 리더였던 코카콜라를 위협했다. "펩시콜라, 당신이 찾던 바로 그것, 12온스 엄청난 양. 5센트에 양도 두 배. 당신을 위한 음료, 펩시콜라."

마케팅 전쟁이 시작되었다. 1963년 펩시 라이프스타일을 담은 광고가 눈부시게 빛나는 청춘들의 모습으로 '펩시 세대Pepsi Generation'를 선언했다. 코카콜라가 광고 캠페인으로 펩시에 대항할 때 펩시는 '펩시 챌린지Pepsi Challenge'로 맞섰다. 상점과 몰에서 브랜드를 가리고 진행된 블라인드 테스트에서는 코카콜라보다 좀 더 단 맛이 강한 펩시가 사람들의 선택을 받았다.

1983년, 또 한 번 대단한 성과를 거뒀다. 마이클 잭슨, 잭슨파이브Jackson 5와 500만 달러 계약을 맺은 것을 시작으로 펩시와 다이어트 펩시는 강력한 영향력을 발휘하는 유명 인사를 광고에 내세우기 시작해 브리트니 스피어스, 비욘세, 스파이스 걸스, 데이비드 보위, 티나 터너Tina Turner, 샤키라Shakira, 카일리 미노그Kylie Minogue, 데이비드 베컴, 사친 텐덜카Sachin Tendulkar 등 전 세계 수십 명의 톱스타와 함께했다.

펩시는 냉전 시대의 상징으로 인기를 끌었다. 1959년 모스크바에서 열린 미국 박람회장에서 니키타 흐루쇼프Nikita Khrushchyov(전소련 서기장으로 스탈린을 비판한 개혁주의자-옮긴이)가 펩시콜라를 마셨고, 23년간 펩시코의 CEO를 맡았던 돈 켄달Don Kendall이 얼마 후

콜라 계약을 따내 소련에 제조 공장 여러 개가 설립되었다. 펩시는 소비에트연방에 처음으로 판매된 자본주의 상품으로 명성을 떨쳤다.

1994년 펩시코는 연매출 250억 달러를 기록하며 미국에서 열다섯 번째로 큰 기업으로 자리 잡았다. 음료와 식품을 150개국 이상에 판매했고 45만 명의 직원을 거느렸다. 펩시와 다이어트 펩시 광고에는 샤킬 오닐Shaquille O'Neal과 레이 찰스Ray Charles가 등장했다. 모델 신디 크로퍼드Cindy Crawford가 펩시의 재무제표를 확인하는 사진이 등장한 기업의 연보 표지에는 이런 글이 적혀 있었다. "투자자라면 우리를 살펴봐야죠."

구조적으로 펩시코는 다리가 세 개인 의자였다. 하나는 펩시콜라, 다이어트 펩시, 마운틴 듀, 머그 루트 비어Mug Root Beer 그리고 스타벅스, 립톤과의 합작 투자로 탄생한 병 커피와 티 음료를 아우르는 음료 부문이었다. 해당 사업부의 매출은 90억 달러에 달했다.

두 번째 다리는 매출 70억 달러의 스낵 사업이었다. 레이즈Lay's 감자칩, 프리토스Fritos, 도리토스Doritos, 치토스Cheetos, 토스티토스Tostitos, 롤드골드 프레첼Pretzel Rold Gold, 썬칩SunChips, 스마트푸드Smartfood가 여기에 속했다. 멕시코에서는 사브리타스Sabritas를, 스페인은 마투타노Matutano, 영국은 스미스Smith's와 워커스Walkers를 만들어 판매했다. 미국의 스낵사업부인 프리토레이Frito-Lay는 텍사스 주 플레이노에 있었다.

본래 탄산음료 기업으로 시작한 펩시콜라와 댈러스에 본사를 둔 감자칩 기업이 30년 전 합병해 펩시코의 핵심 이념을 세웠다. 바로 솔티 스낵에는 입가심용 음료가 필요하다는 것이었다. 두 제품 모두 매장 선반에서 순식간에 사라져 계속해 채워 넣어야 하는 '초고속' 상품이었다. 두 기업의 합병으로 판매와 유통의 효율화가 이루어졌고 미국 외의 나라에서 비즈니스가 더욱 크게 성장하기 시작했다.

기업의 세 번째 다리는 레스토랑이었다. 펩시코는 1970년 말 피자헛과 타코벨 패스트푸드 체인을 매입했고, 몇 년 후 KFC로 브랜드명이 달라진 켄터키 프라이드 치킨Kentucky Fried Chicken도 인수했다. 캐주얼 다이닝 브랜드인 캘리포니아 피자 치킨California Pizza Chicken, 이스트 사이드 마리오East Side Mario's와 모든 체인점에 식자재를 공급하는 푸드 서비스 기업을 소유하고 있었다. 펩시코가 직접 또는 프렌차이즈로 운영하는 레스토랑이 전 세계에 2만 8,000개이고, 연간 60억 인 분 이상을 판매했다. 레스토랑 사업부 매출은 90억 달러 정도였다.

이 모든 것을 가능케 하기 위해 수십 개의 조직이 움직였다. 계약을 맺고 감자를 키우는 농부 네트워크, 연구개발과 테스트 키친, 수천 대의 트럭과 물류센터를 갖추어 세계 최대 규모를 자랑하는 점포 직배송DSD 시스템이 있었다. 기업의 세일즈 인력 2만 5,000여 명의 직원들이 월마트의 CEO부터 세븐일레븐과 개인 상점의 매니저들까지 전부 상대했다. 대단히 복잡하고도 조직적으로 움직였다.

큰 키에 붉은 머리칼의 웨인 캘러웨이는 면접 때 모습 그대로 말이 거의 없는 CEO였다. 하지만 과거 할리데이비슨을 타던 대학 농구 선수 출신으로 겁 없는 플레이어의 면모가 있었다. 프리토레이에 영업사원으로 입사하기 전에는 미 육군에 입대하기도 했었다. 인재 양성소로 잘 알려진 펩시코는 성장하는 임원진에게 힘든 과제를 맡긴 후 물에 빠져 회사를 떠나거나 헤엄쳐 나와 위로 올라가게 했다. 웨인은 인재를 고용하고 성장시키는 데 집중했고, 5년마다 매출을 두 배로 끌어 올리는 데 매진했다. 아직까지는 목표를 성공적으로 달성하고 있었다.

웨인은 GE보다 펩시코에 내가 더 필요하다고 믿었다. 그는 영리한 사람이었다. 나는 그에게 도움이 될 만한 국제적 감각과 경험을 갖추고 있었다. 또한 그는 진즉에 임원진에 여성이 한 명 있어야 한다고 생각했던 것 같다.

내가 합류했을 때 펩시코의 상위 15개 직책은 전부 미국 백인 남성이 차지하고 있었다. 대부분이 짧은 머리 또는 대머리였고, 푸른색이나 회색 슈트에 하얀색 셔츠를 입고 실크 넥타이를 맸다. 펩시와 칵테일, 리큐어를 마시는 사람들이었다. 대부분이 골프, 낚시, 테니스, 하이킹, 조깅을 했다. 몇몇은 함께 메추라기 사냥을 나가기도 했다. 결혼을 하고 아이를 둔 사람들이 많았다. 이들의 아내 가운데 회사를 다니며 맞벌이를 하는 사람은 없었을 것이다.

이런 특징은 비단 펩시코 중역들에게만 해당되는 것이 아니었다. 내 동료들은 똑똑하고 창의적이며 헌신적이었고, 대단한 책임 감과 중압감을 짊어진 사람들이었다. 이들은 힘을 합쳐 멋진 기업을 탄생시켰다. 사실 펩시코의 리더십은 1994년 당시 거의 모든 미국 기업의 시니어 경영진의 모습을 그대로 보여주고 있었다. 정말 뛰어난 여성들도 중간관리직에 머물러 있었다. 그해 대기업 500곳 중 여성 CEO는 한 명도 없었다.

이런 부류의 남성들이 제2차 세계대전 이후 미국 경제의 주류가 된 데는 이들이 소위 말하는 이상적인 근로자로 꼽혔기 때문일 것이다. 여성은 '가정주부'로, 남성은 '가장'으로, 외벌이 가정을 중심으로 형성된 사회에서 이상적인 근로자는 당연히 남성이었다. 이들은 정해진 시간에는 다른 방해 없이 완벽하게 일에만 몰두할 수 있었다. 그 시간이란 보통 월요일부터 금요일, 아침 9시부터 오후 5시까지였지만, 근무시간은 생산시설의 변화나 노조에 의해 달라지기도 했다.

더 높은 직급, 더 많은 연봉, 스톡옵션, 이사회를 목표로 승진 사다리를 오르는 남성들은 야근을 하고, 출장을 다니고, 저녁에 공부를 할 수도 있으며, 고객들, 경쟁자들, 친구들과 어울릴 수 있었다. 여성이 가정을 지키고 있으니 여유를 낼 수 있었다. 또한 회사가 원하는 곳이면 어느 지역이든 짐을 싸 훌쩍 갈 수 있었고, 그 결정에 아내와 아이들도 따르게 할 수 있었다. 이런 남성들이 돈을 벌고 회사, 정부, 국제적 사안에 영향력을 발휘할 수 있도록 사회가 길을 열어주었다. 주변 모든 사람이 이들을 지원하고 있었다.

내가 펩시코의 CEO층에 합류할 당시 그들 중 누구도 훌륭한 엄마이자 아내는 고사하고 아이에게 충실한 부모의 역할을 요구받지 않았다. 학교 선생님과 의사, 치과의사와 소통하고, 장을 보고, 요리와 청소와 세탁을 하고, 집과 정원을 꾸미고, 손님을 치르고, 생일과 명절, 휴가를 챙기는 것은 이들의 일이 아니었다. 자녀의 정서적 건강, 학업 성취도, 가정교육에 조금은 관심이 있었을 수도 있다. 설사 그렇다 해도, 이 남자들은 이런 문제에 신경을 쓸 시간이 없었다.

더욱 중요한 것은, 나와 함께 일했던 남자 동료들은 일과 가정 둘 다를 얼마나 잘 해내는가로 서로를 판단하지 않았다. 경쟁이 심하긴 했지만 이혼이나 질병, 자녀 문제 등의 위기가 닥쳤을 때 서로에게 힘이 돼주었다.

처음 이들과 만났을 때는 이런 생각을 전혀 하지 못했다. 내가 아웃사이더라는 것은 잘 알고 있었다. IIM 캘커타를 다니던 열여덟 살 여학생이었고, 예일에서 폴리에스테르 소재의 정장을 입은 인도 이민자였으며, 위스콘신 주 라크로스에서 채식주의를 고집하던 임산부였으니까. BCG에서 다양한 업계를 오갔지만 단 한 번도 여성 고객을 만난 적이 없었다. 여성 하나 없이 수십 명의 남성들과 회의를 하는 것을 이상하다고 여긴 적이 없었다. 모토로라와 ABB에서는 엔지니어와 과학자, 로봇과 기계를 상대했다. 나와 같은 일을 하는 여성 동료가 없었고, 여성 상사도 만나본 적 없었다.

펩시코에 왔을 때 모두들 나를 따뜻하게 맞아주었다. 내 사무실은 누구나 원하는 '4/3'에 있었다. 빌딩 4의 3층에 있어 이렇게 불렸고, CEO실 및 최고경영진 사무실과 같은 복도에 위치한 내 사무실의 커다란 창 다섯 개는 조직 내 지위를 의미하는 상징과도 같았다.

사무실에 필요한 가구와 집기를 구매하는 용도로 상당한 예산이 주어졌으나 다 쓰지는 않았다. 실용적인 체리우드 진열장과 조립식 책상, 회의용 테이블과 의자 여섯 개, 화이트보드, 플립 차트만 들여놓았다.

입사 후 3개월 정도가 지난 6월, 4/3이 시끄러워졌다. 5,100여 개의 매장을 거느린 피자헛 USA는 2분기 예상 수익을 달성하지 못할 것이고, 이후로도 전망이 비관적이라고 보고했다. 타코벨과 KFC, 그 외 체인들도 좋아 보이지 않았다.

이는 중대한 위기였다. 펩시코 주가가 하락할 가능성이 컸고, 실제로도 그 일이 벌어졌다. 소식이 알려지자 주가가 15퍼센트나 급락해 그날 주식 거래량은 평소의 세 배에 달했다. 웨인은 빠르게 대처했다. 며칠 후 그는 세계 레스토랑 사업부 CEO라는 자리를 만들고, 펩시코의 베테랑으로 심장마비를 겪은 후 잠시 일을 쉬고 있던 로저 엔리코Roger Enrico에게 새로운 역할을 제안했다.

그 주에 로저가 내 사무실로 찾아왔다. 그는 미소 짓지 않았다. "안녕하세요. 로저 엔리코입니다. 전략 책임자는 보통 저도 면접을 보죠. 제 의견을 듣지 않고 고용된 사람은 당신이 처음이군요."

"안녕하세요." 나는 밝게 인사했다. "말씀 많이 들었어요. 인사 드릴 날만 고대하고 있었습니다."

그는 이렇게 말했다. "레스토랑 사업부에 대한 모든 정보를 알고 싶군요. 우리 레스토랑에 지금 무슨 일이 벌어지고 있는지도요. 그럼 열흘 후에 댈러스에서 보는 걸로 알겠습니다. 이제 당신이 내 최고 전략가거든요. 데트머가 승인했습니다."

대화는 이게 전부였다. 이 말을 끝으로 그는 사무실을 나갔다.

밥에게 보고하는 기업전략과 기획이라는 원래의 업무에 더해 로저에게 보고를 해야 하는 레스토랑 사업부의 최고 전략가 일도 맡게 된 것이었다. 업무량이 두 배로 늘었지만 연봉 인상에 대해서는 누구도 언급하지 않았다.

뛰어난 리더이자 사상가였던 로저 엔리코는 2년 후 펩시코의 CEO가 되었다. 미네소타 북부의 철광산 근처에서 자란 그는 베트남 전쟁에 참전한 뒤 1971년 프리토레이에 입사해 양파 맛이 나는 옥수수 과자 퍼니언Funyuns의 출시를 도왔다. 그로부터 20년 후 그는 일본과 남미에서 근무했고, 펩시 음료사업부를 운영했으며, 프리토레이의 조직 개편을 감독했다. 로저가 유명해진 이유는 큰 사안에 과감한 변화를 감행하는 접근법 때문이었는데, 이는 그가 가장 선호하는 방식이기도 했다.

그는 오전 10시에 일과를 시작했고 밤 9시 이후에는 일과 관련된 것은 그 무엇도 보지 않으려 했다. 댈러스 주 몬태나와 케이맨 제도에 멋진 집을 마련해두고 주말이면 두 집 중 한 곳에서 플라이 피싱, 승마, 스쿠버 다이빙, 골프를 즐기거나 박물관을 관람했다. 교활하고 정치적인 사람이었고, 많은 이가 그를 무뚝뚝하고 퉁명스럽다고 생각했다. 하지만 그는 쇼맨 기질이 탁월했다. 80년대 초 마이클 잭슨과 그 형제들을 모델로 쓰기로 한 것도 그의 생각이었다. 펩시 광고가 성공을 거두어 시장점유율이 높아지자 코카콜라는 레시피를 변경해 뉴 코크New Coke를 출시하는 실수를 저질렀다. 로저는 저서 《눈싸움 중에 상대가 눈을 깜빡였다The Other Guy Blinked》에서 당시 콜라 전쟁은 펩시의 승리였음을 선언했다.

펩시코에서 레스토랑 사업부가 갑작스럽게 그리고 뜻밖에 주목을 받게 되자 로저가 나선 것이었다. 문제는 퀵 서비스 레스토랑QSR 비즈니스가 지나치게 확장되었다는 것이다. 간단히 설명하면 레스토랑을 하나 오픈할 때마다 다른 비즈니스에 손해를 끼쳤다. 하지만 경쟁사들이 멈추지 않았던 탓에 펩시코도 확장을 할 수밖에 없었다. 예컨대 새로 생긴 몰에 피자헛 입점을 미룬다면 도미노피자나 다른 음식점이 자리를 차지하는 식이었다. 어느 쪽이든 인근 피자헛과 다른 QSR 레스토랑에 피해가 갔다.

철저히 알아볼 새도 없이 벌써 문제가 수치로 드러나고 있었다. 레스토랑 사업부는 부동산, 프랜차이즈, 배달, 드라이브 스루, 복잡한 사원 채용 정책, 식품 안전 시스템, 마케팅 등 다양한 사안을 고려해야 하는 대단히 크고도 복합적인 비즈니스였다.

로저가 불쑥 사무실로 나타나기 전까지만 해도 나는 레스토랑에 대해 아무것도 몰랐다. 하지만 그가 내게 어떤 과제를 제시하든 잘 해낼 수 있다는 점을 증명해 보이고 싶었다. 이후로 약 열흘간 일곱 명으로 구성된 레스토랑 전략 팀은 밤낮을 가리지 않고 일하며 댈러스 미팅을 준비했다.

로저의 사무실 옆에 마련된 이사회실에서 수십 장의 슬라이드와 차트를 바탕으로 레스토랑 사업부의 가치 창출 요소와 지난 5년간의 역사를 분석하고 향후를 예측하는 프레젠테이션을 진행했다. 우리가 당장 해결해야 할 문제점들을 제시하는 것으로 발표를 마무리했다. 로저는 감동받은 눈치였지만 별다른 말은 하지 않았다. 그는 칭찬을 하는 사람이 아니었다. 프레젠테이션을 마치고 우리 팀은 뉴욕으로 돌아왔고 얼마 지나지 않아 로저의 비서가 전화로 다음 주 월요일 오전 11시에 애틀랜타에 있는 전용기 격납고로 와서 로저와 잠시 만날 수 있는지 물었다.

다시 한 번 어깨에 메는 가먼트 백과 서류 가방에 짐을 챙긴 뒤 델타 에어라인Delta Air Lines을 타고 애틀랜타에 도착해 회사 전용기가 세워진 격납고로 향했다. 로저는 펩시코 챌린저 제트기를 타고 등장했다. 10분 후 우리는 기사가 운전하는 차에 함께 올라 공항 근처 유동 인구가 많은 상권에 자리한 QSR 레스토랑을 전부 들렀다. 음식점에 들어간 로저는 주문을 하고 음식이 나오면 눈으로 확인한 뒤 어쩔 때는 한입 맛을 보고 나머지는 버린 채 차로 돌아왔다. 절대로 음식을 버려선 안 된다고 교육받고 자란 내게는 이런 방식이 굉장히 불편했다. 하지만 전혀 내색하지 않았다.

네 번째 음식점을 나온 뒤 그는 나를 돌아보며 물었다. "지금까지 점수는 어떻습니까?" 나는 어리둥절한 표정을 지었다. "우리가 뭘 하는지도 몰랐어요?" 그가 큰소리로 외쳤다. "시장조사를 하고 있잖아요! 레스토랑 비즈니스를 밑바닥부터 다시 파악해야 한다고요!" 그는 잠시 차에서 내려 머리를 식혔다.

나는 잘 알지도 못하는 타코벨의 CFO인 리처드 굿먼Richard Goodman에게 전화를 걸어 상황을 설명했다. 리처드는 주문과 대기 시간, 음식의 온도, 청결도, 홀과 주방 직원의 태도, 그 외 고객 경험에 영향을 미칠 여러 변수들을 기록해야 한다고 친절하게 알려주었다. 나는 그의 이야기에 따라 종이 한 장을 꺼내 채점표를 만들었다. 이후로 나는 각 기준에 따라 1점에서 5점으로 음식점을 평가했다. 펩시코의 가라앉거나 헤엄쳐 나오는 문화를 처음 경험한 날이었다. 다행히도 나는 물에 빠지지 않았다.

오후 5시, 우리는 회사 전용기를 타고 시카고로 향했다. 다음 날에는 캐주얼 다이닝 음식점인 올리브 가든Olive Garden, 캘리포니아 피자 치킨, 크래커 배럴Cracker Barrel을 돌며 음식을 주문하고 평가를 하는 시장조사를 이어갔다. 세 번째 날에는 워싱턴 DC 교외로 나갔다. 점차 이 일에 익숙해졌고 나중에는 즐기기까지 했다.

웨스트체스터 카운티 공항으로 향하는 비행기 안에서 신문을 보던 나는 별자리운세란을 마주하게 되었다. 나는 전갈자리였다. 운세에는 이렇게 적혀 있었다. "오늘 당신은 아주 힘든 누군가와 여행을 하겠지만 이 사람은 향후 몇 년간 당신의 삶에서 중요한 역할을 할 것입니다." 한 마디로 로저였다. 신문에 동그라미를 쳐 로저에게 보여줬다. 운세를 읽은 그는 웃으며 내게 다시 신문을 건넸다. "저도 전갈자리예요!"

사흘간의 정신없던 출장이 향후 로저와의 관계를 돈독히 하는 발판이 되었다. 출장 중에 대화를 거의 나누지 않았지만, 그는 내가 음식점 운영과 관련한 다양한 사안을 공부하며 전체를 보는 눈을 키우려고 노력하는 모습을 지켜봤다. 그도 레스토랑 비즈니스에 대해 배우기 위해 큰 스트레스를 받고 있다는 것을 우리 둘 다 알고 있었다.

이후 몇 개월간 로저와 나는 최고의 레스토랑을 만드는 요소가 무엇인지 분석했다. 우리가 찾은 답은 고객 한 명 한 명에게 다가가는 서비스가 필요하다는 것이었다. 자신의 일에 대한 애정으로 평생 동안 음식점을 운영해온 사람들은 다양한 홍보와 이벤트를 하며 고객을 위해 혁신을 계속했다. 음식점을 더욱 청결하게 유지했고 행복한 분위기를 조성했으며 고객들의 사랑을 받았다. 매니저들은 사람들과 어울리는 것을 좋아했고 고객을 가족처럼 여겼다. 소비재 기업인 펩시코는 고객과의 대면과 접촉이 중요한 비즈니스를 비인간적인 방식으로 접근하고 있었다. 지점을 늘리고 인력을 채용하고 메뉴를 개발하는 일은 잘하고 있었고, 이것이 레스토랑 사업을 확장하는 방법인 만큼 펩시코가 사업 확장은 제대로 하고 있었다. 하지만 운영 중인 음식점의 매출을 늘리는 문제에서는 고전을 면치 못하고 있었다. 고객과의 '접촉'을 잘 해내지 못했던 것이다.

과감한 조치를 취하기로 한 로저는 새로운 레스토랑의 오픈을 중단하고 모든 QSR을 프랜차이즈로 전환하기로 결정했다. 이는 현금흐름과 자본이익률이 곧장 상승하는 효과로 이어졌다. 가맹점들이 레스토랑을 잘 운영해감에 따라 매출과 이익이 올라가기 시작했다. 로저는 영웅이 되었다. 이 과정에서 나는 서비스 산업과 소비재 산업이 어떻게 다른지 많이 배웠다. 또한 난생처음으로 투자자들과 직접 소통하는 경험도 했다. 로저 덕분에 펩시코를 담당하는 월스트리트 애널리스트 수십 명과 소통을 하기 시작했고 점차 이들과 관계를 쌓는 것도 즐거워졌다. 다들 똑똑했고 비즈니스 모델에 대해 잘 알았다. 반면에 사업 운영에 대해서는 놀라울 정도로 무지했고 매출이나 경쟁력을 높이는 미묘한 요소를 파고들지 않았다.

1995년 초, 펩시코는 미국증권거래위원회US Securities and Exchange Commition에 연간 기업 실적 리포트인 10-K를 제출했다. '경영진' 아래 내 이름 '인드라 K. 누이, 39세'가 적혀 있었다. 그곳에 이름을 올려 긴장되는 한편 뿌듯하기도 했다. 이름을 확인하니 내가 수행해야 할 책임이 새삼 와 닿았다.

나는 레스토랑 사업 전략 외에도 기획부서를 이끄는 수장을 맡고 있었다. 이제 팀에는 장차 리더가 될 마흔다섯 명의 직원들이 있었다. 이들은 몇 년간 본사에서 일한 후 조직 내 다른 관리직으로 '퍼져나갈' 예정이었다. 펩시코에 막 입사한 이들도 있었고 1~2년 차도 있었다. 3분의 1이 여성이었다. 3~4개월마다 몇 명이 떠나고 또 들어왔다.

내가 맡은 팀에는 국적 다양성이 부족했다. 다들 열심히 일했고 훌륭한 영향력을 발휘했지만 미국인이 아닌 사람들이 많지 않다는 것이 조금 우려스러웠다. 펩시코는 국제 시장에 크게 투자하고 있었고 그 시장에서 활동할 수 있는 인재를 양성해야 했다. 나는 사내 리크루터에게 다음에 오게 될 그룹에는 다양성을 좀 더 고려해달라고 부탁했다. 4개월 후 그는 자랑스러운 얼굴로 새로운 팀원들을 소개했다. 팀원들을 확인한 나는 이 상황이 재밌기도 했고 난감하기도 했다. 전부 캐나다인이었다.

리크루터는 전략기획팀의 소프트볼 전력을 걱정했던 것이 분명했다. 우리 부서가 몇 년 동안이나 펩시코의 우승 트로피를 차지했고, 이 기세를 계속 유지해야 한다고 생각했던 것이다. 적어도 캐나다인들은 소프트볼 규칙을 알고 있고 게임에 참가할 준비가 갖춰져 있었다.

실망한 나는 채용팀에 내가 말하는 다양성이 어떤 의미였는지 설명했다. 다음 해 채용팀은 완벽한 글로벌 팀을 꾸려 내 뜻을 실현해줬지만 전략기획 팀은 소프트볼 트로피를 놓치고 말았다. 하지만 펩시코에게는 결국 이익인 셈이었다.

1996년 초, 전략기획팀에서 정신없이 일한 지 2년 가까이 된 나는 매출, 이익, 손실에 대한 책임과 의무를 짊어지고 기업을 운영하는 역할을 맡을 준비가 되었다. 사업부 운영은 펩시코 내에서 높은 자리로 올라갈 이들이 거치는 경로이자 내 성공에도 반드시 필요한 경력이라는 이야기를 들었다. 웨인은 내게 런던에서 서유럽 지역의 스낵사업부를 이끄는 역할을 맡겼고, 라지와 나는 몇 년간 해외에서 지낼 생각에 들떴다. 열두 살이 된 프리타와 세 살난 타라에게 해외생활이 훌륭한 경험이 될 거라고 생각했다. 라지의 회사도 영국 지사가 있었기에 발령이 가능한 상황이었다. 나는 런던으로 날아가 살 집을 구하고 아이들이 다닐 학교를 알아봤다. 그리니치의 집은 임대를 주기로 했다. 펩시코에서도 우리를 런던으로 보낼 준비를 하기에 바빴다.

안타깝게도 몇 주 후 웨인 캘러웨이의 암이 재발했다는 소식을 들었다. 그는 CEO 자리에서 내려왔고 펩시코 이사회에서는 투표 끝에 로저를 다음 CEO로 임명하기로 결정했다.

런던 이주 준비를 하며 나는 전략부서에서 내 역할을 할 지원자들을 심사하고 있었다. 로저의 승인이 필요한 일이기도 했다. 하지만 '인드라 누이 같은 사람'을 찾던 게르하르트처럼 로저 역시 내가 명단에 올린 사람들을 전부 거절했다. 결국 그에게 이렇게 말했다. "로저, 저는 서유럽 지역의 스낵사업부를 관리하러 유럽으로 떠나야 해요. 이제 누구든 승인을 해주셔야 한다고요."

하지만 그는 눈도 깜빡이지 않은 채 발령이 취소됐다고 전했다. "운영이사를 할 사람은 많지만 당신만큼 전략적으로 나를 도와줄 수 있는 사람은 없습니다." 퉁명스럽기로 유명한 사람으로서 대단한 칭찬을 한 셈이었다. 결국 런던 발령은 없던 일이 돼버렸고 집임대 계약도 취소했으며 양국 학교에도 다시 연락을 했고 이삿짐을 옮기던 것도 중단했다.

소식을 들은 라지와 프리타는 그리 놀라지 않았다. 하지만 나는 실망스러웠고 장기적으로 봤을 때 이번 일이 앞으로 내게 어떤 영향을 미칠지 걱정도 되었다. 한편으로는 로저가 기업을 새롭게 운영하는 데 더 많은 도움을 줄 수 있을 거라는 생각이 들었고, 다른 한편으로는 사업부를 경영해볼 기회를 영영 잃게 될 것 같았다. 내 전략적인 사고력을 높이 사는 것은 고마운 일이었지만 기업의 손익을 책임지는 위치의 사람들이 가장 존경받는 것이 현실이었다. 지금 위치에 머문다면 커리어 성장이 어려운 것은 분명했다.

대개 기업의 시니어 관리직에 있는 사람이 현직에 머물거나 수평 이동한다는 것은 승진 대상이 아니라는 뜻이고, 대체 가능한 인력이라는 의미일 때가 많았다. 한 번 그 위의 화려한 직위로 올라가면 내려올 일은 없었다. 더구나 나는 다른 남성들을 능가해야만 한다고 생각하고 있었다.

라지와의 대화 끝에 지금은 내 커리어를 걱정하기보다는 기업 전체의 이익을 생각해야 하는 때라는 결론을 내렸다. 새로운 CEO가 결정한 일이었고, 그에 따라 내 역할에 충실히 임할 때였다.

사실 CEO에 오른 로저도 힘든 시기를 보냈다. 레스토랑 사업부를 안정화시켜야 했던 그는 해당 사업부의 장기적 전망에 대해 결단을 내려야 했다.

또 다른 위기도 찾아왔다. 전체 음료 매출의 3분의 1을 책임지는 펩시콜라 인터내셔널이 예상 수익에 크게 못 미치는 일이 벌어졌다. 베네수엘라의 보틀러bottler(탄산음료 제조 및 판매 업체-옮긴이)가 코카콜라로 전향하면서 85퍼센트의 시장점유율이 위기에 놓였다. 브라질과 아르헨티나의 보틀러도 재정적 어려움에 처했다. 밥 데트머를 포함한 핵심 임원 몇 명이 사임을 결정했다. 로저는 6개월 내로 문제를 해결해야 할 상황에 놓였다.

로저는 내게 은밀히 레스토랑 사업부의 전략 검토와 사업 예측을 일임했다. 나는 경험이 풍부한 팀과 함께 이 일에 몰두했다. 공식적으로 기업의 손실과 이익을 책임지는 역할은 아니었지만 우리 부서에서는 다양한 수학적 모델을 기반으로 모든 사업부의 분기별 매출과 성장 예측치를 예상하는 업무를 했기에 기업의 재무제표 상황을 잘 알고 있었다. 우리의 분석이 사업부 자체의 재무예측과 독립적으로 진행되었기에 갈등도 있었다. 수치가 서로 다른 경우가 있었고, 우리 부서의 수치가 좀 더 정확할 때가 많았다.

우리가 분석한 예상치를 매 분기마다 로저와 시니어 리더 열한 명에게 보고해야 했다. 이 중요한 회의가 내게 큰 스트레스를 주었다. 참석자 중 여성은 나밖에 없었다. 투자자들의 기대치를 조정하는 데 활용된 우리의 분석 자료를 발표하면 각 사업부장이 반박하는 식이었다.

우리의 분석과 사업부가 제시한 수치가 다를 때 우리 부서를 향해 잔인한 비난이 쏟아졌다. 특히 기획부서가 회사를 경영하려 든다는 말을 들었을 때는 굉장한 모욕감을 느꼈다. 사실 전부 다 가식일 뿐이었다. 우리 부서가 내놓은 모델이 어떤 사업부가 더 높은 성과를 낼 가능성이 있다고 가리키면 사업부장은 거친 말로 화를 냈지만 막상 해당 사업부의 예측이 지나치게 낙관적이라고 할 때는 속으로 분노하는 식이었다. 어느 쪽이든 자신들의 생각이 틀렸다는 것을 CEO에게 드러내고 싶지 않은 것이었다.

분기가 지날수록 회의에 참석한 몇몇이 내게 강한 적대감을 갖고 있다는 생각이 들기 시작했고 참석자 중 누구도 내게 힘이 돼주지 않는다는 사실에 짜증이 났다. 런던에서 열린 회의에서도 같은 상황이 벌어지자 나는 정오경에 그곳을 나와 뉴욕으로 와버렸다. 정말 나답지 않은 행동이었다. 로저도 내 상황을 알고 있었지만 아무 말도 하지 않았다. 시간이 갈수록 뒷짐만 지고 있는 그의 행동에 불만이 쌓이기 시작했다.

1996년 9월, 레스토랑 사업부 전반에 대한 검토를 마친 우리 팀은 이사회에 보고하기 위해 자료를 정리했다. 펩시코 이사회를 처음으로 마주하는 자리였고, 업계의 거물들 눈에 내가 어떻게 보일지 감히 짐작조차 되지 않았다. 이사회 회의 전날이자 분기별 부서장 회의가 예정된 날 나는 로저의 사무실로 찾아갔다.

"로저, 내일 이사회 회의 준비가 다 끝났어요. 회의를 마치고 펩시코를 떠나겠습니다. 지금껏 제게 모욕감을 안겨준 수많은 회의를 견뎠어요. 더는 그러고 싶지 않습니다. 제가 펩시코에 원하는 건 아무것도 없습니다. 그냥 퇴사하겠어요."

고용주를 위해 항상 내 자신을 한계까지 몰아붙이며 일해왔지만, 일에 대한 내 진정성을 존중받지 못하는 것만큼은 참을 수가 없었다. 그날 나는 앞으로 내 커리어가 어떻게 될지는 조금도 신경 쓰지 않았다. 그저 용납할 수 없는 상황에서 벗어나고 싶다는 생각뿐이었다.

내 말에 로저가 움찔했다. 초조한 듯 들고 있던 펜을 몇 차례 돌렸다. 그가 동요하고 있다는 것이 내 눈에도 보였다. 이내 그는 이렇게만 말했다. "조금 후에 다시 이야기합시다."

내 이야기를 듣고 그가 어떻게 조처했는지 알 수 없다. 다만 그날 회의가 몇 시간 뒤로 연기되어 오후 늦게 회의가 시작됐을 때는 분위기가 완전히 달라져 있었다. 모두들 믿을 수 없을 정도로 내게 협조적이었다.

다음 날, 이사회 앞에서 레스토랑 사업부의 전략 리뷰를 발표한 후 이어진 반응에 굉장한 뿌듯함을 느꼈다. 당시 헌트 오일Hunt Oil CEO였던 레이 헌트Ray Hunt는 펩시코는 물론 모든 기업을 통틀어 최고의 전략 프레젠테이션이었다고 평했다. 그의 말이 아직도 기억에 남는다. 하늘을 나는 기분이었다.

두 달 내로 레스토랑 사업부를 어떻게 해야 할지 몇 가지 구체적인 선택지를 제시해야 했다. 레스토랑 사업을 전면 철수하는 방향도 고려 중이었다. 다시 말해 펩시코 매출의 3분의 1을 분리 매각한다는 뜻이었다. 조직문화상 펩시코 내의 많은 사람에게 받아들이기 어려운 결정일 터였다. 세 사업부는 하나의 가족이나 다름없었고, 레스토랑 사업부가 큰 배신감을 느낄 게 분명했다. 하지만 나는 어떤 식으로든 분리하는 편이 소비재 기업에 발목이 매여 있던 레스토랑 사업부에 일종의 해방이 될 수도 있다고 여겼다. 레스토랑 사업부는 독립 상장기업으로 운영돼야 했다.

무섭도록 객관적이어야 할 순간이었다. 이후로도 이런 순간이 수없이 찾아왔다. 훌륭한 비즈니스는 철저한 분석과 흔들림 없는 의지를 바탕으로 한 냉정한 결정이 필요하다. 감정이 자리할 여지는 없다. 리더로서 역경을 마주할 때는 들끓는 감정을 숨기고 평온하게 보여야 하고, 나는 이를 어떻게 해야 하는지 배웠다.

이사회 회의 이후 프리토레이의 회장이자 과거 음식점을 운영한 경험이 있기도 한 스티브 레인먼드Steve Reinemund가 열의 넘치는 얼굴로 내 사무실에 찾아왔다. 로저도 함께였다. "당장 시작합시다." 로저는 이렇게 말했다. 일전의 대화에 대해서는 아무런 말이 없었다. 지난 24시간 동안 보여준 부서장들과 이사회의 노골적인 응원이면 내가 이곳 모든 이에게 중요한 사람이라는 점이 충분히 드러났다고 생각하는 것이 분명했다. 더 이상 다른 말을 할 필요가 없었다.

9개월 후, 우리는 레스토랑 사업부를 트리콘 글로벌 레스토랑Tricon Global Restaurants이라는 상장기업으로 분리시켰다. 이후 얌브랜드YUM! Brands로 이름을 변경한 기업은 현재도 피자헛과 타코벨, KFC 체인을 성공적으로 운영하고 있다.

부서장 회의에서 내게 큰 인상을 남긴 젊은 재무 임원 휴 존스턴Hugh Johnston과 함께 푸드 서비스 기업과 캐주얼 다이닝 체인을 모두 매각했다. 대단히 괴롭고 강도 높은 업무였지만, 투자은행 업무와 기업 매각, 스핀오프spin-off(인적 분할-옮긴이), 스플릿오프Split-off(물적 분할-옮긴이), 기업공개, 그 외 다양한 사안을 심층적으로 배운 기회였다. 이 과정에서 변호사들과 함께 일했고, 투자은행 직원들의 라이프스타일과 업무 처리 방식을 지켜봤다. 내가 그런 직업을 갖지 않게 된 게 다행이라는 생각이 들었다.

1998년 1월 펩시코는 하와이 빅아일랜드에서 펩시콜라 100주년을 축하하는 성대한 행사를 가졌다. 대단한 파티였다. 바다 냄새와 훌륭한 음식이 있었고 밤에는 코앞의 무대에서 연주되는 롤링스톤스 음악에 맞춰 수백 명의 임원진과 배우자들이 춤을 췄다.

그렇다고 업무가 중단된 것은 아니었다. 어느 날 아침 로저는 나를 불러 코카콜라의 주가수익비율이 45배인 데 반해 펩시코는 20배에 불과하다고 알렸다. 이번에는 코카콜라에 대한 심층 분석을 원하는 것이었다.

나는 뉴욕으로 돌아가 열 명가량의 팀원과 함께 글로벌 음료 비즈니스를 파고들었다. 내부 자료든 공식 자료든 찾을 수 있는 것은 모두 찾아 읽었다. 경쟁력 분석을 전문으로 하는 컨설팅 기업인 마르스 앤드 코Mars & co.를 고용했고, 이후 넉 달 동안 코카콜라가 수익을 얻는 방법과 투자자들이 우리보다 코카콜라의 가치를 더 높게 평가하는 이유를 분석했다. 마르스가 제출한 300페이지 분량의 최종 보고서를 완벽히 파악하고 요약해 이사회에 보고할 준비를 마쳤다.

긴 논의 끝에 우리는 그래프 여섯 개와 직관적인 포스터 몇 개에 핵심 메시지를 담아 회의실에 비치된 이젤에 놓았다. 또 다른 중요한 미팅에서는 차트 하나하나를 이사회에 짚어준 뒤 코카콜라의 주가는 지속 불가능하다는 내 결론을 말했다. 코카콜라의 수익 성장은 보틀링 기업의 소수 주주 지분 순이익을 포함한 여러 일회성 요인에 대체로 묶여 있었다. 오래전부터 코카콜라는 음료 제조와 유통 시스템을 독립 상장기업에 맡겨 시럽과 물, 여러 성분을 배합하고 최종 제품을 제조하는 일을 일임했다. 이러한 지분 소유는 일정 범위 내에서 개인의 의지에 따라 커질 수도 작아질 수도 있었다.

회의에서 나는 코카콜라의 주가수익비율에 관여하는 투하자본 이익율이 펩시코보다 높은 이유가 시럽을 제조하고 판매하는 데 주력하기 때문이라고 설명했다.

펩시코는 보틀러를 보유하고 있었지만, 로저는 경쟁사의 금융 공학적 접근법에 큰 관심을 보였다. 우리는 북미 지역 보틀러의 분할에 대해 논의하기 시작했다. 미국 음료 유통에 대한 통제권을 양도한다는 데 걱정스러운 생각이 들었다. 독립적인 보틀러는 나름의 성장 목표를 세우기 시작할 텐데, 그러다 보면 몇 년 후에는 우리가 손해를 입을 수도 있었다.

하지만 결정권자는 내가 아니었다. 모든 사안을 따져본 로저는 펩시코가 보틀링 상장기업을 새로 설립해야 한다고 결론을 내렸다. 우리는 20퍼센트의 지분을 소유하기로 했다.

우리의 코카콜라 전략 리뷰를 통해 경영진과 이사회는 경쟁사가 실적을 달성하는 방법을 자세히 알게 되었다. 코카콜라의 주가는 지속 불가능하다는 우리의 판단이 결과적으로는 옳았다. 로저가 같은 전략을 따르겠다고 결정하자 투자자들이 술렁였다. 1998년 3분기 동안 코카콜라의 주가는 34퍼센트나 급락했다.

이 시기에 내가 성사시켜야 할 거래가 연속적으로 이어졌다. 보틀링 기업 일을 처리하는 중에 시그램Seagram 측에서 로저에게 전화를 걸어 과일 주스 자회사인 트로피카나Tropicana 매입 의사를 물었다.

좋은 기회였다. 펩시코의 안팎 사정을 완전히 파악하게 된 나로서는 부족한 부분이 보였다. 그중 하나가 소비자들이 우리의 음료나 스낵을 오전 10시 전에는 찾지 않는다는 것이었다. 펩시코는 과거 커피 인구를 위한 펩시 A. M.을 시험 판매했지만 실패작으로 남았다. 최고의 오렌지 주스 제조사인 트로피카나는 국제적인 시장으로 세력을 키우고 있는 훌륭한 브랜드였다.

철저히 알아보기 위해 나는 플로리다와 벨기에, 영국을 오가며

3주 동안 강도 높은 분석을 진행했고, 우리는 1998년 7월, 33억 달러에 트로피카나를 매입했다.

나는 펩시코가 제품의 영양 성분에 좀 더 신경 써야 한다는 생각에 사로잡혀 있었다. 탄산음료 매출이 떨어지고 있었다. 소비자들은 점차 탄산이 함유되지 않은 건강한 음료를 찾기 시작했다. 생수 제품인 아쿠아피나Aquafina가 조금씩 주목받기 시작했고, 티와 커피 제품도 괜찮은 성적을 내고 있었다. 레스토랑 사업부를 정리한 상황이었고, 기업의 재무상태표는 상당한 변화를 맞이할 준비가 되어 있었다.

내게 헬스health와 웰니스Wellness는 대단한 기회를 내포한 사업 분야였다. 집에서도 새로운 트렌드를 경험하고 있었다. 언젠가 타라의 생일에 초대된 아이들이 우리가 준비해놓은 펩시를 마셔도 되는지 엄마에게 전화해서 물어봐도 되겠냐고 묻는 모습을 보고 호기심 이상의 관심이 생겼다. 내게는 대단한 위험신호였다.

마케팅팀에게 해당 주제에 대해 상의를 하자고 했다. 우리는 여섯 명의 외부 전문가들로 헬스 및 웰니스 자문위원회를 결성했고, 교수와 전문 영양사 몇 명을 추가로 초빙했다. 거의 사용하지 않는 회의실에 가상의 마트를 꾸미고 우리가 상상하는 21세기 펩시코의 포트폴리오로 건강한 제품만을 채워 선반에 진열했다. 이를 본 로저는 흥미로워했다. 스티브는 우리가 제시한 새로운 방향성이 주력사업에 몰두하는 데 방해가 될 거라며 회의적인 입장이었다. 우리는 가상의 마트를 철수하고 헬스 및 웰니스 자문위원회를 해체했다.

이후 몇 달간은 내가 너무 빨리 항복하고 만 것은 아닌가 하는 생각이 머리에서 떠나지 않았다. 헬스와 웰니스가 우리에게 중요하다는 점을 입증하는 팩트와 수치를 정리해 다시 한 번 도전해봐야 하지 않을까? 현실적으로는 지금 당장 내가 해야 할 수많은 중요한 일들이 먼저였고, 헬스와 웰니스는 나중에 도전해야 할 산이었다.

1994년부터 1999년까지 정말 일만 하며 세월을 보냈다. 밤에 퇴근을 하면 샤워를 한 뒤 엄마가 집에 있을 거라고 안심시키기 위해 플란넬 소재의 나이트가운을 걸치고는 두 아이를 재웠다. 그러고는 이메일을 확인하고, 자료를 검토하다 새벽 1시나 2시에 잠들었다. 가족들과 저녁식사를 한 적이 거의 없었다. 운동도 하지 못했다. 잠도 거의 자지 못했다.

최소 한 달에 두 번은 전 세계로 출장을 다녔다. 이 5년 동안 중국을 여덟 번이나 방문했다. 코카콜라의 시장점유율이 펩시의 세 배나 되는 시장에 어떻게 투자해야 할지 파악하기 위해서였고, 이 중 몇 번은 키신저 어소시에이츠Kissinger Associates의 회장으로 펩시코의 국제 사업을 도와주고 있던 헨리 키신저Henry Kissinger와 동행했다. 로저의 요청에 2주간 아시아를 방문하는 키신저를 따라갔던 적도 있다. 월요일부터 목요일까지 내내 회의를 했고, 주말에는 현지 경영진과 관계를 쌓느라 바빴다. 로저는 업무 외적인 상황에서 이런 사람들과 친해지는 시간을 갖는 것이 중요하다고 생각했다.

나는 그저 집에 가서 가족들과 시간을 보내고 싶을 뿐이었다.

나는 멈추지 않았다. 내 일만으로도 바빴지만 다른 사람들의 업무도 일정 수준 이상의 성과를 내도록 도와야 한다는 생각이었다. 동료 수십 명에게 코치와 멘토 역할을 해주었고 프레젠테이션을 새로 만들기도 했다.

그렇게 지나치게 일하느라 한 가지 가슴 아픈 후회를 남기고 말았다. 옆집에 살던 사랑스런 이웃 메리 워터먼이 유방암으로 세상을 떠났다. 하지만 나는 레스토랑 사업부 스핀오프 건으로 이사회 회의에 쓸 슬라이드 작업을 다시 하느라 장례식에 참석하지 못했다. 사실 그 업무는 다른 팀원 두 명이 해야 할 일이었다. 남성 팀원 두 명은 내게 이렇게 말하며 슬라이드 작업을 맡겼다. "워낙 잘하시기도 하고, 로저가 믿는 분이잖아요."

싫다고 말했어야 했다. 소중한 친구 메리의 장례식 날마저 일을 우선시했던 내 자신을 평생 용서하지 못할 것 같다.

회사 일로 집에서 제 역할을 할 수 없었지만 그래도 내겐 라지라는 구조선이 있었다. 그는 컨설팅 기업의 파트너 자리에 올라 업무량이 늘어난 데다 출장까지 있어 정신없이 바빴지만 한결같이 큰 힘이 되어주었다. 아이들을 태워 다니고 요리도 해주는 가사도우미와 보모가 있어 가정이 잘 유지되었고, 아이들도 안전하게 자랐다. 어머니는 뉴욕에 있는 언니와 동생 가족과 더 많은 시간을 보내고 있었지만, 필요할 때면 언제든 와주었다. 라지의 부모님도 우리가 요청하면 바로 도움의 손길을 보냈다.

두 살이 되기 전 몬테소리 학교에 입학한 타라는 세 살이 되었을 때 세이크리드 하트 유치원에 들어갔다. 낮에는 유치원에서 돌봄을 받으며 바쁘게 지냈고 저녁이면 펩시코에 와서 이리저리 뛰어다니다 누구든 마주치는 사람들과 대화를 나눴다. 아이의 방문을 싫어하는 사람은 없었다. 가끔씩 아이는 내 책상 아래에서 몸을 말고 잠이 들었다.

프리타는 나를 많이 그리워했다. 청소년기에 접어든 아이의 눈에 엄마는 항상 바쁘고 스트레스를 받은 모습이었다. 프리타 입장에서는 시카고에서 엄마와 함께 노래를 부르고 춤을 추던 시절과 코네티컷에서의 어린 시절은 사라지고 타라라는 경쟁 상대가 나타난 셈이었다. 나는 아이들을 깊이 사랑했고 힘들 때는 항상 곁에 있었지만 일상을 함께하진 못했다. 아이의 불안은 날카로운 말로 표출되었고 나는 이 상황을 잘 이겨내려 갖은 노력을 했다.

좀 더 침착하고 조용한 편이었던 타라도 당시의 심경을 고스란히 담은 편지를 내게 쓴 적이 있다. 아직도 그 편지를 내 책상 서랍 안에 보관하고 있다. 커다란 판지에 꽃과 나비 그림을 그리고는 집에 오라고 사정하는 내용이었다. "제발 집에 좀 오면 안 돼요? 그러면 엄마를 다시 사랑해줄게요." 삐뚤삐뚤한 귀여운 글씨로 '제발'이란 단어가 일곱 번이나 적혀 있었다.

수년 동안 출장을 갈 때면 내가 없을 때 프리타와 타라가 읽을 쪽지나 편지를 썼다. 사무실 데스크에서, 차나 비행기로 이동 중에, 호텔에서 잠자기 전에, 시간이 날 때마다 아이들에게 편지를 썼다. 항상 공항 기프트 숍에 들러 스티커나 작은 장난감, 장식품 같은 것을 사서 편지가 담긴 봉투 안에 넣었다. 핀란드, 일본, 브라질 전통복장을 한 작은 인형들이 보기 좋게 집 안을 장식했다. 다른 일들을 하는 와중에도 아이들을 위해 편지를 쓰고 기념품을 사는 것을 나만의 작은 프로젝트로 삼고 계속했다. 물론 내가 실제로 아이들 곁에 있는 것에 비할 수는 없지만, 그래도 아이들과 내가 마음을 나누는 방식이었다. 아이들이 어릴 때 전업주부들처럼 곁에 있지 못했다는 죄책감은 오랫동안 나를 괴롭혔다. 그 당시를 생각하면 굉장히 슬퍼질 때도 있다.

한 번씩 왜 일을 계속하는지 자문했다. 나는 내 일을 진심으로 사랑했다. 회사를 그만두면 괴로울 거라는 것도 알았고 일을 완전히 놓을 생각도 없었다. 좀 더 현실적인 이유는 집을 공사할 때 생긴 채무가 아직 남아 있었고, 두 아이의 사립학교 학비도 꽤 많이 나갔다.

우리가 세운 재정 목표도 있었다. 은퇴 후를 생각해 저축을 했고, 그보다 더 큰 금액은 아이들이 경제적으로 독립할 수 있는 비용을 마련하기 위해 모았다. 마음 깊숙한 곳에서는 우리 둘 중 한 명이 실직하는 상황이 올까 봐 두렵기도 했다. 맞벌이가 우리 부부의 안전망이었다. 이민자였기 때문에 더욱 그랬던 것 같다.

2000년 봄 어느 날, 로저가 내 사무실에 들러 펩시코의 CFO 마이크 화이트Mike White가 스낵사업부를 이끌기 위해 유럽으로 간다는 소식을 전했다. 로저는 내가 현재 하고 있는 역할들에 더해 CFO 자리까지 맡기려는 것이었다. 나는 그에게 생각을 좀 해보겠다고 말했다. 이미 해야 할 일이 너무 많은 터라 더 맡기가 꺼려졌다.

이틀 후인 금요일, 내 사무실로 찾아온 로저는 다음 주에 내가 CFO로 임명되었다는 소식을 발표할 예정이라고 했다. "당신은 이미 그 일을 하고 있다고요. 그러니 빨리 사무실이나 옮겨요."

얼마 후 나는 짐을 챙겨 CEO실 바로 옆에 마련된 CFO실로 자리를 옮겼다. 창이 여섯 개 있는 방이었다. 품질관리부, 세무부, 재무부, 투자자관리부, 위기관리부, 기업기획부의 보고를 맡게 되었다.

그 주 주말, MBA 시절에 봤던 오래된 재무 책들을 꺼내 CFO로서 필요한 내용을 모두 다시 공부했다. 해야 할 일은 항상 많았다.

내게 시간은 굉장히 소중한 자원이었고, 이 자원을 거의 모두 펩시코에 쏟아부었다. '이상적인 근로자'들 사이에서 성공하기 위해선 나부터 이상적인 근로자가 되어야 했다.

인사부에서 주니어 직원들을 대상으로 워크 셰어링work-share 프로그램을 제안했고, 내 업무를 보조하는 비서 두 명이 하나의 직무를 나눠 했다. 내 직급에 있는 사람들은 당연하고, 누구도 업무 스케줄 조정을 요청하지 않은 것 같았다. 소위 유연성 낙인flexibility stigma(회사에 대한 헌신도나 충성도가 떨어진다는 인식을 줄까 봐 두려워하는 심리-옮긴이)이 찍힐까 봐 걱정했던 탓일 것이다.

당시 펩시코의 가장 높은 직급 중 하나에 오른 여성이 있었다. 조직에 20년간 몸담았던 브렌다 반스Brenda Barnes가 1996년 펩시코의 북미 CEO로 임명되었다. 열두 살 미만의 아이가 셋이었던 그녀는 1년을 채 넘기지 못하고 회사를 그만두었다. 그 후 시카고로 이사해 8년간 아이를 키우다 이사회에 참여했다. 브렌다는 여전히 대단한 경영자였다. 그녀는 2005년 새러 리Sara Lee의 CEO 자리에 올랐다.

재능 있고 야심찬 수많은 여성들이 결국 퇴사해야 했듯, 브렌다의 결정도 충분히 이해할 수 있었다. 리더 위치에서의 교전 규칙은 무자비했다. 가정을 위해 타협한다는 건 상상도 할 수 없었다.

브렌다는 나처럼 의지할 가족들이 많은 것도 아니었다. 출장은 계속 이어지는 한편, 먼 곳에서도 아이들의 일상을 공유할 과학기술 수단도 없었다. "결국 시간이 해결해줄 거예요." 1997년 회사를 그만두며 한 매체와 나눈 인터뷰에서 그녀는 이렇게 밝혔다. "미국 기업들이 언젠가 이 문제에 맞서 싸워줄 거라 생각합니다."

누구에게나 하루는 24시간이므로, 이 시간을 현명하게 써야 한다. 아이나 아픈 가족을 돌보는 등 추가로 어떠한 책임을 맡게 될 때는 시간을 더욱 효율적으로 쓰며 업무에 지장이 가지 않도록 하는 수밖에 없다.

원격 소통을 가능케 하는 도구가 있는 오늘날에는 유연업무와 원격근무를 지극히 일상적으로 활용할 수 있어야 한다고 생각한다. 이런 제도를 바탕으로 평일에도 심리적인 괴로움을 느끼지 않고 가정을 꾸리는 데 필요한 의무를 다할 수 있을 것이다.

교대근무를 하는 근로자들은 회사에서 갑작스럽게 전화를 받고 달려 나가거나 업무 스케줄 변경으로 어떤 계획도 세우기 어려운 생활에 너무 오래 시달렸다. 일정 관리를 돕는 과학기술의 지원 하에 안정적인 업무시간을 보장하는 시스템이 교대근로자들을 위해, 특히 가족을 돌봐야 하는 근로자들을 위해 정착되어야 한다. 고용주의 입장에서는 이 정도의 배려를 제공하지 않을 마땅한 이유가 없다.

업무시간을 둘러싼 난제를 조금이나마 해결하려면 한 가지 더 필요한 게 있다. 우리 경제와 일터를 잠식한 '긴급문화culture of urgency'를 해결해야 한다. 데드라인은 대단히 중요하다. 하지만 데드라인은 대체로 임의로 설정되었을 때가 많다.

나 또한 촉박한 데드라인 내에 완수해야 하는 수백 건의 프로젝트를 진행했지만, 대다수는 아마도 며칠 정도의 여유를 더 얻는 것이 충분히 가능했을 것이다. 그 며칠의 여유가 프로젝트의 결과에 큰 영향을 미쳤을까? 보통은 그렇지 않았을 것이다. 그 며칠이 가족을 돌봐야 했던 내 동료들의 가정생활에 영향을 미쳤을까? 단연 그랬을 거라고 생각한다.

CFO 역할에 익숙해져가던 2000년 9월, 퀘이커 오츠Quaker Oats

CEO 밥 모리슨Bob Morrison이 로저에게 전화를 걸어 자사 매입 의사를 물었다.

대단한 제안이었다.

한 세기 가까운 세월 동안 시카고를 지켰던 퀘이커 오츠는 누구나 아는 브랜드였다. 긴 머리에 챙이 넓은 모자를 쓴 퀘이커의 인자한 얼굴이 그려진 빨강과 파랑의 원통형 용기로 널리 알려져 있는 퀘이커는 식품기업이었지만 몇 년간은 다른 사업으로 큰돈을 벌었고, 그중에는 1991년 매각한 피셔프라이스Fisher-Price 장난감도 포함되어 있었다.

연매출 50억 달러를 올리는 이 기업은 퀘이커 오츠와 퀘이커 그래놀라 바, 라이프Life 시리얼과 캡틴 크런치Cap'n Crunch 시리얼, 앤트 저미마Aunt Jemima 팬케이크 믹스와 시럽, 쌀과 쿠스쿠스, 다양한 곡물로 만든 간편식 라이스 어 로니Rice-A-Roni, 니어 이스트Near East 브랜드를 소유하고 있었다. 더불어 스포츠 드링크 게토레이의 인기가 치솟으며 투자자들에게 더욱 매력적인 브랜드가 되었고, 그해 퀘이커 주가는 두 배 상승했다.

펩시코는 오래전부터 퀘이커 오츠를 탐내고 있었다. 2년 전 비공식적으로 합병에 대한 이야기를 나누긴 했지만 딱히 결과로 이어지지는 않았다. 우리 측에서는 물론 이온음료 시장에서 게토레이가 차지한 대단한 시장점유율을 원하고 있었다. 그뿐만 아니라 우리가 사랑하는 퀘이커의 트레이드마크가 트로피카나에 멋지게 더해지면 펩시코의 아침 제품 라인업이 완성될 수 있을 거라 판단했다. 아침식사용 상품을 만들려는 펩시코의 노력이 그다지 성과를 내지 못하고 있었다. 실험적으로 프리토레이 바를 만들었지만 질척이는 식감에 맛도 좋지 않았고, 전반적으로 매력이 떨어졌다.

퀘이커의 매각은 공개된 경매 형식으로 진행되지 않았다. 비밀리에 펩시 측에 연락이 온 것이었다. 온종일 진행될 프레젠테이션을 들으러 나는 로저와 스티브, 그 외 몇몇 임원과 함께 시카고로 향했다. 한 호텔 회의실에서 우리를 맞이한 밥 모리슨과 그의 팀은 우리에게 감명 깊은 이야기를 들려주었다. 몇 년의 힘든 시기를 거친 후 기업을 안정화시킨 이들은 퀘이커가 미국을 넘어 성장하기 위해서는 더 큰 기업의 힘을 빌려야 한다고 생각했다.

논의 끝에 우리는 며칠 뒤 가격을 제시했다. 몇 시간 후 펩시코와 퀘이커가 협상 중이라는 소식이 새어 나가자 부담이 커지기 시작했다. 퀘이커는 우리가 제시한 가격을 받아들였지만 펩시코의 주가가 어느 선 이하로 떨어질 경우 퀘이커 주주들을 보호하는 방어책을 계약에 추가했다.

우리는 은행 측과 만나 해당 조건으로 인수할 때의 장단점에 대해 상의했다. 로저는 이 거래에 관련한 모든 사안에 자신과 스티브, 나까지 세 사람 모두 전적으로 동의해야만 진행할 거라고 했다. 스티브는 추가된 방어책에 불편한 심경을 드러냈고, 우리 측에서 반발해봤지만 퀘이커는 꼼짝도 하지 않았다.

2주간의 협상 끝에 우리가 매입을 포기하자 밥은 굉장히 놀란 눈치였다. 그다음 주, 퀘이커가 자사를 매각할 예정이라는 소식이

널리 알려진 상황에서 코카콜라가 나섰다. 우리는 코카콜라가 게토레이만 취하고 다른 퀘이커 브랜드는 매각할 거라고 생각했다. 걱정도 좀 됐지만 더는 생각하지 않기로 했다.

그렇게 몇 주가 흘렀다. 추수감사절이 있는 11월 말, 로저와 스티브, 나는 댈러스에서 열린 프리토레이의 예산안 회의에 참석했다. 퀘이커는 우리가 신경을 쓰지 않을 거라 생각했겠지만 사실 우리는 그날 코카콜라 이사회에서 변혁적 매입을 안건으로 투표를 진행한다는 것을 알고 있었다. 그날 저녁에는 뉴욕으로 향하는 비행기에 있느라 세 시간 동안 뉴스를 확인할 수 없었다. 비행기에서 내리자 블랙베리에서 불빛이 번쩍였다. 회의적인 워런 버핏이 자리한 코카콜라 이사회에서 140억 달러에 퀘이커를 매입하는 안이 부결됐다는 소식이었다. 우리는 코카콜라가 잘 모르는 식품 비즈니스는 원치 않았기에 이런 결정을 내린 거라고 판단했다.

우리는 약 5초간 말을 잃었다. 그렇다면 다른 선택권이 없는 퀘이커 CEO 밥 모리슨이 펩시코에 다시 연락을 취할 수도 있었다. 그로서는 바이어가 간절한 상황이었다. 우리는 일단 집으로 돌아가 가족들과 추수감사절을 지낸 후 다시 생각해보기로 했다.

로저가 이 상황을 노련하게 처리했다. 우리는 주말 동안 긴 통화를 나눴다. 그는 우리가 처음 제시한 것보다 낮은 금액을 제시하면 밥의 체면이 상할 거라고 설명했다. 우리가 정말 퀘이커를 원한다면, 브랜드와 직원들, 고객, 챙모자를 쓴 푸근한 아저씨의 이미지를 원한다면, 두 기업을 합병하는 과정에서 퀘이커의 CEO

를 이사회에 참여시켜 자문을 구해야 한다고 설명했다. 로저는 기존의 입찰가를 유지하되 주가와 관련된 방어책은 수정하는 것으로 요구하자고 제안했다.

일주일 후, 우리는 펩시코가 134억 달러에 퀘이커를 매입한다는 소식을 발표했다.

로저는 경영진을 뒤흔드는 소식을 한 가지 더 전했다. 인수가 마무리된 후 자신은 펩시코의 CEO와 회장을 사임할 것이고 그 자리는 스티브가 맡을 것이라고 알렸다. 로저와 밥 모리슨은 이사회 부의장으로 참여할 예정이었다. 스티브와 로저, 두 사람은 나를 펩시코의 사장으로 임명하고 이사회에 합류시키는 결정을 내렸다. 12월 1일 금요일, 늦게까지 사무실을 지키던 내게 댈러스에 있던 스티브가 전화로 소식을 알렸다.

형용할 수 없을 정도로 기뻤다. 굉장한 일이었다. 펩시코의 사장이라니. 이사회라니. 우와!

곧장 퇴근 준비를 했다.

집으로 차를 몰았다. 밤 10시의 겨울 거리는 어둡고 평화로웠다. 운전을 하는 15분 동안 내가 이룬 업적을 마음껏 기뻐했다. 열심히 일했고, 많은 것을 배웠으며, 마침내 내 자리를 얻은 것이었다.

주방에 난 문으로 들어가 열쇠와 가방을 카운터에 올려놨다. 너무나 기뻐 어쩔 줄 몰랐고 당장이라도 가족들에게 알리고 싶었다. 그때 어머니가 보였다. 나는 소리쳤다.

"정말 믿을 수 없는 소식이 있어요!"

"소식은 이따 전해줘도 되고, 가서 우유나 좀 사와라."

"왜 라지한테 부탁하지 않으시고. 라지는 집에 들어온 지 좀 된 것 같던데요."

"피곤해 보이더구나. 괜히 번거롭게 하기 싫었어."

나는 열쇠를 챙겨 차에 오른 후 약 1.6킬로미터 떨어진 스톱 앤드 숍Stop & Shop에서 1갤런(3.78리터-옮긴이)짜리 우유를 한 통 샀다. 다시 주방문을 통해 집으로 들어온 나는 화가 잔뜩 나 있었다. 나는 플라스틱 우유통을 카운터 위에 쾅, 내려놨다.

"조금 전에 펩시코 사장이 됐는데, 잠깐 제 이야기 좀 들어주지 그러셨어요."

목소리가 높아졌다.

"당장 우유나 사오라고 등이나 떠밀고요!"

"내 말 잘 들으렴." 어머니가 말했다. "펩시코인지 뭔지 사장이 됐을지 몰라도 집에 오면 넌 아내이자 엄마이자 딸일 뿐이야. 누구도 네 역할을 대신 해줄 수 없어. 그러니 사장이란 왕관은 차고에 두고 집에 들어오렴."

8

퀘이커 오츠 컴퍼니를 134억 달러에 인수하는 과정은 고속 롤러 코스터를 탄 것과 비슷했다. 같은 안전벨트에 묶여 구불구불 펼쳐진 길을 무서운 속도로 내달리던 로저와 스티브, 나는 조금 두렵기도 했지만 마지막에는 굉장히 신나고 만족스러운 얼굴을 하고 있었다.

펩시코 주주들은 새롭게 떠오르며 몸집을 키워가는 스포츠 드링크 시장의 최강자, 게토레이에 초점을 맞췄다. 주주들은 세계적인 스타 선수들과 제품이 만났을 때 펼쳐질 눈부신 가능성을 기대하고 있었다. 최고의 농구 선수인 마이클 조던을 모델로 내세운 광고가 벌써 TV에 나오고 있었다. 어린 선수들에게 '마이클처럼 돼라Be Like Mike'는 메시지를 담은 광고의 CM송은 누구나 따라 부를 정도로 인기를 얻었다. 비탄산음료 라인인 아쿠아피나 생수, 립톤 아이스티에 게토레이를 더하면 해당 사업 분야에서 펩시코 지분이 두 배로 커져 미국 판매의 30퍼센트에 이를 것으로 예상되었다.

두 기업의 만남에서 퀘이커가 해줄 역할도 무척이나 마음에 들었다. 머릿속으로 오트밀, 그래놀라 바, 팬케이크, 시리얼 제품과 트로피카나 퓨어 프리미엄Tropicana Pure Premium이 함께 놓인 아침 식사 테이블을 그렸다. 더 건강한 음식이 내 관심사였다. 아침마다 교복을 입고 바쁘게 등교 준비를 하는 열네 살 프리타와 여섯 살 타라는 무거운 책가방을 짊어지고 아침식사용 영양바나 시리얼이 담긴 작은 봉지를 들고 집을 나섰다. 자녀를 둔 바쁜 가정에 편리하면서도 영양가 높고 맛도 좋으면서 가격이 적당한 식사거리가 필요하다는 것을 잘 알고 있었고, 펩시코가 더 많은 사람에게 더욱 자주 끼니를 제공할 수 있을 거라는 생각이 들었다.

우리는 펩시코 본사에서 퀘이커 매입 소식을 화려하게 공표했다. 로저는 전날 내가 긴장 속에 밤을 새며 준비한 최종 프레젠테이션 자료로 투자자들 앞에서 발표를 진행했다. 수십억 달러의 성과를 자신의 업적으로 포장하는 보통 CEO들과는 달리 그는 자신을 포함한 세 사람이 어떠한 과정을 거쳐 계약을 성사시켰는지 설명했다. 그는 나를 이사회 회원이자 펩시코 미래의 핵심적인 인물로 치하했다. 기업의 중요한 행사에서 이렇듯 가장 주목받는 인물로 나선 것은 처음이었다.

게토레이와 펩시 서른여섯 병을 앞에 세워두고 밥 모리슨과 나란히 서서 기념사진을 찍었다. 로저는 자랑스럽게 츄이Chewy 그래놀라 바를 집어 들었고, 스티브는 프리토를, 나는 하프 갤런 용량의 오렌지 주스를 들었다. 높은 지위에 오른 유색 이민자 여성의 사진은 미국 비즈니스가 진화하고 있다는 의미였을까? 여성들에게 리더 위치에서 더욱 많은 기회가 주어질 것을 예견하는 것이었을까?

퀘이커 인수라는 큰 계약을 협상하고 발표하는 일련의 과정은 스릴 넘치는 경험이었다. 이제부터는 본격적으로 일을 시작해야 했다. 퀘이커 오츠를 흡수하는 것으로 굉장한 효율성을 불러올 수 있고, 5년 넘게 최소 3억 5,000만 달러의 비용 절감을 노릴 수 있다고 온 세상에 공표한 바였다. 이것으로 우리는 단기적인 재정적 부담을 덜고, 스낵사업부의 외국 시장 확대 등 큰 규모의 아이디어에 투자할 여유도 얻을 수 있었다.

4/3의 사무실로 돌아온 우리는 인수 후 통합 과정이 잘못되면 성공적인 인수 자체를 완전히 망칠 수도 있다는 것을 잘 알고 있었다. 다들 업계에서 목격한 일이었다. 기업 합병 과정이 매끄럽게 진행되지 못하면 그 결과는 앞으로 몇 년간 재무상태표와 투자자들의 머릿속에 남을 것이고, 우리 회사의 신용도에 악영향을 미칠 터였다. 두 기업을 어떻게 통합해나갈지 3개월 내로 아주 상세한 계획을 세워야 했고, 조금의 차질도 없이 진행해야 했다. 또한 미국 정부의 승인도 받아야 했고, 이 과정에서 연방거래위원회Federal Trade Commission, FTC에 게토레이가 펩시코의 마케팅과 유통력을 이용해서 경쟁상품이 스포츠 드링크 시장에 진입하는 것을 가로막거나 가격 인상으로 고객에게 해를 끼치지 않을 거라는 점을 입증해야 했다. 가장 큰 문제는 우리가 점유율과 인기 면에서 하락세를 타고 있는 스포츠 드링크, 올 스포츠All Sport를 보유하고 있다는 점이었다. 게토레이의 진정한 경쟁상품은 코카콜라의 파워에이드밖에 없었다.

FTC가 인수 합병에 반대하고 나서면 퀘이커는 펩시코의 라이벌로 남게 되는 것이었다. 그 때문에 기획팀은 비밀리에 업무를 진행해야 했다. 우리는 트로피카나 유럽 사업부를 맡은 브라이언 코넬Brian Cornell과 프리토레이의 세일즈 마케팅 책임자인 존 컴튼John Compton에게 연락을 취해 두 사람이 소수의 컨설턴트와 소통하는 임무를 맡게 했고, 이를 사내 다른 직원들에게는 비밀로 했다. 나는 하루에도 몇 번씩 그들과 통화를 했다. 금요일 오전 7시마다 우리는 두 시간 동안 전화 회의를 하며 비용 절감 전략과 이를 실행할 방안에 대해 논의했다. 긴박함과 긴장감이 감도는 시기였다.

한편 "큰 사안에 과감한 변화를"이라는 구호로 자신의 경영 스타일을 요약한 쇼맨, 로저 엔리코가 사임을 앞두고 있었다. CEO로서 그는 레스토랑 사업부를 손본 후 분리시켰고, 북미 보틀러 업체들을 상장기업으로 전환했으며, 좀 더 균형 잡힌 제품 포트폴리오의 기틀을 마련했다. 이사회에서 완벽한 신뢰를 얻었던 로저가 수장이 아니었다면 이러한 변화는 불가능했을 것이다. 펩시코는 재정적으로도 좋은 상태에 있었다.

직관적이고 대담한 로저에게서 정말 많은 것을 배웠다. 좋게 말해 '흥미로운' 사람들에게만 관심을 보였던 그는 나를 좋아해주었다. 그는 나의 멘토 역할을 해주었고, 이런 그의 태도는 다른 사람들에게 내가 더 큰 것을 누릴 사람이라는 점을 암시했다. 로저의 스타일이 때때로 혼란스럽고 짜증스럽기도 했지만 나는 그를 진심으로 존경했고, 우리는 서로를 이해하는 사이였다. 그가 지닌 지식과 내게 베푼 우정이 나를 앞으로 나아가게 했다.

로저의 뒤를 이어 CEO 자리에 오른 스티브 레인먼드는 완전히 다른 스타일이었다. 진중하고 꼿꼿하며 종교적인 그는 윙 팁wing tip(구두의 발등을 감싸는 부분인 어퍼에 W자 날개 모양의 장식이 들어간 디자인-옮긴이) 구두를 신고 소매에 자신의 이름 이니셜이 새겨진 빳빳한 화이트 셔츠를 입었다. 1980년대 중반, 피자헛 인수 때 펩시코에 합류한 그는 홈 딜리버리 서비스를 도입해 경쟁사인 도미노를 앞질렀고 미국 피자 업계에 변화를 불러왔다.

7년 후 프리토레이의 CEO가 된 스티브는 영업에만 집중했다. 솔티 스낵을 제조하는 것부터 소매업자에게 유통하기까지의 전 과정을 완벽히 파악하고 있었다. 뛰어난 세일즈맨이었던 그는 소매업체 CEO와 상점 매니저들을 찾아가고 배달 트럭도 직접 운전했다. 펩시콜라가 영국 팝스타 스파이스 걸스와 수백만 달러의 광고 계약을 체결할 때 프리토레이 토스티토스는 시트콤 〈베벌리 힐빌리스Beverly Hillbillies〉 출연진이 전자레인지로 나초를 요리하는 광고를 통해 점유율을 높여갔다.

스티브는 펩시코 전체를 운영하는 수장의 자리에 올랐음에도 IT나 연구개발 등 기능 부서에 많은 자본을 투입하는 것을 극도로 싫어했다. 그는 각 부서의 분산과 완벽한 독립이 중요하다고 믿었다. 비용에 지극히 민감했던 터라 프리토레이 본사의 세탁 서비스를 일주일에 2회로 줄이고 화장실 휴지는 두 겹에서 한 겹으로 바꿨다는 루머도 돌았다. 로저는 스티브에게 '원 플라이one-ply(한 겹-옮긴이)'라는 별명을 붙였다.

뉴욕 퀸스에서 태어나 홀어머니 아래서 자란 스티브는 메릴랜드 주 애나폴리스의 미국해군사관학교US Naval Academy를 졸업했다. 5년간 해군으로 복무하며 닉슨과 포드 대통령 시절 정복을 입고 백악관과 캠프 데이비드Camp David에서 근무했다. 한 번은 그에게 긴장을 풀고 흐트러진 모습을 보인 적이 있는지 농담처럼 물은 적이 있다. 한 시간 후 그는 넥타이를 비뚤게 매고 헝클어진 머리로 활짝 웃으며 내 사무실로 찾아왔다. 재밌는 면도 있었고 자신을 낮춰 웃음을 주기도 했지만 그런 모습을 보이기 위해 노력을 해야만 하는 사람이었다.

한편, 그는 늘 옳은 일을 하기 위해 애썼다. 하와이에서 열린 펩시콜라 100주년 기념식이 너무 호화스럽다고 여긴 그는 행사에 불참했다. 로저가 주말 동안 진행되는 팀 빌딩team-building 프로그램을 위해 시니어 경영진을 펩시코 제트기에 태워 몬태나나 케이맨 제도로 데려갈 때면 스티브는 아내 게일Gail과 네 아이와 함께 집에서 주말을 보내는 쪽을 택했다.

로저의 여행은 항상 남성들만 참여했던 터라 나는 물론 초대받은 적이 없었다. 집에서 시간을 보내고 싶었던 내게는 잘된 일이었다. 또한 내 의견을 물을 수 없거나 내가 없는 상황에서 로저가 중요한 사안을 결정하고 진행시킬 일은 절대 없을 거라는 확신도 있었다.

스티브의 검소하고 꼼꼼한 스타일은 그가 CEO에 오른 2000년도의 펩시코에 마침 필요했던 접근법이었다. 레스토랑 사업부가 없는 우리는 이제 온전한 소비재 기업으로 재탄생했고 간결해진 핵심 사업 분야에서 대단한 수익을 거둬야만 하는 처지였다.

1999년, 최고경영자 역할을 배워나가고 있던 스티브는 내게 프리토레이의 주요 로지스틱스(물적 유통을 가장 효율적으로 수행하는 토털 시스템-옮긴이) 시스템을 관리감독하라는 임무를 내리며 그가 '소수점의 오른쪽'이라 표현한 페니pennies에 대해 깊이 배우도록 했다. 정확한 판단이었다. 그는 내가 수십 건의 수백만 달러 그리고 이번에는 수십억 달러의 거래를 해오며 소수점의 왼쪽에 놓인 큰 숫자들은 쉽게 다룬다는 점을 간파하고 있었다. 나는 센트가 모이고 모여 어떻게 펩시코의 수익을 만드는지는 제대로 이해하지 못하고 있었다. 사실 인도에서 메터 비어드셀 소속으로 상점을 다니며 실과 날염 원단을 방문판매할 때 이후로는 작은 숫자를 다룬 적이 없었다.

스티브가 내준 프리토레이 과제로 7개월 동안 매주 플레이노에 방문했다. 월요일 새벽 4시 30분에 공항으로 출발해 목요일 저녁까지 단조로운 메리어트 호텔에서 지냈다. 가족들이 너무 그리웠지만 당시만 해도 스마트폰, 문자 메시지, 페이스타임FaceTime, 줌Zoom 같은 과학기술이 없었다. 라지와 아이들과 통화를 했지만 밤늦게 안부를 묻는 전화는 늘 짧게 끝나기 마련이었고, 서로 이런저런 이야기를 주고받는 대화는 하지 못했다. 보모와 가사도우미가 있었고 내가 출장 가 있을 때면 밤에는 라지가 매일같이 집을 지켰다. 우리는 어떤 상황에도 밤중에는 아이들을 도우미들과만 두지 않기로 결심했다. 그러기 위해선 나와 라지가 사전에 계획을 세우고 일정을 조정해야 했다. 프리타는 막 고등학교에 입학한 상태였고 타라는 1학년이었다. 며칠씩이나 아이들과 떨어져 지내기에는 너무나 중요한 시기였다.

나는 주어진 일에 집중했다. 프리토레이 상품을 시장에 전달하는 점포 직배송DSD 시스템에 대해 근본적으로 재고해야 했다. 레이즈, 도리토스, 워커스를 포함해 솔티 스낵은 보통 파손을 방지하기 위해 봉투에 공기를 주입하고, 그 결과 부피는 크지만 무게는 가벼운 화물로 둔갑한다. 또한 판매 속도가 빨라 상점 선반에 계속해서 제품을 채워야 한다. 이 모든 특징을 고려했을 때 수백만 봉지의 스낵을 공장에서 고객에게 전달하는 최선의 방법은, 가능하다면 상점에 직접 배송하는 것이었다. 세계에서 가장 크고 정교한 DSD 시스템을 자랑하는 프리토레이는 북미 지역에만 제조 공장 40개에 대규모 창고 230개, 소규모 선반식 창고 1,760개, 그리고 대규모 트럭 부대와 더불어 상품 주문을 기록하는 작은 기기를 들고 다니는 영업사원들을 갖추고 있었다.

1990년대 프리토레이는 새로운 맛과 모양의 신제품과 기존 라인을 확장한 제품을 빠르게 만들어내며 3~4개월마다 새로운 상품을 출시했다. 소비자들은 다양한 제품에 환호했고, 회사는 새로운 시즈닝을 더하는 것이 제조 면에서 큰 비용이 들지 않아 좋았다. 거의 모든 제품이 옥수수 또는 감자로 만든 칩의 변형이었다. 그뿐만 아니라 신상품은 곧 매출이었다. 새로운 맛을 출시하고 상점 선반에 대대적으로 진열하면 수많은 사람이 시험 삼아 집어 들었다.

이런 요인들이 DSD 시스템에 큰 부담을 안겼다. 상점 유형에 따라 다른 패키징이 필요했고 신제품이 출시될 때마다 유통 구조가 더욱 복잡해졌다. 가령 편의점은 간단히 요기하는 고객들을 위해 3.25온스(약 92그램-옮긴이)짜리 점핑 잭 치즈 도리토스Jumpin' Jack Cheese Doritos를 들여놓고 싶어했다. 한편 코스트코 같은 대형 매장을 찾아 한 달에 한 번 스낵을 구매하는 소비자들은 여러 개를 한 번에 구매하는 멀티팩 상품을 선호했다. 우리는 수백 가지의 다양한 제품을 만들고 운송해야 했다.

스티브는 DSD 시스템의 효율을 두 배로 증가시키고 운송 가능한 상품의 다양성을 30퍼센트 높이고자 했다. 그러기 위해서는 현재 물류 시스템에서 불필요한 요소들을 제거하고, 영업사원이 소지한 소형 컴퓨터부터 유통센터의 반입·반출 시스템, 상점 및 판매 지역의 매대 구성까지 전부 업그레이드해야 했다. 매우 복잡한 과제였다.

물론 프리토레이에서 온갖 고생을 할 때만 해도 1년 후 우리가 퀘이커를 매입하리라고는 상상조차 못했다. 지금 생각해보면 아주 작은 데서부터 비용을 절감할 방법을 고민하고 배울 수 있었던 플레이노에서의 경험이 내게 큰 자산이 되었다. 브라이언, 존과 인수 후 합병 계획을 세우던 당시 나는 작지만 중요한 요소들을 찾아내는 데 어느 정도 전문성을 갖추고 있었다.

아무도 모르게 브라이언과 존은 펩시코와 퀘이커의 규모를 활용해 포장재부터 시설, 트럭 타이어, 밀과 귀리 등 재료에 이르기까지 비용을 줄일 방법을 찾았다. 인사, 회계, 법무 등의 부서와 기능을 통합할 계획도 세웠다. 두 사람은 퀘이커 창고의 영업팀이 트로피카나와 우리 DSD 시스템으로는 여의치 않은 소량의 프리토레이 제품도 함께 유통시킬 세부적인 방법도 찾았다. 몇십만 달러에서 많게는 몇천만 달러까지 비용 절감이 가능한 200건의 방안을 마련했다. 200건의 프로젝트를 일일이 분석하고, 평가하고, 적용하고, 실행하는 모든 과정을 1년 안에 마무리해야 했다. 그중 대부분의 과정은 4개월 내로 마쳐야 하는 상황이었다.

이런 노력들 끝에 우리는 최종적으로 5년이 넘는 동안 7억 달러를 절감했고, 이는 우리가 추정한 3억 5,000달러의 두 배에 이르는 수치였다.

안타깝게도 정부 승인 과정이 우리의 기대만큼 매끄럽게 진행되지 않았다. 첫 검토 이후 FTC 측에서는 게토레이를 인수하는 것으로 펩시코가 탄산음료 업계에 지나친 세력을 갖게 되는 것이 아닌지 다시 한 번 검토해야 한다고 알렸다. 우리는 더 많은 데이터와 상세한 경제 모형, 분석 안을 준비해 대응해야 했다.

어느 날 스티브가 사무실을 찾아와 법무팀과 함께 FTC 일을 진행해달라고 요청했다. 지뢰밭이나 다름없는 일이라고 생각했다. 굉장한 혼란과 곤욕을 경험할 일이었다. 워싱턴의 정부기관과 소통해본 경험이 전무했고 이미 다른 여러 업무로 정신이 없는 상황인 것은 물론, 내게는 가정도 있었다. 어떻게든 거절해보려 했지만 스티브 또한 이런 업무를 해본 적이 없었고, 내가 맡아야만 안심이 될 것 같다고 말했다. 힘들게 성사시킨 퀘이커 인수 계약이 무산돼도 우리 두 사람이 최선을 다했다고 말할 수 있어야 한다고 설명했다.

지금까지와는 차원이 다른 효율성을 발휘해야 할 때였다.

라지도 일이 바빠진 터라 어머니에게 우리 집에 와달라고 부탁했다. 이후 몇 달간은 6시에 출근했다. 상황이 좀 나아졌을 때는 일주일에 사흘 정도 9시 출근이 가능했다. 나를 위해 대기하고 있는 펩시코 비행기에 변호사들과 함께 올라 워싱턴으로 향했다. 업무를 마치고 오후 3시에는 다시 비행기를 타고 4시 30분경 사무실로 복귀했다. 직원들에게 FTC 측에서 제기한 질문에 답변하는 업무를 맡긴 뒤 나는 전날 작성된 우리 측 답변을 검토하고 다른 여러 업무를 처리했다. 퇴근하고 집에 오면 밤 10시였고 다시 침대에 자리를 잡고 앉아 자정이 넘도록 이메일을 확인하고 해야 할 일들을 정리했다. 그 몇 달 동안은 우리 팀 전체가 정신없이 바쁘게 일했다.

2001년 8월, 펩시코의 퀘이커 오츠 매입을 두고 FTC 위원 네 명이 투표를 진행했다. 아슬아슬한 결과가 나왔다. 2-2 타이였다. 즉 인수 건이 승인되었다는 뜻이었다. 스티브와 나는 형용할 수 없을 정도의 안도감을 느꼈다.

이 과정 내내 FTC 사람들에게 굉장히 감탄했다. 이들은 복잡한 비즈니스를 배우기 위해 집중력을 발휘해서 빠르게 학습해나갔다. 처음에는 비즈니스에 대해 전혀 몰랐지만 우리가 보내준 자료를 전부 읽은 뒤 까다롭고 통찰력 있는 질문도 했다. 연방정부에서 일하는 사람들은 민영기업만큼 높은 연봉을 받지 않았고, 습도 높은 여름의 몇 개월간 나와 소통했던 사람들은 건물 보수로 에어컨도 없는 곳에서 근무했다. 그럼에도 이들은 시장 경쟁의 부재로 나타날 수 있는 부작용에서 미국 소비자를 보호하겠다는 일념 하나로 200박스에 가까운 자료를 샅샅이 살폈다. 철두철미한 검토와 조사를 거쳐 성사된 인수였다.

가끔은 우리가 낸 세금이 FTC에서 어떻게 쓰이는지 전 국민이 볼 수 있으면 좋겠다는 생각까지 들었다. 공익을 위해 이토록 잘 쓰이고 있다는 사실을 확인한다면 자랑스러운 마음이 생길 게 분명했다. 몇 년 후 나는 FTC 100주년 행사의 기조연설 요청을 받고 기쁜 마음으로 응했다. 그 자리에서 나는 FTC와 일했던 경험을 회고하며 당시 이들이 보여준 고된 노력과 희생에 뒤늦게 감사 인사를 전했다.

인수 계약을 마무리하고 한 달 후, 나는 또 한 번 사무실을 옮겼다. 코너에 자리한 고급 집무실 한쪽에는 창이 일곱 개, 다른 쪽에는 세 개로 총 열 개나 나 있었다. 멋진 목재 바닥의 널찍한 사무실에 내가 처음 입사했을 때 샀던 가구를 들여놓겠다고 고집을 부렸다. 사무실이 너무 크다 보니 허전해 보이기까지 해 로저가 쓰던 소파와 의자 몇 개를 들여놨다. 정확히 뭔지는 몰라도 내가 마침내 뭔가를 '이뤄낸' 것 같은 기분이었다.

연봉 인상폭 또한 대단했다. 내 상사가 된 스티브는 내가 과거 CFO 이상의 책임과 의무를 수행했지만 이 점이 연봉에는 반영되지 않았다는 것을 알게 되었다. 당시 로저는 그리 신경 쓰지 않았고 인사부에서도 따로 연락이 없었기에 나도 말을 꺼내지 않았다.

내 일을 사랑했고 CFO 사무실에 앉아 있는 것만으로도 특권처럼 여겼다. 열심히 일해야만 한다고 생각했다. 돈은 내 동기가 아니었고, BCG에서 처음 커리어를 시작하던 때와 비교하면 연봉은 상당한 수준이었다. 남성 동료들과 비교를 한 적은 없었지만 나중에 알고 보니 몇 명은 꽤 오래전부터 굉장히 후한 스톡옵션을 받았다는 것을 알게 되었다. 펩시코에 합류한 후 6년간 나는 그런 보상을 받은 적이 없었다. 새 CEO는 의미 있는 연봉 인상과 함께 이사회에 내게 스톡그랜트_{stock grant}(회사 주식을 무상으로 주는 인센티브로 즉시 현금화할 수 있다-옮긴이) 지급을 제안했다.

여성이 남성과 동등하게 보상받지 못한다는 문제를 덮어두려하는 사람들을 지켜보며 항상 의아한 생각이 들었다. 왜 인사부 사람들은 이 부당함을 용인했던 걸까? 부서장의 성별과는 관련이 없는 듯 보였다. 구성원의 다양성 프로그램에는 열의를 보였지만, 내가 전도유망한 여성 임원이 같은 직급의 남성보다 월급이 적은 이유가 무엇인지 물으면 곧장 방어적인 모습을 보였다.

미국 여성의 연봉 중앙값은 대체로 남성의 80퍼센트 정도다. 내가 몸담은 세계에서는 임금 차이가 이보다 적었다. 여성은 같은 일을 하는 남성과 비교해 기본급의 95퍼센트를 받았다. 왜 여성 직원이 5퍼센트를 덜 받는지 문의하면 "별 차이 없잖아요. 별 거 아니에요" 같은 이야기를 들었다. 가끔씩은 "그렇다면 남자 직원 연봉의 105퍼센트를 여성 직원에게 지급하면 되겠네요"라고 대꾸하기도 했다. 먼저 문제를 확인하고 구조적으로 해결할 방법을 마련했어야 하는 인사부에서조차 이런 태도를 보이는 현실에서 임금 불평등에 대한 논쟁은 힘겨운 싸움이었다.

급여 예산을 관리하는 사람이 남자가 더 많이 받아야 한다는 생각에 사로잡혀 있는 경우가 많았다. 인사부가 본질적으로 남성을 더욱 이상적인 근로자라고 여기기 때문일지도 모른다. 여러 업계에 소속된 수많은 친구와 대화를 나눴고, 우리가 아무리 분개한들 연봉 차별은 여전히 지속되고 있다는 현실을 확인했다.

FTC의 승인을 받고 퀘이커 인수를 마무리 짓는 것과 맞물려 집에서도 한결 여유로운 시기가 찾아왔다. 아이들이 좀 더 크면서 우리 손을 덜 필요로 하기 시작했고, 스타트업 컨설팅을 맡은 라지는 미국과 인도를 오가며 집을 비우는 시기가 늘어났으며, 나는 미국에서 진행되는 프로젝트로 바빴다. 하지만 이제는 회사 전세기를 사용하는 혜택을 누릴 수 있었다.

내게는 굉장한 일이었다. 지금껏 펩시코에서 일하며 시니어 경영진이 출장이나 때로는 개인적인 용도로 전세기를 이용하는 모습을 자주 봤지만 나는 항상 여객기를 타고 다녔다. 트로피카나 계약 건으로 2주 넘게 유럽과 플로리다의 주스 공장을 힘들게 오갈 때도 로저는 내게 전세기 이야기를 꺼내지 않았다. 나도 요청하지는 않았지만, 어쩌면 내가 먼저 요구해야 했는지도 모른다. 내가 어린 두 딸을 기르는 워킹맘이란 사실을 먼저 생각해주거나 배려해준 사람은 없었다.

회사 전세기에 대해 말하는 것이 어느 정도의 엘리트 의식을 드러낸다는 점은 알고 있다. 하지만 사업가들을 특히 글로벌 기업을 운영하는 사람들을 태우고 전 세계로 이동하는 비행기가 수천 대가 넘는 것이 현실이다. 펩시코의 사장이 되어 이런 편리함을 누리기 시작하자 굉장한 생산성을 발휘할 수 있었다. 이동 중에도 아무런 방해를 받지 않고 일하며 보안에 대한 걱정 없이 기밀문서를 읽거나 회사 내부 이야기를 할 수 있었다. 비행기는 이동 집무실이나 다름없었다. 당일치기 출장임에도 여러 곳을 들를 수 있었다.

그 어느 때보다 자주 가족들과 저녁을 함께했고 아이들의 숙제도 도와주었다. 아이들이 잠들면 거실에 앉아 양키스 경기를 음소거로 틀어놓고는 업무 관련 서류를 읽었다.

미국 국가 장학생National Merit Scholar 최종 후보까지 올랐던 프리타는 똑똑하고 쾌활하며 재치 넘치는 아이였다. 하지만 10대 시절이 그리 수월하지는 않았다. 여학생들에게는 힘든 시기인 것도 맞지만, 늘 출장으로 집을 비우는 데다 업무시간을 조정해 자신이 바랄 때 집에 있어주는 것도 불가능한 엄마를 둔 아이에게는 더욱 힘든 시기였다. 여자아이들이 한 집단에서 함께 오래 생활할 때 발생할 수 있는 파벌 나누기나 사소한 다툼에 지친 아이는 세이크리드 허트 생활도 더는 즐거워하지 않았다.

무엇보다 라지와 내가 1970년대 인도의 가치 체계를 들먹이며 아이를 옭아매려 했던 것도 문제였다. 당시 프리타 또래의 아이들 사이에 유행했던 옷은 하나같이 얇은 어깨끈이 달려 있었고, 우리는 그런 옷을 탐탁해하지 않았다. 토요일 저녁에는 8시 전까지 집에 와야 한다고 했고, 친구들을 우리 집으로 부르면 될 것을 왜 항상 나가서 노느냐고도 했다. 그때만 해도 우리가 옳다고 생각했다. 이제 생각해보니 아니었던 것 같다.

여러모로 프리타에게는 괴로운 시기였다. 아이는 집에서 몇 시간이나 떨어진 코네티컷의 한 기숙사 학교로 옮겨 고등학교 과정을 마치기로 했다. 졸업 후 아이는 해밀턴대학Hamilton College에서 지질학과 환경과학을 전공하며 미래를 위해 지구를 보호하고 지켜나갈 꿈을 키워갔다. 우리 부부는 프리타가 무척이나 자랑스러웠다.

초등학생이었던 타라는 세이크리드 허트에 만족했고, 내가 출근길에 학교까지 데려다줄 때가 많았다. 아이가 차에서 내리면 나는 창문을 내리고 밝은 목소리로 소리쳤다. "세상에서 가장 사랑해!" 아이도 좋아하는 것 같았지만 좀 크기 시작한 후부터는 몸을 돌리고는 낮게 읊조렸다. "엄마. 그만 좀 해요. 부끄럽단 말이야!" 그래도 나는 멈추지 않았다.

몇 년째, 학교의 젊은 교사가 우리 집으로 와 늦은 오후에 타라와 함께 있으면서 숙제를 도와주었다. 여러모로 큰 도움이 되었다.

라지가 수년간 타라의 수학 공부를 봐줬지만 의도와 다른 결과가 나올 때가 많았다. 한 번씩 아이가 어쩔 줄 몰라 하는 목소리로 나를 다급히 불렀다. "엄마, 도와줘요. 아빠가 학교 선생님들이랑 다르게 가르쳐요. 너무 헷갈려요." 그럼 라지가 나지막이 중얼거렸다. "그 선생들은 아무것도 모른다고." 인도에서 라지가 배운 방식과 세이크리드 허트의 방식이 굉장히 달랐다.

워킹맘으로서 소소한 좌절을 경험할 일은 계속 있었고, 아직도 마음 한편에 낮게 드리워진 죄책감에 시달리고 있다. 가령 수요일 오전마다 한 번씩 엄마들을 위한 다과회가 열렸는데 나는 거의 참석하지 못했다. 프리타는 이런 내 상황을 마지못해 이해했지만 타라는 내가 '진짜 엄마'가 되어 다른 엄마들처럼 다과회에 왔으면 좋겠다고 서슴없이 말했다. 내가 뭘 어떻게 할 수 있을까? 나와 관계가 좋은 학교 선생님에게 전화를 걸어 엄마들이 몇 명이나 참석했는지 물었다. 그런 뒤 참석하지 못한 엄마들이 누구인지 파악해 나갔다. 타라가 또 다과회 이야기를 꺼내면 나는 아이와 같은 학년 엄마들 중 다과회에 가지 않은 사람들의 이름을 줄줄이 읊었다. 이런 문제에 내가 대처하는 방식이었지만 어린 내 딸이 엄마에게서 원하던 반응은 아니었을 것이다.

업무 스트레스와 출장, 말도 안 되는 스케줄에도 가능한 한 아이들에게 소홀하지 않은 따뜻한 엄마가 되려고 노력했다. 두 딸의 생일이면 미리 꼼꼼하게 계획하고 사소한 것 하나에도 많은 애정과 관심을 기울여 멋진 파티를 열어주려 노력했다. 이런 순간들이 아이들에게 얼마나 특별하고 또 소중한지 잘 알고 있었다. 학교 행사나 아이가 참여하는 대회에는 무조건 참석했고, 5년 동안은 학교 이사회 소속으로 열정적으로 활동했다. 이사회 회의는 한 번도 불참한 적이 없었다.

아이가 아프거나 다쳤을 때는 어떻게든 곁을 지키려고 했다. 초보 엄마 시절 수두를 앓은 프리타에게 옮아 몇 달 동안 얼굴에 딱지가 가득 앉았지만, 라지가 지나치다고 할 정도로 아이를 돌보고 치료하는 데만 매달렸다. 프리타가 체육관에서 발목을 다쳤다는 소식을 듣고는 모든 것을 내버려둔 채 학교로 달렸다. 수업이 끝날 때까지 체육관 한쪽에 서서 지켜보는 나를 향해 아이는 부끄럽다고 난리를 쳤다. 그래도 상관없었다. 프리타가 정말 괜찮은지 내 눈으로 확인하고 싶었다.

내가 캘리포니아에 있을 때 패닉에 빠진 타라가 전화를 걸었다. 타라는 당시 뒷마당 토끼장에 토끼 두 마리를 키우고 있었는데 한 마리가 죽은 것이었다. 내가 할 수 있는 최선을 다해 아이를 위로했다. 30분쯤 후 또 전화가 울렸다. 두 번째 토끼도 곧 죽을 것 같다는 소식이었다. 아이가 어찌할 바를 몰라 했다. 나는 회의를 모두 취소하고 집으로 돌아갔다.

2000년부터 2006년까지 펩시코에서 내 어시스턴트를 했던 바버라 스파다치아Barbara Spadaccia가 내게 얼마나 큰 힘이 되었는지는 말로 다 표현할 수가 없다. 똑똑하고 다정하며 대단히 너그러웠던 그녀는 50대의 나이로 자녀가 없었지만 나와 내 아이들을 가족처럼 챙겨주었다. 한결같이 든든한 조력자 역할을 해주었고, 여러 가지 일을 한꺼번에 해내려 애쓰는 나를 안심시켜주었다.

일을 하는 동안에도 아이들의 전화는 빠짐없이 받으려 노력했다. 아이들이 회사로 자주 찾아오기도 했다. 하지만 전화를 놓칠 때면 바버라가 나서줬다. 아이들이 학교 준비물을 잊을 때도, 숙제를 두고 갈 때도 바버라가 해결해줬다. 가끔씩은 늦은 오후 프리타와 함께 커피를 마시거나 산책을 하며 학교생활의 어려움에 대해 상담을 해주기도 했다. 바버라는 우리 가족이었고, 그녀는 내 삶을 조금이라도 수월하게 해주기 위해 많은 노력을 기울였다.

한 번은 나를 대신해 타라 학교에 가서 엄마와 딸이 함께하는 예배식에 참석했다. 학교 예배실에서 열리는 특별 행사로 엄마 한 명이 입장 성가를 부르는 것으로 시작해 신부님의 설교가 이어졌다. 설교가 끝나면 엄마와 딸들이 서로 편지를 교환하고 점심을 먹었다. 그 행사를 좋아했던 나로서는 어떻게든 참여하려 했다. 하지만 절대로 빠질 수 없는 투자자 미팅이 잡혀 있었다. 그날 저녁 집에 돌아간 나는 행사에 불참한 것이 미안해 눈물까지 났다. 타라는 그리 심각하게 생각하지 않았다. "정말 좋았어요. 엄마, 바버라 아줌마가 내년에도 와주면 안 돼요? 아줌마랑 함께해서 너무 좋았어요."

펩시코의 CEO인 스티브와 사장이 된 내가 친구처럼 더욱 친밀한 사이를 유지한 데는 스티브가 타라 또래의 쌍둥이를 키우고 있었던 것도 일부 작용했다. 그는 주말마다 아이들에게 온전히 집중하려고 애썼다. 언젠가 프리타를 보러 기숙학교로 가는 나를 대신해 스티브가 학교를 마친 타라를 태워 집에 데려다준 적이 있었다. 나는 이렇게까지 배려하는 CEO를 본 적이 없다.

아이들의 삶을 함께하며 지지하고 격려하고 사랑을 준 모든 '대리 엄마'가 우리 가족에게는 정말 중요했다. 아이 하나를 키우는 데는 온 마을이 필요하다.

펩시코에서의 내 업무는 본질적으로 끝이란 게 없었다. '내일은 뭘 해야 하지?'라는 생각을 하며 잠들어본 적이 단 한 번도 없었다. 항상 배워야 할 무언가가 있었고, 대답해야 할 문제가 있었고, 진행해야 할 일이 있었다. 러시아 기업 인수 건을 회사에 제안하려는 젊은이들로 구성된 유럽 팀을 돕고자 금요일 저녁 급히 모스크바에 간 적도 있었다. 이틀 후인 일요일 오후 비행기에 오르기 전 팀원들을 향해 내가 외쳤다. "다음 주 금요일 당신들이 내게 할 프레젠테이션을 도와주려고 주말을 포기하고 모스크바까지 온 거, 잘 알고 있죠?"

"압니다." 한 명이 대답했다. "당신이 인드라 누이여서, 우리 스승이어서 정말 감사하게 생각해요. 대단히 높은 기준을 지닌 사장님이자 CFO인 인드라 누이와 어떻게 일해야 하는지 이제 잘 알 것 같습니다."

그즈음 나는 펩시코의 IT 시스템을 대대적으로 개편하는 엄청난 프로젝트를 시작했다. 큰 사고가 벌어졌던 탓이었다. 2002년 봄, 프리토레이의 주문 시스템에 문제가 생겼고, 메모리얼 데이(전몰자 추도 기념일-옮긴이)가 있어 바쁠 주말을 앞두고 주문을 처리할 수백 명의 임시직원을 고용했다. 밀린 주문이 상당했다. 연휴 동안 프리토레이에 하루 15만 건 이상의 주문이 들어왔다. 사람 손으로는 모두 처리할 수가 없는 수준이었다. 구형 시스템으로 어떻게든 감당하고는 있었지만 이 시스템이 어떤 원리로 작동하고 어디를 손봐야 하는지 아는 사람들은 전부 은퇴한 상황이었다. 은퇴한 직원 중 몇 명이라도 연락을 취해 도움을 청해야 했다.

펩시코 전반에 걸쳐 이렇게 주먹구구식으로 불안정하게 돌아가는 시스템이 많았던 탓에 유지 보수에 비용이 많이 들었다. 비단 우리만 겪는 딜레마가 아니었다. 대기업 다수가 비슷한 문제를 경험하고 있었고, 기술 업데이트 비용을 운영비가 아닌 일회성 비용으로 처리해 최종 영업이익에 영향을 미치지 못하도록 했다.

나는 펩시코의 성장을 수용할 수 있는 새로운 엔터프라이즈 시스템을 만들기 위해 대대적인 투자를 감행해야 한다는 결론에 이르렀다. 최신 IT 시스템이 회사의 성공에 핵심적인 역할을 할 것이라는 분위기를 펩시코 내에 조성해야 했다. 내 개인적인 이유도 있었다. 연방 금융 규제안인 사베인스-옥슬리법Sarbanes-Oxley Act이 새로이 재정되며 CFO와 CEO들이 매년 기업 회계장부의 정확성을 보증하는 서류에 직접 서명을 해야 했다. 스티브에게 탄탄한 IT 시스템을 구축해야 우리가 이런 서류에 서명을 하는 것도 부담이 덜할 것이라고 설득했다.

스티브는 주저하는 눈치였다. 큰 비용이 드는 데다 시간도 오래 걸리는 프로젝트였다. 그는 내가 비용을 마련할 수 있다면 내게 맡기겠다고 말했다. 나는 몇 달 동안 IT팀과 외부 컨설턴트와 상의 끝에 새로운 시스템을 구축하는 데, 그것도 1단계에만 15억 달러, 5년간 1년에 3억 달러가 드는 계획을 완성했다. 두 달 후, 내 책상 위에는 25페이지 분량의 상세한 내용이 담긴 결재 서류가 올라와 있었다.

스물다섯 명이 이미 서명을 했고, 나를 포함해 두 명이 남은 셈이었다. 스티브의 서명이 제일 마지막이었다. 내가 서명한 것을 보면 그도 당연히 따를 것이라는 생각이 들었다.

하지만 도저히 할 수가 없었다. 내가 완전히 파악하지 못한 기술적인 사안에 15억 달러의 지출을 승인할 수가 없었다. 그래서 지금껏 그래왔듯 관련 분야를 낱낱이 공부하기 시작했다. 엔터프라이즈 시스템, 프로세스 매핑, 데이터 웨어하우징, 마스터 데이터 관리에 관한 책을 모조리 사들였다. 12월부터 신년 연휴 시즌까지 6주 동안 전부 공부했다. 매년 가는 인도여행을 취소하자 가족들의 반대가 심했지만 결국 내 뜻을 따라야 했다. 1월이 되자 나는 IT팀을 모아 그간 작성해둔 길고 긴 질문지를 내밀었고 빠짐없이 대답을 듣고 난 후에 결제안에 사인을 했다. 7년이나 걸리는 시스템 구축에 드는 비용은 펩시코가 상장한 보틀러 기업 몇 곳에 보유한 지분을 판매해 충당했다.

리더라면 어떤 서류든 서명하기에 앞서 자신이 지금 무엇에 동의하는 것인지 자세하고도 확실하게 파악해야 한다. 나를 위해 일하는 직원들을 신뢰하고 말고의 문제가 아니다. 아주 기본적인 책임이다. 꿰다놓은 보릿자루가 되어선 안 된다. 부하직원들도 자신들이 올린 서류를 내가 전부 읽고 확인하는 것에 대해 점차 고맙게 생각했던 것 같다. 이는 직원들과 그들의 일을 존중했기 때문이기도 하고, 무엇보다 내 의무이자 책임이었기 때문이었다. 물론 내가 너무 많은 질문으로 사람들을 괴롭혔다는 것도 잘 알지만 어쩔 수 없었다. 내가 맡은 일을 잘 해내고 싶었다.

하지만 내 왕관을 차고에 벗어두는 일도 잘하고 있었던 걸까?

솔직히 말해, 펩시코 사장이 된 첫해는 집에 있는 시간이 너무 적어서 내 직업적 성공과 엄마이자 아내, 딸로서의 역할을 잘 분리하고 있는지 고민할 새도 없었다. 내 자신이 무언가 된 듯한 기분은 전혀 느끼지 않았다. 그저 하나를 해결하면 밀려오는 또 다른 일을 처리하며 워싱턴을 오가기 바빴다. 조력자 하나 없이 사장이라는 타이틀에 주어진 굉장한 책임을 다하려 애썼다.

그럼에도 그날 밤 어머니가 했던 말이 가슴에 내내 남았다. 그

의미가 너무 막연해 어떻게 해석해야 할지 혼란스러웠다.

먼저 어머니는 일과 가정을 조화롭게 유지해야 한다는 아주 중요한 메시지를 전달하려 했을 것이다. 물론 어머니의 말이 맞다. 우리가 누구든, 어떤 일을 하든, 가족 내에서 우리가 맡은 역할은 누구도 대신해줄 수 없다. 나는 회사에서 성공 가도를 달려 기뻤지만, 안정적인 가정을 지키기 위해서는 펩시코 사장이라는 타이틀의 유무와는 관계없이 다른 가족들과 동등한 위치에 있어야 했다.

그래도 어머니가 그날 내 기쁜 소식을 마음껏 나누고 즐기도록 해도 되지 않았을까? 그렇게 했어야 한다고 생각한다. 그날 밤 나는 새로운 직함을 얻었다는 사실 하나만으로 행복했던 게 아니었다. 내게 소중한 사람들과 그 순간을, 내 업적을 함께 나누고 싶었고, 이들이 뿌듯해하기를 바랐다. 사실 내가 남자였다면, 남편이자 아빠였다면 좀 달랐을 거라고 생각한다.

직업적 성공에서 여성과 남성에게 다른 잣대가 적용되는 듯 싶다. 무슨 일을 하든 우리는 늘 부족하다는 평가를 받는다. 여성이 승진을 하거나 가정 밖에서 어떠한 성취를 하면 사람들은 그것이 그리 대단치 않은 일이라고 생각하거나 가정에서의 역할을 소홀히 했다고 여긴다.

일이나 가정에서 여성들의 제로섬 게임이 점점 더 위험하게 진행되고 있다. 이런 분위기가 여성을 가로막고 있다는 사실을 특히나 남성들이 인식하는 것이 중요하다. 왜 여성이 모든 분야에서 제 기량을 마음껏 펼치도록 내버려둘 수 없는 걸까? 왜 우리가 하는 일에서는 좋은 성적을 낼 때 그저 축하해줄 수 없는 걸까? 어린 딸이 운동 경기를 하거나 철자 대회에서 뛰어난 실력을 발휘하는 모습에는 기뻐하기 마련이다. 그렇다면 왜 직업적으로 성공을 거두는 성인 여성에게는 가정에서의 역할도 이만큼 잘하고 있느냐는 말로 깎아내리려 하는 걸까?

한 가지 짚고 넘어가자면, 여성들도 이 문제에서만큼은 스스로에게 그리고 다른 여성들에게 관대하지 못하다. 말은 쉽다는 걸잘 알지만 우리 모두 완벽함에서 자유로워져야 한다. 업계에서 영향력과 권력을 쌓아나가던 나조차도 내가 집을 자주 비우는 탓에가족들을 실망시킨다는 생각을 할 때가 많았다. 이제 와 생각해보면 이 문제를 고민하느라 너무 많은 에너지를 쏟은 것이 마음 아플 정도다. 한 번은 내가 일에 너무 푹 빠져 있다는 아이들의 말에충격을 받은 나머지 이렇게 대꾸했다. "알겠어. 펩시코를 그만둘게. 엄마의 마음은 항상 너희들과 함께 있지만 엄마가 너무 바쁘니까 그냥 다 포기하고 집에 있을게." 그 순간만큼은 현명한 생각처럼 느껴졌다. 그때 갑자기 분위기가 달라졌다. "안 돼요, 엄마!그만두면 안 돼요!" 타라가 소리쳤다. "어떻게 그 자리까지 올라갔는데! 더 크게 꿈을 가져야 해요, 엄마! 더 크게!" 프리타는 내가둘이었으면 좋겠다고 늘 바랐다. 자신이 기댈 수 있는 헌신적이고늘 곁에 있는 엄마와 자랑스러운 CEO 엄마. 내 몸이 두 개이길 나도 바랐다.

두 아이와 나를 한 번씩 흔드는 이런 감정의 파도가 곧 사라지길 기다리는 법을 배워야만 했다. 엄마의 역할을 하는 사람이라면 누구나 겪는 일일 것이다. 나는 가족에게 대단히 헌신적이고 깊은 유대감을 느끼는 사람이었고, 바깥에서 어떤 일을 하든 집에서는 가족 모두의 감정을 흡수하는 역할을 해야만 했다. 가끔씩은 가족들의 문제가 내가 펩시코의 고위 간부가 된 탓에 벌어진 일인 것 같은 기분을, 샌드백이 된 것 같은 기분을 느꼈다.

괴로운 감정들에 시달렸지만 그럼에도 라지와 결혼한 것이 대단한 행운이라는 건 잘 알고 있었다. 자라나는 아이들과 과도한 회사 일을 동시에 짊어진 워킹맘에게 배우자는 후순위로 밀려날 수밖에 없고, 남편들은 이 사실을 마땅히 수용할 줄 알아야 한다. 라지는 이런 말을 자주 했다. "당신의 우선순위는 항상 펩시코, 펩시코, 펩시코, 그다음이 당신 아이들(마치 라지 본인의 아이는 아니라는 듯이), 그다음이 당신 어머니, 그리고 제일 아래가 나일 거야." 라지의 말이 사실이었다. 하지만 나는 농담 삼아 이렇게 대꾸했다. "순위 안에라도 드는 게 어디야!"

사실 라지는 우선순위를 넘어서는 존재였다. 그도 알고 있을 것이다. 우리가 행복한 결혼생활을 잘 이어갈 수 있었던 건 온 가족의 성공을 위해 두 사람이 이 모든 여정을 함께했기 때문이다. 하지만 펩시코에서 나를 필요로 할 때가 많았던 탓에 라지가 자주 서운함을 느꼈다는 것을 나도 잘 알고 있다.

자녀를 키우는 워킹맘들의 죄책감은 든든한 배우자가 크게 덜어줄 수 있다. 내가 자주 하는 말처럼 엄마의 역할은 온종일 매달려야 하는 일이고, 아내의 역할도 온종일 매달려야 하는 일이지만, 한 기업의 임원이 된다는 것은 온종일 매달려야 하는 일 그 이상을 요구한다. 이 모든 역할을 해내기 위해 끊임없이 우선순위를 정하고 그 순위를 다시 수정하기를 하루에도 몇 번씩 반복해야 한다. 배우자의 역할에 따라 여성은 무엇 하나 제대로 못하는 패배감에 사로잡히기도 한다. 내 경우 삶의 모든 순간마다 라지가 나를 든든히 붙잡아줬다. 내가 아이들과 함께 있지 못할 때도 죄책감을 느끼게 한 적이 한 번도 없었다.

친구들과의 *끈끈한* 유대감이 큰 도움이 되기도 한다. 무언가를 잘못하고 있다는 이야기를, 무엇을 달리 해야 한다는 조언을 듣고 싶지 않을 때가 있다. 아무런 판단이나 비판 없이 그저 내 안에 담아둔 이야기를 누군가 들어줬으면 할 때가 있다. 내게는 인도와 이스라엘, 미국에 정말 가까운 친구들이 몇몇 있다. 나를 괴롭히는 문제들을 편히 털어놓을 수 있는 사람들이다. 내 가족도 아니고 같이 일하는 사이도 아닌 이 친구들에게는, 어떤 식으로든 좋은 인상을 남겨야 한다거나 나란 사람을 증명해 보여야 한다는 부담감이 전혀 없었다. 서로 다른 시간대에 살고 있지만 그것이 문제가 된 적은 한 번도 없었다.

왕관은 차고에 두고 오라는 말은 권력과 겸손의 관계라는 좀 더 큰 문제에도 적용될 수 있다. 커리어에서 높은 자리에 올라 일터와 사회에서 진짜 권력을 행사할 수 있는 사람들이 중요하게 새겨야 할 가르침이다.

몇 년 전부터 나는 친척들과 가족들 앞에서 내 일이 별것 아닌 것처럼 굴기 시작했다. 중간관리직에 있을 때만 해도 가족들이 내게 편하게 말했고 나도 내 본모습을 거리낌 없이 보여줬다. 하지만 내가 시니어 직급에 올라간 후부터 몇몇 가족들은 나를 낯설게 대했다. 내가 너무 바빠져 자신들과 대화를 나눌 시간도 없을 거라고 생각하거나 '보통' 사람들과 교류하기에는 내가 너무 중요한 사람이 됐다고 여겼다. 어떤 가족들은 내 성공에 배 아파하기도 했다. 그 덕분에 가족 내에 묘한 긴장감이 형성됐다.

나는 내 생각과 경험, 스트레스를 가능한 한 숨기고, 가족들과 있을 때는 밝은 모습을 보여주는 것으로 상황을 개선하려 했다. 수십만 명의 펩시코 직원과 전 세계의 소비자들에게 영향을 미칠 중대한 결정을 고민하거나 글로벌 경제에 영향을 줄 수익보고서에 대해 생각할 때는 차마 숨기기가 어려웠다. 하지만 이런 노력이 일 외적인 삶에서 맑은 정신과 균형을 유지하는 데 큰 역할을 했다고 생각한다.

나는 커리어에서 큰 즐거움을 느꼈고 또 잘 해내고 있었다. 아주 거대한 기업이 앞으로 나아가는 데 일조하고 있었다. 펩시코와 펩시코가 계획한 방향성을 사랑했다. 우리 제품들과 훌륭한 아이디어를 사랑했다. 이제 와 고백하자면 사람들이 나를 지나치게 자기중심적인 사람이라고 생각할 것을 우려해 커리어에서 느낀 행복과 만족감을 마음껏 드러내지 못한 것이 아쉽기도 하다.

한 예로, 인도 정부에서 수여하는 세 번째로 높은 국민훈장인 파드마 부샨 어워드Padma Bhushan Award를 수상할 당시 굉장한 뿌듯함을 느꼈다. 내가 저명한 아티스트와 과학자, 변호사, 사회사업가들과 이름을 나란히 올린 것을 알았다면 타타와 아버지가 정말 기뻐하셨을 것 같았다. 델리에 있는 라쉬트라파티 바반에서 압둘 칼람A. P. J. Abdul Kalam 대통령이 직접 내게 상을 수여했다. 열다섯 살 때 다과회에 초청됐던 바로 그곳에서 큰 상을 받게 된 것이었다. 라지가 미국에서 와주었다. 어머니도 함께였다. 프리타와 타라가 학교를 가야 해서 함께하지 못한 것이 아쉬웠다. 이들 외에 내게 축하전화를 한 가족은 아무도 없었다.

높은 연봉과 출장, 유명한 사람들과의 회의, 멋진 집과 화려한 사무실처럼 리더의 위치에 동반되는 과시적인 요소들에 적응하는 것은 어렵지 않다. 하지만 진정한 리더라면 두 발을 현실 세계에 단단히 뿌리 내리고 자신의 자리에 주어진 책임을 다하는 데 매진해야 한다. 나는 그렇게 하려고 늘 노력했다. 나를 지켜보는 모든 사람에게 롤모델이 돼야 한다고 생각했다. 굉장히 힘든 일들이 내게 주어졌지만, 모든 일을 내 몫이라 수용하고 차분히 헤쳐나가려 했다.

남성 중심의 권력 세계가 여성 리더들에게는 더욱 가혹하게 느껴지기 마련이다. 기업이나 정부에서 더 높은 곳으로 나아가려는 여성들은 끊임없이 자신의 길을 개척해야 한다. 높은 권력과 뛰어난 능력을 나이 지긋한 남성의 소유물로 떠올리는 세계에서 여성은 자신의 위엄을 스스로 입증해 보여야 한다. 동시에 여성이 아직 완전히 수용되지 못했다는 사실을 보여주는 소소하지만 모욕적인 일들도 감내해야 한다.

내가 펩시코의 수장이던 시절, 남성 팀원들과 멕시코에 도착해 비행기에서 내린 후 이런 일도 있었다. 출입국관리소 직원들이 우리의 이름을 부르며 인사를 했다. "환영합니다, 미스터 X" "환영합니다, 미스터 Y" "환영합니다, 미스터 Z" "인드라 씨, 안녕하세요."

여성은 어쩔 수 없이 외모에 더 많은 시간을 들여야 하고, 이를 포기했다가는 자칫 신용에 금이 가는 위험에 처할 수도 있다. 이뿐만이 아니다. 수백 번이 넘게 콘퍼런스에 참석할 때마다 의자가 드레스나 스커트 차림인 내게 너무 높거나 좌석이 너무 깊진 않을까 늘 신경이 쓰였다. 아름다운 파란색 드레스를 입고 뉴욕에서 열린 한 행사에 한 해 걸러 두 차례 참석했을 때는 내 스톡 사진 데이터를 구축하려던 사진사들에게서 새 드레스를 사면 좋겠다는 이야기도 들었다. 당시 행사에 참석했던 남성들은 10년째 같은 턱시도를 입고 있는데도 말이다.

〈그리니치 매거진Greenwich Magazine〉의 표지를 장식했을 때는 내가 제일 좋아하고 편안하며 우아해 보이는 아르마니 재킷을 입고 사진을 찍었다. 내 모습이 꽤 괜찮아 보였다. 얼마 후 삭스 피프스 애비뉴Saks Fifth Avenue 백화점에 입점한 한 매장의 직원이 전화를 걸어왔다. 그녀는 앞으로 중요한 촬영이 있을 때면 자신의 매장에 들러 최신 스타일의 옷으로 준비하는 것이 좋겠다고 말했다. "지난 시즌 재킷은 괜찮지 않아요."

여성들은 목소리가 너무 높거나 낮고, 키가 너무 작거나 크며, 너무 살이 쪘거나 말랐다는 이야기를 듣는다. 이런 잣대들이 우리의 발목을 잡는다. 누군가 다른 여자들에 대한 이야기를 하는 것을 들을 때, 내심 어디선가 사람들이 내 이야기도 하고 있겠구나 생각한다. 여성으로서 우리가 완벽하지 못하다는 사실을 강조하는 사회의 기대치와 그나마 있는 우리의 권한 사이에서 무엇이 더욱 중요한지 결정해야만 하는 족쇄에서 벗어날 수가 없을 것 같다.

왕관은 차고에 벗어두고 들어오라는 말에는 다양한 의미가 있겠지만, 이 말을 어머니가 했다는 점도 잊어선 안 된다.

그날 밤 주방에 있던 어머니는 내가 어렸을 때부터 봐온 분이었다. 어머니는 딸이 넓은 세상에서 높이 날기를 바라는 마음과 가족들을 돌보는 데서 행복을 느끼는 헌신적인 아내의 역할을 하길 바라는 마음 사이에서 괴로워했다. 어렸을 때 어머니는 내게 인도 국무총리처럼 연설을 해보라고 시키곤 하면서도 내가 결혼을 못할까 봐 걱정했다. 한 발은 액셀러레이터에, 다른 한 발은 브레이크에 놓여 있었다.

바깥세상에서 왕관을 거머쥐되 집에 들어오기 전에는 차고에 벗어두고 와야 하는 것이었다.

2006년 4월, 라지는 잠시 회사를 쉬고 암 투병 중인 그의 아버지를 돌보기 위해 인도에 갔다. 남편이 그리웠고, 내게 한결같이 힘이 돼주었던 라지의 아버지가 죽어간다는 사실에 마음이 아팠다. 맏며느리로서 나도 인도에 가서 도와야 했다. 하지만 늘 배려 넘치는 라지의 가족들은 내게 아이들을 돌봐야 하고 회사에서 중요한 역할도 해야 하니 미국에 있으라고 한사코 말렸다. 라지의 아버지가 2006년 11월에 돌아가시기 전까지 라지는 6개월간 간병인으로서 최선을 다했다.

그해 8월, 라지가 인도에 가 있는 동안 일주일간 휴가를 쓰고 집에서 나만의 시간을 갖기로 했다. 휴식도 취하고, 집 정리도 하고, 타라와 시간을 보낼 생각이었다. 프리타는 메인 주에 있는 친구들을 만나기 위해 집을 비웠다. 달리 특별한 계획 없이 가능하다면 잠을 푹 자고 책도 읽고 옷장 정리도 하고 싶었다.

하지만 2006년 8월 7일 월요일 아침, 스티브가 집에 찾아왔다. 주방에 난 문을 통해 들어온 그는 항상 소지하는 노트 패드를 들고 자리에 앉아 댈러스로 돌아가게 됐다고 알렸다. 그러고는 펩시코 이사회에서 나를 CEO로 임명했다고 전했다.

3개월 후, 1898년 설립된 이후 미국의 상징적인 기업으로 자리매김한 펩시콜라를 이끄는 자리에 내가 오르는 것이었다.

큰 충격을 받았다. 언젠가 그 자리에 오를 사람으로 내 이름이 거론될 거라는 예상은 했지만 스티브가 이렇게 빨리 떠나게 될 줄은 전혀 몰랐다. 그간 우리는 합을 맞춰 편안하고 생산적인 업무 리듬을 만들어왔고, 종종 함께 은퇴하자는 농담을 주고받았다.

스티브는 웨스트체스터 공항의 펩시코 격납고에서 나를 위한 비행기가 대기 중이라고 알렸고, 10시경 나는 매사추세츠 주 해안가에 자리한 낸터킷으로 향하는 비행기에 올라 있었다. 그곳에서 휴가 중인 이사회 지명위원회의 회장 존 에이커스John Akers가 내게 공식적으로 소식을 전하고 싶어 했다. 낸터킷에 도착하자 반바지에 폴로 셔츠 차림의 존이 비행기에 올라 이사회의 결정을 알리며 토요일에 공식 발표를 하겠다고 설명했고, 행운을 빈다는 인사와 함께 내가 자랑스럽다고 말했다. 우리는 악수를 나눴고, 존은 비행기에서 내렸다.

그런 뒤 나는 펩시코 국제 사업부의 수장인 마이크 화이트를 만나러 그의 여름 별장이 있는 케이프 코드까지 비행기를 타고 15분을 이동했다. 마이크와 좋은 친구 사이였던 나는 그가 CEO에 거론된 또 다른 후보라는 사실을 알고 있었다. 몇 달 전, 이사회가 '비밀스런 주제'를 논의해야 하니 우리 둘은 회의실에서 그만 나가달라는 요청을 받았었다.

그날 우리는 타임스퀘어에 가서 브로드웨이 쇼 〈저지 보이스 Jersey Boys〉를 관람했다. 그런 뒤 저녁을 먹으며 펩시와 프리토레이 동료들과 함께했던 지난 추억들을 이야기했다. 내가 사회를 봤던 수많은 홀리데이 파티를 함께했고, 파티 마지막에는 다 함께 노래방에 가거나 마이크의 피아노 반주에 맞춰 노래를 불렀다. 나는 팝송 275곡의 가사를 정리해 책자 몇 권을 만들었는데, 사람들은 홀리데이 파티용으로 자신들이 부를 노래를 찾아 모서리를 접어놓고는 했다. 그런 자리만 생기면 로저는 프랭크 시내트라Frank Sinatra의 〈마이 웨이〉를 최소 세 번, 돈 맥클린Don Mclean의 〈아메리칸 파이〉를 두 번은 부르려고 고집을 부렸다. 그런 로저의 모습을 떠올리며 마이크와 나는 크게 웃었다. 그날 우리는 펩시코에서의 수많은 추억을 떠올렸다. 스트레스도 많았지만 사실 즐거운 순간이 상당히 많았다.

곧 CEO가 될 나는 마이크가 적어도 2년 정도는 회사에 더 머물러주기를 바라는 마음이었고, 마이크에게 내 바람을 털어놓았다. 우리는 앞으로 리더 위치의 중역들에게 어떠한 변화가 있을지 이야기를 나누었다. 그런 뒤 마이크는 피아노 앞에 앉아 노래를 몇 곡 불렀다. 우리는 밖으로 나가 아이스크림을 먹으며 바닷가를 거닐었고, 이후 그가 나를 공항까지 데려다주면서 한 차례 꽉 안아주며 자신이 힘을 보태겠다고 약속했다.

집에 돌아오니 아직도 오후 시간이었다. 인도에 있는 라지에게 전화로 소식을 알리자 그는 하루이틀가량 미국에 머물며 공식적인 발표가 있을 때 내 곁에 있어주겠다고 말했다. 전화를 끊고 홀로 앉아 온갖 감정이 밀려드는 것을 느끼며 눈물을 흘렸다. 스포트라이트를 받는 자리로 걸음을 내디디자니 가슴이 벅찼고, 긴장도 되고 걱정스럽기도 했다. 내 시작부터 그간 이룬 것들, 그리고 앞으로 펩시코를 어떻게 이끌어야 할지까지 셀 수 없이 많은 생각에 파묻혔다.

24시간이 지나자 모든 것이 본격적으로 시작되었다. 새 CEO 취임 소식을 발표하는 것이 내 책임이 되었고, 이 소식을 어떻게 전달할지 계획을 세워야 했다. 리더십 변동에 시장이 어떻게 반응할지 알 수 없기 때문에 CEO 교체는 최대한 극비로 진행된다. 나는 법무 자문위원과 홍보 책임자, 인사부 책임자를 우리 집으로 초대해 공식적인 발표문과 직원들, 소매 거래처들, 계열사에 보낼 편지 초안을 작성했다. 단어 하나하나를 고르고 골랐다. 스티브의 성과를 기념해야 했다. 기업의 안정성과 평화적인 CEO 교체도 강조해야 했다. 낙관적이고 자신감 넘치는 분위기를 전달해야 했다.

목요일, 나는 전화를 걸어 프리타에게 다음 주 월요일에 아주 중요한 행사에 참석해야 한다고 알렸다. 조금 머뭇거리긴 했지만 프리타는 격식 있는 옷을 갖춰 입고 가겠다고 승낙했다. 집에 있던 타라는 무슨 일이 생긴 것인지 궁금해했다. 딸들에게도 아직은 소식을 알릴 수 없었다.

토요일에는 맨해튼의 남동생 집에 있는 어머니에게 전화를 걸어 비밀을 약속받고 CEO에 취임하게 됐다고 알렸다. 어머니의 반응이 어땠냐고? "아, 안 된다! 내가 스티브한테 전화를 걸어서 떠나지 말라고 말해보마. 내 말은 들어줄 거야. 지금도 네가 얼마나 바쁜데. 아이들도 있고. 일을 더 맡으면 안 된다." 나는 좋은 말로 어머니를 말렸다.

2006년 8월 14일 월요일 오전 6시, 뉴스가 보도되었다. 헤드라인에 이렇게 나왔다. "펩시가 여성 CEO를 내세워 힘찬 걸음을 시작하다." 또 다른 헤드라인은 이랬다. "펩시, 수장으로 여성을 선택하다." 인도에 있는 가족들은 신문이며 TV며 모두 내 이야기로 도배됐다고 알려줬다. 내가 마드라스에서 고등학생 밴드를 할 때 〈야미 야미 야미〉를 함께 불러준 삼촌들과 이모들은 사내아이 같던 조카를 무척이나 자랑스러워했다.

그날 하루는 정신없이 흘러갔다. 수많은 직원들이 펩시코 카페테리아에 모여 회사 곳곳에서 재생되는 글로벌 타운홀 미팅 영상을 지켜봤다. 스티브가 내게 배턴을 넘겨주게 됐다고 상황을 설명했다. 그런 뒤 내 차례였다. 나는 펩시코는 이미 훌륭한 기업이지만 우리는 지금보다 더욱 멋진 모습을 보일 것이라고 말했다. 이제 다들 팔을 걷어붙이고 달리자고 말이다.

라지와 프리타, 타라는 나와 가까운 곳에 나란히 서서 눈앞에 벌어지는 일들을 지켜보며 이 변화가 자신에게 어떤 의미인지 생각에 잠긴 눈치였다.

CEO의 무게가 느껴졌다. 겉으로는 희망차고 자신감 넘치는 모습을 보였지만 현실의 무게가 나를 짓누르고 있었다.

9

다시 귀찮게 사무실을 옮기고 싶지 않았다. 아침에는 해가 가득 들어오고 가을이면 나뭇잎이 물들어가는 풍경이 내려다보이는 데다, 저 멀리 예술가 알렉산더 칼더Alexander Calder의 작품 〈해츠 오프 Hats Off〉가 보이는 멋진 집무실이 있었다. 군더더기 없는 내 데스크도, 타라가 숙제를 하기도 하는 커다란 회의용 테이블도, 몇 개 안 되는 도자기 화분과 식물도 모두 마음에 들었다. 유리로 된 선반에는 가족사진과 출장 기념품이 전시되어 있었다.

하지만 스티브가 CEO 집무실을 떠나는 상황이었다. 복도 끝에 자리한, 지금 내 사무실과 똑같은 크기의 그 사무실은 예전에 웨인과 로저가 쓰던 곳이었다. 나는 권력자 앞에서 언제나 공손한 자세로 선 채 그 방에서 수없이 많은 회의를 진행했었다. 사무실 한쪽에는 육중한 마호가니 데스크가 자리하고 있었다. 그 반대편에는 유리로 된 커피 테이블을 중심으로 푹신한 의자들과 페르시아산 러그, 벽난로가 마치 거실처럼 꾸며져 있었다. 미국의 전형적인 권력가의 공간 같은 분위기를 풍겼다. 벽에 초상화 몇 점이 나란히 걸린 남성들만의 사교 클럽이나 담배 연기가 자욱한 은행가들의 소굴 같은, 수십 년간 진짜 중요한 이야기들이 오간다고 알려진 은밀한 공간 같았다.

어떻게 해야 할까? CEO와 이사장으로서의 내 위치를 공고히 보여줘야 했다. 내게 그런 낡은 장치들이 필요할까 잠시 고민하다 마음을 정했다. 벽난로와 우드패널 벽을 없애고 그 공간을 내게 보고를 하러 오는 직원들을 위한 품격 있는 오피스 두 개로 개조 했다.

펩시코 CEO의 리듬과 책임감은 내게는 이미 익숙한 것이었다. 세 명의 리더를 충실하게 모시며 레스토랑 사업부 스핀오프부터 트로피카나 인수, 보틀러의 상장기업 전환, IT 시스템 개선까지 중요한 결정들을 같이 해왔다. 나는 높은 가치를 지닌 유명 기업을 운영하는 부담감에 대해 잘 알고 있었고, 글로벌 경제와 정세에도 민감하게 반응했다.

꼼꼼한 내 성격까지 더해져 지나치게 준비된 CEO라고 느껴질 정도였다. 펩시코에서 기업전략가, CFO, 사장으로 12년간 근무하며 트럭 운전사들과 함께 돌아다녔고, 여러 공장을 직접 둘러봤으며, 전 세계 곳곳의 소매 거래처를 방문했다. 시험용으로 만든 칩스와 소스를 수백 가지나 맛봤고, 수십 종류의 음료를 시음했던 사람으로서 식감에 대해서는 전문가나 다름없었다. 내몽골에서 감자를 재배하는 법과 논에 용수를 절감하는 법도 배웠다. 기업의 손익계산서와 재무상태표는 낱낱이 파악하고 있었고, 투자자와 애널리스트들에게서 신뢰를 받고 있었다. 펩시코의 정신에 한결 같이 뜨거운 열정을 갖고 있었으며 이 조직의 구조와 약점도 확실하게 파악하고 있었다.

무엇보다 나는 꿈을 꾸는 사람이자 실천하는 사람이었다. 펩시코의 미래에 대한 분명한 청사진을 그리고, 이 비전을 달성하기 위해 사람들을 이끌어나갈 수 있었다. 이제 와 생각해보면 이사회가 나를 왜 CEO로 지명했는지 이해할 수 있을 것 같다.

그럼에도 가슴이 두근거렸다. 2006년 10월 2일, CEO로서 첫 출근을 한 날 지금껏 수많은 리더들이 말하던 그 이상한 기분을 느꼈다. 술래잡기에서 '술래'가 된 것 같았다. 모두가 나를 바라보고 있고 내 입에서 지시가 떨어지길 기다리는 것만 같았다.

갑자기 전보다 더 많은 사람의 이목 한가운데로 내던져졌다. 포천 500이 선정한 여성 CEO 11위에 이름을 올렸다. 리스트에는 이베이의 멕 휘트먼Meg Whitman, 제록스의 앤 멀케이Anne Mucahy, 루슨트 테크놀로지Lucent Technologies의 패트리샤 루소Patricia Russo 등이 포함돼 있었다. 또한 개발도상국 출신의 유색 이민 여성의 몸으로 굉장히 유명한 미국 소비재기업을 이끌게 됐다. 이런 요소로 인해 나에 대한 세상의 호기심이 커져만 갔다.

처음 몇 달간은 끊이지 않는 언론의 관심에 괴로울 정도였다. 개인적으로 아는 뉴욕의 시니어 저널리스트가 한 말이 잊히지 않았다. 당분간은 관심이 계속될 거라고 했다. 언론에서 기존과 다른 뛰어난 새 CEO가 탄생했다고 잔뜩 추켜세워놓아야 내가 피할 수 없는 문제에 빠졌을 때 더 큰 나락으로 떨어지는 것처럼 보일 수 있다고. 그렇게 돌아가는 거라고 내게 충고했다.

지금껏 미디어와 꽤 괜찮은 관계를 맺어오고 있었다. 펩시코에서 일하던 초창기만 해도 내게는 공적인 페르소나 같은 것이 없었다. 물론 월스트리트 애널리스트들과 소통하며 이들이 펩시코 주식 전망에 관한 리포트를 작성하는 데 필요한 기업전략과 재무 상황에 대해 이야기를 나누기는 했지만 말이다. CFO일 때는 매 분기마다 음성 회의로 월스트리트 애널리스트들과 펀드매니저들에게 펩시코의 실적을 발표했다. 내게는 아주 자연스럽고 일상적인 일이었다.

　　퀘이커 인수 이후부터 대중의 관심이 커지기 시작했다. 〈비즈니스위크〉에는 스티브와 내 리더십 스타일을 비교하는 글이 실렸다. 지금 생각해보면 언론에서 나를 영향력 있는 남성들과 어떻게 다르게 인식하고 또 소개하는지를 처음으로 보여준 기사였고, 이를 시작으로 고정된 인식이 끈질기게 나를 쫓아다녔다. 기사는 우리를 '희한한 커플'로 묘사했다. 스티브는 US 해병대 출신에 마라톤을 하던 남성이었다. 나는 '회의 중 긴장을 풀기 위해 허밍을 하는 불안한 습관'이 있는 여성이었다. 내 복장을 가리켜 '하늘하늘한 스카프부터 사리까지 다양하게' 입는다며 '비즈니스 인도인' 차림이라고 설명했다. 그리고 이런 글이 이어졌다. "그녀는 고위 임원이 하지 않을 법한 색다른 발언을 할 것이다." "그녀에게는 뭔가 순수하고도 산뜻한 면이 있다."

　　2003년, 스티브의 펩시코에 대한 특집 기사를 준비하던 〈포브스〉는 관련 기사에 실을 내 사진이 필요해지자 급히 회사 주차장에서 촬영을 진행했다. 이후 그 사진은 커버를 장식했다. 기사에는 인드라 누이가 "거침없이 솔직하다"고 쓰여 있었다. 나에 대한 로저의 평가도 실려 있었다. "'인드라는 정말 끈질긴 사람입니다.' 엔리코의 말이다. 물론 그는 칭찬의 의미로 한 말이다." 〈포브스〉의 커버스토리를 보고 언짢아졌다. 주목을 받아야 할 사람은 CEO인 스티브였다. 내가 왜 중심이 됐는지 이해가 되지 않았다.

이 일 이후로 저널리스트를 대하는 내 태도가 달라졌다. 항상 조심했다. 우리 같은 대기업의 PR 부서들이 메시지를 전달하려고 아무리 노력하더라도 언론 상대로는 불리할 수밖에 없는 입장이라는 걸 깨달았다. 언론은 그게 무엇이든 자신들이 원하는 대로 글을 쓴다.

신문, 잡지 등 여러 매체에서 펩시코에 대한 기사를 볼 때마다 느끼지만, 헤드라인은 자극적이고 본문 내용과 거리가 있을지언정 비교적 사실에 근거해 솔직하게 쓰여 있었다. 몇몇 리포터들이 사실이 아닌 루머를 듣고 기사를 작성해 회사에 동요를 일으키면 쉽게 잠잠해지지 않았다. 언론이 나와 같은 공인을 난처하게 하는 경우가 있다 해도 나는 언론이야말로 민주주의의 중요한 요소로 존중받고 독려해야 한다고 믿는다. 나는 기업을 전문으로 하는 저널리스트들에게 상세한 보도와 분석이라는 임무에 더욱 충실하고, 복잡한 비즈니스 세상과 업계에 대해 시간을 들여 공부하길 강력히 권고한다. 또한 자극적인 헤드라인으로 기사의 본질을 훼손해서는 안 된다고 생각한다. 정확성이야말로 이 사회를 움직이는 가장 기본적인 요소다.

2006년 CEO 자리에 올랐을 당시 언론은 또 한 번 여성이자 인도 이민자인 나의 이국적인 특징을 강조하기 바빴다. 사리를 입는 데다 가끔씩은 신발을 신지 않는 이미지로 소개되었다. 내가 마지막으로 사리를 입고 출근한 때는 25년 전 시카고의 부즈 앨런 해밀턴에서 인턴십을 할 때였다. 구두를 신는 여성 경영진이라면 누구나 그렇듯, 저녁 6시가 지나 한 번씩 신발을 벗는 게 다였다.

CEO가 된 후 〈월스트리트저널〉에 "펩시의 새 CEO는 자신의 의견을 숨기지 않는다"라는 제목의 기사가 나왔다. 첫 문단에는 내가 사리를 입고 해리 벨라폰테Harry Belafonte의 〈데이-오Day-O〉를 불렀다는 이야기가 등장했다. 사실 2005년 다양성과 포용 행사 때 내가 무대에서 벨라폰테를 소개한 뒤 그곳에 있던 사람들이 다 함께 따라 불렀던 것이었다. 당시 나는 정장에 내 트레이드마크인 하늘거리는 스카프를 하고 있었다. 스카프를 보고 사리라고 착각했는지도 모르겠다.

오래전 예일에서 끔찍했던 면접을 치르고 제인 모리슨과 눈물 젖은 대화를 나눈 이후로 나를 포함해 누구든 깔끔하고 단정하지만 편안한 옷을 입어야 한다는 생각을 갖게 됐다. 누구나 온전히 자신의 모습으로 출근할 수 있어야 한다는 철학이 생겼다. 이는 어느 조직에서든 포용성의 기본 원칙이 돼야 한다. 하지만 세계에서 두 번째로 큰 식품기업을 이끄는 자리에 오른 내가 인도 전통

복장을 좋아하는 엉뚱한 아웃사이더처럼 세상에 소개되다니, 맥이 빠지는 일이었다.

한편, 인도와 인도계 미국 커뮤니티로부터 뜨거운 지지를 받기 시작했다. 오랫동안 나 같은 인도 이민자들은 과학에 특출한 재능을 보이는 괴짜이자 실리콘밸리 스타트업만 운영할 수 있는 사람으로 그려졌다. 투자은행에서 일하는 한 친구는 인도계 미국인이 처음으로 전형적인 미국 소비재기업을 이끄는 위치에 오른 덕분에 자신을 비롯해 미국 비즈니스에 몸담은 인도인들이 어깨를 펼수 있게 됐고, 회사에서도 리더의 가능성이 있는 인물로 인정받을수 있을 것 같다고 털어놓았다.

CEO가 된 첫 주에는 내 팀을 꾸려야 했다. 까다로운 일이었다. 주변에 강력한 리더들을 두어야 정직한 피드백을 받을 수 있을 거라 믿었다. 스티브가 떠난 후 경영진이 바뀌면서 몇몇이 자진 퇴사를 하기도 했지만 그건 별로 개의치 않았다.

놀랐던 것은 내 어시스턴트 바버라가 회사를 그만둔 일이었다. 안타깝게도 그녀의 모친이 몇 달 전에 돌아가셨고, 편찮으신 아버지를 돌봐야 했기에 그녀는 회사를 떠나야 했다. 당시만 해도 오른팔을 잃은 것 같았지만 다행히 20년 넘게 펩시코에서 일한 베테랑이자 스티브의 비서였던 앤 쿠사노Ann Cusano를 곁에 둘 수 있었다.

앤은 서로 상충하고 자주 변동되는 일의 우선순위를 능숙하게 다룰 줄 아는 사람이었다. 누구든 웃는 얼굴로 맞이하는 그녀는 굉장한 침착함을 발휘해 수문장으로서의 역할을 제대로 해냈다. 다 큰 자녀가 있는 그녀는 엄마로서의 역할과 일터에서의 무거운 업무를 능수능란하게 처리했고, 타라와 프리타의 큰 사랑을 받았다. 다정하고 따뜻한 잰 니스키Jan Niski가 보조하며 앤이 효율적으로 일을 처리하는 데 도움을 주었다. 두 사람이 오전 8시부터 저녁 7시까지 CEO실을 지키며 산더미처럼 쌓인 이메일과 매일같이 울리는 전화를 해치웠다. 앤은 내가 펩시코를 떠날 때까지 같이 일했다. 10년 넘는 동안 두 사람이 내 삶이 체계적이고 정상적으로 흘러갈 수 있도록 얼마나 도움을 주었는지는 아무리 말해도 부족할 정도다.

나는 국제사업부 CFO였던 리처드 굿먼을 펩시코 CFO로 승진시켰다. 많은 이의 존경을 받았던 그는 꼼꼼하게 업무를 처리했고, 자신의 의견을 말하는 데 거침이 없었다. 비슷한 맥락으로 과거 제너럴 모터스General Motors의 임원이자 펩시코 이사회 회원인 신시아 트루델Cynthia Trudell에게 최고인사책임자 자리를 제안했다. 향후 몇십 년을 고려해 인사 및 직원관리에 관한 많은 부분을 다시 바라볼 수 있도록 도와줄 운영이사가 필요했다. 신시아가 이사회의 자리에서 여러 차례 좋은 의견을 내는 것을 지켜본 적이 있었다. 곁에 두어야 할 사람이었다.

펩시코의 법률고문인 전 미국 법무차관 래리 톰슨Larry Thompson을 붙잡아두는 것이 중요했다. 하지만 스티브가 고용했던 사람이 계속 회사에 남아 있는 게 아니라 내가 직접 선택한 인물이라는 인식을 심어줘야 했다. 기업의 최고변호사는 CEO의 가장 가까운 고문으로 거의 모든 업무에 접근할 수 있고 이사회 일에도 깊이 관여하고 있었다. 말수가 적은 편인 래리는 주변에서 벌어지는 일들을 그저 받아들이고 경청하는 쪽이었다. 하지만 나와 일대일로 자리한다면 망설임 없이 내가 언제 어떤 실수를 저질렀고 또 잘했는지를 정확하게 말해줄 사람이었다.

하루는 래리의 사무실로 가서 그에게 해고 소식을 전했다. 그는 어리둥절한 얼굴이었다. 10초 후 나는 활짝 웃으며 법률고문으로 다시 고용했다. 래리에게는 혼이 쏙 빠지는 경험이었을 것이고, 이런 방식이 CEO가 할 만한 뛰어난 접근법은 아니었을지도 모른다. 하지만 이후 래리는 내게 처음 몇 초간은 충격을 받았지만 왜 내가 자신을 법률고문으로 '재고용'해야 했는지 이해했다고 전했다. 그 순간부터 래리는 내가 선택한 법률고문으로서 내가 꾸린 새로운 팀의 일원이 된 것이다.

내 CEO실을 순조롭게 운영하기 위해서 마지막으로 나는 스티브가 시작했던 한 가지 시스템을 그대로 유지하기로 했다. 전도유망한 경영진에게 18개월 동안 내 수석보좌관 자리를 맡기는 것이었다. 첫 타자는 나와 기업전략실에서 함께 일했던 인물로 당시 방콕에 있었던 존 시갈로스John Sigalos였다. 그는 뉴욕으로 돌아왔고, 그와 동시에 내게 필요했던 질서와 구조가 잡혀나갔다.

이후로 12년간 수석보좌관 역할을 해준 뛰어난 차기 리더들은 내게 큰 힘이 됐다. 나는 처음부터 출장을 자주 다닐 계획을 세웠고, 그 여정에 수석보좌관이 동행하길 바랐다. 여기서 말하는 출장에는 우리 사업체를 둘러보는 것은 물론, 젊은 직원들과 한자리에 모여 대화를 나누고, 여성 직원들과 따로 회의를 갖고, 지방 정부 관계자들을 만나고, 현지 팀의 요청에 따라 상공회의소나 여성단체 활동에 참여하는 모든 것이 포함됐다.

어떤 회의 자리든 수석보좌관이 상세한 브리핑 문서를 준비해야 했다. 그뿐만 아니라 연설문은 내가 작성한 초안이 반드시 반영돼야 했고, 연설문 작성자가 초안을 꼼꼼하게 검토하고 단어 하나하나마다 사회 정서를 고려해 쓰였는지 확인해야 했다. 또한 수석보좌관은 후속 조치가 필요한 일들의 목록을 작성해 확인해야 했다.

수석보좌관은 이미 중요한 일들을 수없이 맡고 있지만, 가장 큰 임무 하나가 더 있었다. 바로 공적인 자리에서 내 안위를 살피는 것이었다. 준비된 의자가 여성이 앉기에 적절한가? 연단 위에서 드레스가 나은가, 바지가 나은가? 어떤 색의 의상을 입어야 배경에 묻히거나 너무 튀지 않을까? 채식주의 메뉴가 준비됐는가? 가장 중요한 점은, 계속 이어지는 행사에 내가 지치지 않도록 중간중간 휴식시간을 안배하는 것이었다. 정해진 기간이 끝나갈 즈음이면 수석보좌관들은 하나같이 번아웃에 빠질 정도로 지쳐 보였지만 그래도 세계적인 기업의 CEO실에서 어떤 일이 벌어지는지 내막을 깊이 이해할 수 있는 기회였다.

CEO의 자리에 오르자 나를 지지하는 사람들과 폄하하는 사람들, 응원과 분노, 회의적인 시선까지 모두 다 보였다. 국제사업부에서는 새로운 CEO가 국제적인 시각을 갖고 있고, 수장인 마이크 화이트가 계속 자리를 지킨다는 데 크게 만족했다. 나와 오랫동안 함께 일했던 펩시 음료사업부와 프리토레이 경영진은 나를 자연스럽게 받아들였다. 스티브와 로저는 내가 필요할 때면 언제든 도울 준비가 돼 있었다. 그 점에 대해서는 늘 감사하게 생각했다.

물론 자신이 생각하는 펩시코의 이미지를 지키기 위해 나서는 사람들도 있었다. 어떤 사람은 이사회가 기존의 CEO들과 너무도 다른 인물을 내세웠다는 데 분노했다는 편지를 스티브에게 보내기도 했다. 스티브는 회사를 운영하는 데 내가 최적의 인물인 이유를 멋지게 적어 답장을 보냈다.

나는 펩시코의 새로운 시대를 열겠다는 꿈이 있었다. 21세기의 기업을, 미국 기업이라는 뿌리를 자랑스러워하는 동시에 세계적이면서 변화하는 시대상에 민첩하게 대응하며 먼 미래까지 굳건히 바라볼 수 있는 기업을 만들어가고 싶었다. 이토록 장수하는 기업은 흔치 않았다. 프리토레이와 펩시콜라가 합병하던 1965년도 미국에서 가장 큰 기업 500곳 가운데 50년 후에도 같은 리스트에 남아 있는 기업은 불과 77개, 약 15퍼센트밖에 안 됐다. 내가 CEO로 있을 잠시 동안만이 아니라 몇십 년 그리고 또 몇십 년 후에도 성공하는 기업으로 만들고 싶었다. 내 본능은 펩시코가 사회적 목표를 다시 고찰해야 하고 비즈니스를 계속하기 위해 새로운 모델을 개발해야 한다고 말하고 있었다.

과거 인도에서의 경험도 내게 많은 영향을 주었다. 민주주의와 자본주의에 대해 배웠던 콘퍼런스들, 봄베이의 원자에너지부에서 인턴십을 하며 서양 강국의 기업들이 개발도상국과 어떤 식으로 소통하는지를 목격했던 일들이 떠올랐다. 예일 SOM에서 비즈니스와 사회가 교차하는 지점에 대해 관심을 갖게 됐고, 그곳에서 다양한 케이스 스터디를 하며 기업이 정치, 정부, 비영리 단체, 지역사회, 가정에 얼마나 밀접하게 연결되어 있는지를 깨달았다. 이 모든 요소가 잘 어우러져야 더 나은 미래를 만들 수 있었다.

어느 여름의 월요일 오전, 스티브가 내 주방에 들어와 소식을 전한 이후로 몇 달간, 나는 CEO 자리에 오른다는 두려움과 흥분 속에서 바쁜 나날을 보내면서도 이 문제에 대해 깊이 생각했다.

내 앞에는 막중한 임무가 놓여 있었다. 펩시코는 상징적인 기업이었다. 열일곱 개의 브랜드로 연간 10억 달러 이상의 매출을 기록했고, 이는 당시 소비자 패키지 상품 기업 중 가장 높은 수치였다. 180개국 이상에서 매일 소비되는 펩시코의 음료와 식품은 10억인 분이 넘었다.

하지만 이와 동시에 펩시코에, 아니 업계 전체에 제품 속 설탕, 지방, 염분이 미국은 물론 전 세계적으로 비만, 고혈압, 당뇨라는 재앙을 불러온다는 집중 포화가 쏟아지고 있었다. 퀘이커 오츠를 인수한 우리는 이미 영양가 높은 제품을 내세우고 있었다. 트랜스 지방을 없앴고, 트로피카나에는 오메가3를 첨가했다. 학교에 납품되는 설탕 음료는 모두 회수했다. 하지만 사업 규모에 비해 이런 노력들은 너무도 미미해 보였다. 펩시코는 여전히 정크푸드 기업으로 인식되고 있었다.

공중보건 전문가, 학부모 집단, 정부기관이 주는 압박이 너무도 심했다. 그뿐만 아니라 소비자 트렌드 또한 건강을 중시하는 쪽으로 기울었다. 우리 조직 내에서도 마찬가지였다. 이집트를 방문했을 때 현지 리더들 및 그 배우자들과 저녁을 먹는 자리에서 한 여성은 우리 제품이 영양가가 없어 아이들에게 먹이기가 꺼려진다고 말했다. 굉장히 솔직하고도 유용한 이야기였다. 가족의 수입이 펩시코에 달려 있음에도 그토록 솔직하게 이야기하는 것을 보며 당장 이 문제를 개선해야 한다는 경각심이 커졌다.

임원진의 식습관도 변하고 있었다. 회의에서 일반 펩시를 마시는 사람이 나밖에 없을 때도 있었다. 우리 브랜드 중 좀 더 건강한 브랜드에 마케팅을 할 필요가 있다고 설득할 때마다 속이 답답했다. 우리부터 저칼로리 음료와 생수를 집어 드는데 왜 다른 사람들도 그럴 거라고 생각하지 못하냐고 몇 번이나 되물어야 했다. 우리도 모두 소비자였다. 소비자의 선택을 지지하면서 변화하는 시대상에 맞는 마케팅을 연구해야 했다.

코카콜라와의 경쟁 구도도 사태를 악화시켰다. 코카콜라는 식품사업부가 없었지만 코카콜라 대 펩시라는 구도가 대중들의 인식에 깊이 자리하고 있었다. 전략과 주가가 늘 비교됐고, 여기서 약간의 차이라도 벌어지면 시장은 놀라거나 긴장했다. 그래서 펩시코로서는 혁신이 더욱 어려웠다. '콜라 전쟁'이라는 이미지에만 갇혀 있었다.

하지만 사실 두 기업은 상당히 달랐다. 안타깝게도 펩시코를 담당하는 오랜 경력의 음료 시장 애널리스트들과 리포터들이 펩시코의 새로운 제품 포트폴리오가 아니라 과거의 경쟁 구도에 갇혀 있었다. 정말 암담한 일이었다.

예컨대 2006년 코카콜라는 기업 매출의 55퍼센트를 차지했다. 한편 펩시콜라는 기업 매출의 17퍼센트였다. 우리 음료사업부는 펩시코 전체 매출의 40퍼센트밖에 되지 않는다. 탄산음료의 인기가 떨어지고 있었음에도 여전히 두 회사에는 수익성 높은 비즈니스인 것만은 분명했다.

CEO가 되고 몇 년 후, 다양하게 구성된 제품 포트폴리오와 탄산음료 브랜드를 분리시키기 위해 본사 주소인 앤더슨 힐Anderson Hill과 관련된 이름으로 사명을 바꾸자는 논의도 나눴다. 최고경영진 중 몇몇은 새로운 이름이 제품 라인에 좀 더 어울리는 이미지를 가져올 거라고 생각했다. 하지만 로고와 출시 발표회를 어떻게 해야 할지 고민하고 명칭 변경에 드는 비용을 계산해본 후 우리는 사안을 보류하기로 결정했다. 사브라Sabra 후무스, 레이즈 감자칩, 퀘이커 오츠, 네이키드 주스Naked Jucie를 구매하는 소비자들이 해당 브랜드가 펩시코에 속해 있다는 데 관심을 두지 않는 상황에서 상징적인 펩시코 이름을 지우는 데 수억 달러를 들이는 것이 타당하지 않게 느껴졌다.

우리에게 닥친 큰 시험은 비단 건강 문제만이 아니었다. 나는 환경 문제에 대해서도, 그 많은 병과 봉지들, 낭비되는 물과 연료에 대해서도 걱정이 많았다. 어디를 가든, 특히나 쓰레기 수거가 제대로 되지 않는 개발도상국과 신흥 시장을 방문할 때면 버려진 플라스틱 병과 포장지가 눈에 띄었다. 도저히 모른 척할 수 없었다. 낯이 뜨거울 정도였다.

그즈음 우편물 두 통을 받으며 당혹감은 더욱 커졌다. 동부 대서양 연안에 자리한 주의 국회의원들이 모든 소비재 포장 상품 기업의 리더에게 해안가에 쓰레기가 쌓여가는 현실에 각성을 촉구하는 편지를 보냈다. "어떤 도움을 줄 수 있습니까?" 편지에는 이렇게 적혀 있었다. 1972년부터 쌓인 쓰레기로 거대한 섬이 형성된 북대서양 쓰레기 지대North Atlantic Garbage Patch 사진을 우편으로 받았다. 사진에는 음료 용기와 가공식품 포장재가 가득 쌓여 있었다. 우리 회사에서 제조하는 병과 과자 봉지도 보였다.

〈내셔널 지오그래픽〉에 실린 관련 기사를 읽은 것은 훨씬 나중 일이었지만, 당시 쓰레기 지대의 사진만으로도 내 안의 큰 책임의식을 일깨우기에 충분했다. 나는 일주일에 작은 쓰레기통 하나도 많다는 소리를 듣는 가정에서 자랐다. 하지만 이제는 한 번 사용하고 버리는 습관이 주가 되는 '간편문화'를 이끌고 있었다.

내가 받은 편지와 쓰레기 지대 사진에 관해 시니어 경영진에게 알렸지만 별다른 반응이 없었다. 이상할 정도로 나 혼자만 심각한 것 같았다. 갑작스러운 주제도 아니었다. 앨 고어Al Gore의 기후 변화 다큐멘터리 〈불편한 진실An Inconvenient Truth〉이 나왔고, 전 세계가 지구에 대해 이야기하고 있었다. 펩시코의 핵심 임원 몇몇은 아마도 포장 폐기물 문제가 어찌해볼 수 없을 정도로 너무 큰 문제이고, 이를 해결하기 위해선 획기적인 과학기술이 필요하다고 여기는 것 같았다. 이들의 생각도 맞았다. 간편문화가 우리 사회에 깊이 자리한 나머지 대대적인 변화가 필요했다.

나를 괴롭히던 또 다른 환경 문제는 바로 물이었다. 물의 소중함은 내 뼛속에 각인되어 있었다. 마드라스에서 우리 가족의 삶은 깨끗한 물이 나오는지에 따라, 수돗물이 나오는 시간과 그렇지 않은 시간에 따라 달라졌다. 아버지가 싱크대에 냄비와 그릇을 두고 수도꼭지에서 똑똑 떨어지는 물을 받는 모습이 아직도 선연하다. 우리가 작은 컵으로 물을 끼얹으며 목욕하던 모습도, 마드라스의 여성들이 공용 우물에서 물을 받으러 줄을 서던 모습도 기억 속에 남아 있었다.

펩시코에서는 펩시콜라와 다른 음료 1갤런을 제조하는 데 2.5갤런(9.46리터-옮긴이)의 물이 들었다. 첸나이에 사는 사람들은 물 부족에 시달리는데, 그곳에서 불과 24킬로미터 떨어진 우리 공장에서는 강력한 펌프로 대수층에서 지하수를 끌어다 사용하고 있었다. 내가 CEO로 있는 동안 우리 공장의 물 사용 효율성을 크게 높일 방법은 물론, 우리 기업의 물 관리 방법을 이용해 전체 커뮤니티의 물 효율성을 향상시키는 방법을 찾아야 했다.

펩시코의 미래에 대해 생각할수록 기업에 이로운 일과 세상에 이로운 일을 연계시키는 것이 내게 주어진 임무라는 생각이 들었다. 보편적이면서도 공감을 얻을 수 있는 계획이 필요했다. 청춘을 대변하는 문화를 반영하는 동시에 깊은 역사를 지닌 펩시코가 지혜롭게 진화하고 있다는 메시지를 전달할 수 있어야 했다. 수십만 명의 직원들과 보틀링 업체 파트너들까지 수십 년간 펩시코에 몸담았고, 또 기존의 방식에 애착을 느끼는 모든 이와 함께 나아가야 했다. 나는 거대한 조직을 바꾸면서 새로운 변화를 관리하는 법과 기업의 책임에 대한 내용이 담긴 글은 모조리 찾아 읽었다. 이사회와 논의하고 BCG의 믿을 수 있는 친구들에게 컨설팅을 받았다.

결국 우리가 앞으로 나아가야 할 길은, 목적 있는 성과Performance with Purpose, PwP라는 시각에서 펩시코를 재고하는 것이라는 결론을 얻었다.

PwP는 내 야심이 담긴 작품이었다. 펩시코가 당연히 해내야 할 뛰어난 성과를 달성하는 새로운 방식일 뿐 아니라 앞으로 우리가 반드시 지켜야 할 세 가지의 약속이었다. 바로 인류와 우리가 살고 있는 지역사회를 건강하게 하고, 환경을 보전하며, 우리 기업에 속한 사람들을 소중히 여긴다는 약속이었다. 기업의 사회적 책임이나 기부에 초점을 맞춘 자선 활동이 아니었다. PwP를 통해 펩시코가 수익을 창출하는 방법을 전환하며 비즈니스의 성공을 건강하게 하고Nourish, 보전하고Replenish, 소중히 한다Cherish는 세 가지 목표에 연계하고자 했다.

'건강하게 한다'는 목표는 인류의 지속가능성에 초점을 맞춘 것이다. 사람들과 사회에 책임감을 갖고 먹을 것을 제공하고, 소비자들이 정확한 정보를 바탕으로 먹거리를 선택하도록 이끌어 더욱 건강한 음식과 음료 문화에 기여해야 했다. 오리지널 펩시콜라와 도리토스처럼 우리가 펀포유Fun for You라고 부르는 아이템을 지금처럼 홍보하되 지방과 설탕, 염분을 낮출 방법을 찾아야 했다. 프레즐과 다이어트 음료를 포함한 제로 및 저칼로리 라인인 베터포유Better for You 상품군을 늘리고 주스와 차, 오트밀 등의 굿포유Good for You 제품군에 혁신과 마케팅을 더할 필요가 있었다.

우리의 목표는 숭고했지만 한 가지 큰 난관이 있었다. 바로 맛이었다. 우리가 만드는 제품 모두 오랜 시간에 걸쳐 훌륭한 맛을 찾기 위해 거듭 개선돼왔다. 나는 현재의 맛을 만드는 데 핵심적인 역할을 하는 지방, 설탕, 소금을 낮추고자 레시피와 성분에 손을 대자고 제안하는 것이었다. 복잡한 기술적 문제와 큰 기회, 이두 가지가 눈앞에 놓여 있었다.

'보전한다'는 목표는 환경의 지속가능성을 의미하는 것이었다. 에너지와 물을 사용하는 방식을 재고하고, 포장재에 플라스틱을 줄이고 재활용 시스템을 만들 방법을 찾아야 했다. 상품의 재료가 되는 작물을 재배하는 파트너들이 농업용수를 절약할 방법을 찾도록 도와야 했다. 온실가스 배출도 줄여야 했다. 지구를 회복하려는 국제적인 노력에 합류해야 했다. 환경을 보호하면서 비즈니스를 운영할 방법을 찾기 위해 활짝 열린 마음으로 완전히 새로운 아이디어를 구하고 받아들일 준비가 되어야 했다. 하이브리드 및 전기 트럭, 태양열 에너지, 최신 보틀 세정 및 세척 방법 등 시도하고 시행할 수 있는 다양한 아이디어는 계속 늘어만 갔다.

'소중히 한다'는 목표는 인재의 지속가능성을 지키겠다는 의미다. 펩시코는 모든 직원이 성장할 수 있는 협조적이고 자율적인 업무환경을 제공해야 했다. 이는 필연적으로 한 가지 시급한 문제와 연계되어 있었다. 바로 최고의 인재가 우리 기업을 찾고 또 오래 함께하도록 해야 한다는 것이었다. 우리가 건강과 환경 문제를 잘 넘기지 못한다면 취업 시장에 뛰어드는 밀레니얼 세대가 펩시코를 선택하지 않을 거라는 점을 잘 알고 있었다. 굉장히 중요한 문제였다.

나는 이 젊은 세대가 일과 가족을 통합시킬 수 있도록 도움을 주는 것이 무엇보다 중요하다고 판단했다. 밀레니얼 세대는 돈과 결혼, 자녀 양육 사이에서 커다란 스트레스를 받고 있었다. 자신의 부모가 같은 문제로 고생했던 것을 직접 보고 자란 세대였다. 이모든 사안을 어떻게 헤쳐나가야 할지 막막했다. 우리가 어떤 식으로든 도움을 준다면 경쟁력으로 작용할 수 있었다. 누군가를 채용한다는 것은 단순히 사람 한 명을 들이는 것이 아니라 한 가족 전체가 따라오는 일이었다. 펩시코에는 25만 명 이상의 직원이 소속되어 있었고, 모두를 소중히 여겨야 했다.

놀라지 않을 수도 있지만, '소중히 한다cherish'라는 단어가 몇 년 동안이나 꽤 많은 논란을 일으켰다. 비즈니스 맥락에서 이 단어가 너무 부드럽고 여성스럽다는 이야기가 나왔다. 동료 한 명은 이 단어를 들으면 '낮은 탄성과 함께 슬롯머신의 그림이 돌아가듯 눈을 굴리게 되고, 신뢰도를 전혀 내포하지 않는 단어이며, 도리어 조롱을 자아낸다'는 내용의 글을 내게 적어 보내기도 했다. 이 단어가 심기를 거스른 모양이었다.

CEO에 오른 후 얼마 지나지 않아 첫 타운홀 미팅을 진행하기 위해 텍사스 주 플레이노에 위치한 삼각형 모양의 프리토레이 본사를 찾았다. 그간의 노력과 문제점에 대해 이야기한 뒤 펩시코에서 프리토레이가 미치는 대단한 영향력을 치하했다. PwP 미션에 대해 언급한 뒤 시니어 팀과 따로 가진 회의 자리에서 자세한 내용을 설명했다.

그것은 하나의 실험이었다. 프리토레이 경영진은 본인들의 사업체 외부에서 전해지는 의견은 보통 거부하는 회의론자들이었다. 하지만 이들의 지지가 필요했던 나는 새로운 미션을 이끌 주인공이 프리토레이라고 설득했다. 흥미로운 대화를 나눈 후 경영진은 다음 주까지 의견을 정리해 알려주겠다고 했다. 조심스럽지만 기대가 생겼다.

사흘 후, 프리토레이의 CFO와 전략 책임자가 퍼체이스로 와 경영진 모두 PwP를 무척이나 긍정적으로 생각하고 있다고 알렸다. 프리토레이의 맛과 즐거움을 지키는 동시에 제품을 더욱 건강하게 만들 노력을 기울여야 할 때가 왔다는 사실을 이해했고 동의하고 있었다. 이들은 하이브리드 트럭과 태양열에 특히 뜨거운 관심을 보였고, PwP가 훌륭한 인재를 불러 모으는 데 좋은 역할을 할 수 있을 거라고 믿었다.

세계보건기구에 몸담았던 인물이자 세계 보건 전문가인 데릭 야흐Derek Yach에게도 PwP에 대해 자세히 알렸다. 데릭은 우리 제품과 제품이 환경에 미치는 영향에 대해 날선 비판을 해왔다. 우리 팀에 비평가가 합류한다면 내가 이 프로젝트를 올바르게 진행하는 데 큰 도움이 될 것 같았다. 회사를 변화시키고, 공공정책 전문가들과 소통하는 데 도움을 얻고자 그를 고용했다. 데릭은 내가 제시하는 방향성이 대담하다고 평했고, 이 여정을 적극 지지했다. 정식으로 인정을 받은 기분이었다.

몇 주 후, 애리조나 주 스코츠데일의 한 호텔 연회장에 선 나는 전 세계에 있는 400명의 펩시코 최고경영진 앞에서 PwP를 발표했다. 연례회의차 모인 자리였다. 한 시간이 넘도록 우리의 역사와 그간의 성과와 역량 그리고 훌륭한 임직원들에 대해 이야기했다. 그런 뒤 PwP에 대해 상세하게 소개했다. PwP는 필요한 곳에 돈을 기부하는 자선 활동이 아니라는 점을 설명했다. 내가 말하고자 하는 것은 수익을 창출하는 새로운 방식이었다. 변화하는 소비자에 맞춰 우리의 포트폴리오를 전환하지 않는다면 성장할 수 없었다.

환경에 초점을 맞추지 않으면 비용이 더 많이 들게 될 테고, 영업 허가를 내주지 않는 국가도 생길 수 있었다. 온전한 자기 모습으로 근무할 수 있는 환경을 만들지 못한다면 훌륭한 인재들을 놓치게 될 터였다. 그리고 성과를 내지 못한다면 목적을 키워나갈 수 없었다. 성과와 목적은 서로를 강화하는 구조였다. 선순환 관계였다.

내 몸과 마음을 다 바쳐 스피치를 펼쳤다. 내 진심 어린 신념이 모두에게 닿기를 바랐다. 내 마음이 전해지고 있었다. 내가 말을 하는 동안에는 숨소리조차 들리지 않을 정도로 고요했다. 다들 내 이야기에 빠져들었다. 미동조차 없었다. 연설을 마치자 사람들이 전부 일어나 환호했다. 그제야 안도한 나는 새로운 여정을 시작할 준비가 된 것 같았다.

나는 기업이 지닌 힘을 믿는다. 대규모의 민간기업이 세상을 더욱 이롭게 한다고 생각한다. 기업이 사회에 안정성을 더해서만이 아니라 사회를 혁신하기 때문이다. 기업은 일자리를 창출하고 사람들의 욕구를 충족시켜주는 상품을 제공한다. 조세 기반을 구축하는 데 기여하고 커뮤니티를 형성한다.

하지만 나는 기업이 상업적 맥락뿐 아니라 윤리적 맥락에서도 이로운 역할을 해야 한다고 생각한다. CEO가 주주를 만족시키고 경쟁에서 살아남는 기업이 좋은 기업이라는 신념을 넘어서기 위해 이토록 노력한다는 것이 누군가의 눈에는 이상하게 보일 수도 있다. 하지만 기업은 단순히 이익을 창출하는 집단이라는 개념은 아주 근래에 생겨난 것이다. 역사적으로 기업은 사회에 굳건히 뿌리를 내리고 유산을 남기는 데 자부심을 느꼈다. 실패하는 사회에서는 그 어떤 비즈니스도 진정으로 성공할 수 없다.

기업이 사회에 미치는 영향력은 모든 비즈니스 계획 단계에서 고려돼야 하고, 어떠한 영향력을 미치게 될지를 나중에 생각해서는 안 된다는 것이 내 생각이다. 상업적으로 이로운 것과 사회에 이로운 것이 공존해야 한다.

PwP를 통해 나는 펩시코를 미래로 이끌 단순하지만 세심한 전략을 만들었다. 앞서 프리토레이 경영진이 내 뜻에 동의를 해주고 펩시코의 글로벌 리더들이 좋아하는 모습에 속으로 짜릿함을 느꼈다. 이사회 앞에서 새로운 비전을 자세히 설명했을 때 네 사람이 내게 큰 지지를 보냈다. JP모건 체이스Morgan Chase의 전 CFO 디나 더블론Dina Dublon, 자선가이자 워싱턴 D.C.의 공영 TV 방송국 WETA의 CEO인 샤론 퍼시 록펠러Sharon Percy Rockefeller, 당시 듀크 메디컬센터장이었던 빅터 자우Vitor Dzau, 나이트재단Knight Foundation의 CEO 알베르토 이바르겐Alberto Ibarguen, 이렇게 네 명이었다. 알베르토는 펩시코가 나아가야 할 가장 합리적인 방향이라는 말로 대화를 마무리지었다. 모든 것이 순조로웠다.

무엇보다 연령대가 낮은 직원들이 PwP에 공감해주어 큰 기쁨을 느꼈다. 그들의 친구들이나 친척들이 과자나 음료와 더불어 포장폐기물을 찍어내는 기업에서 일하는 것에 대해 윤리적으로 다그쳤을 거라는 점을 알고 있었다. 이제는 우리 직원들도 그에 따른 답변이 있었다. 내가 일하는 펩시코는 환경 문제를 해결하기 위해 진화하고 있다고 말이다. 새로운 미션은 윗선에서 시작됐지만 신입사원들과 인턴들에게 더 큰 공감을 샀다. 이 미션을 다들 자랑스럽게 여겼다.

투자자들과 매체를 설득하는 것은 좀 더 어려운 문제였다. 주주들은 펩시코의 단기 수익 목표에 조금이라도 영향이 갈 만한 것은 지지하지 않으려 했고, 우리의 새 계획에 대해 말하자 상당히 혼란스러워 했다. 탄산음료와 칩스 과자를 보고 주식을 샀다는 점을 분명히 한 이들도 있었다. 이들은 오늘의 수익을 원하는 것이지 내일의 새로운 전략을 원하는 것이 아니었다. 색다른 식음료 기업에 관심이 있었다면 다른 기업을 고려했을 거라고 말했다.

보스턴의 포트폴리오 매니저가 한 말이 가장 기억에 남았다. "당신이 도대체 누구라고 생각하는 겁니까? 마더 테레사라도 됩니까?"

나는 멈추지 않았다. 결과적으로는 PwP가 향후 10년 넘게 내 모든 결정의 기반이 됐다. 이 전략은 세계 금융위기와 탄산음료 세금 부과 논쟁, 다년간 기업의 방향성을 바꾸라고 종용하던 행동주의 투자가까지 모두를 이겨냈다. PwP는 끊임없이 내 신념을 시험했고, 내 인생 최고의 기쁘고 행복한 순간을 선물했다. PwP를 시행한 지 12년이 지난 2019년 11월, 미국에서 가장 규모가 큰 기업의 CEO들로 구성된 비즈니스 라운드테이블Business Roundtable 회원 180명은 편협한 주주 중심이 아니라 이해당사자 중심으로 비즈니스를 운영하겠다는 성명서에 서명을 했다. 성명서에 담긴 결심을 상세한 계획과 수치로 잘 보여줄 수 있을지는 앞으로 지켜봐야 하지만, 비즈니스 운영에 있어 좀 더 폭넓고 합리적인 방향을 약속하는 성명서에 서명했다는 것 자체만으로도 흐뭇한 일이 아닐 수 없었다. 내 뜻이 드디어 인정받은 것이다.

2019년 스미소니언 국립 초상화 박물관Smithsonian's National Portrait Gallery에서 영광스러운 연락을 받고 초상화를 그리기 위해 자리에 앉은 나는 뒤에 마련된 선반에 네 가지 물건을 올려두었다. 부모님 사진과 라지, 프리타, 타라가 함께 찍은 사진, 예일 SOM 모자와 표지에 '목적 있는 성과'라고 적힌 펩시코 연간 리포트였다.

거대한 변화를 이루는 데 지름길은 없다. 정직함과 민첩함 그리고 용기가 필요하다. 펩시코를 변화시키겠다는 결심을 하고 난 뒤 지금껏 쌓아온 공부와 경험이 큰 동력으로 작용했다. 나는 준비가 돼 있었다. 무엇을 어떻게 해야 할지 잘 알고 있었다.

가장 중요한 첫 단계는 모든 사람이 이해하고 받아들일 수 있도록 메시지를 전달하는 일이었다. 어디를 가든 새로운 변화가 왜 필요한지 솔직하게 설명하며 PwP에 대해 알렸다. "사회와 소비자들이 변하고 있고, 저희는 이에 뒤처질 수 없습니다." 기회가 될 때마다 말했다. "우리가 번 돈을 어떻게 탕진할지에 관한 것이 아니라 어떻게 수익을 창출할지에 관한 것입니다." 그러곤 이렇게 덧붙였다. "우리 직원들과 그 가족들에게도 무척이나 중요한 문제입니다. 모두 다 함께 잘 살아갈 수 있는 길입니다."

모두 좋은 말들이었다. 하지만 기업을 새로운 방향으로 이끌어 갈 인재들을 고용하고 자본을 투입해 이들을 뒷받침하지 못한다면 아무도 내 야심찬 계획을 진지하게 생각하지 않을 거라는 점도 알고 있었다.

그 때문에 완전히 새로운 글로벌 R&D 사업부를 구축하기 시작했다. 그때까지만 해도 펩시코 부서마다 소규모 R&D 팀이 상품 매니저와 마케터의 판단에 따라 운영되는 식이었다. 이들은 제품의 풍미와 색감, 포장 디자인에는 전문가였지만 1983년 다이어트 펩시의 성분을 사카린에서 아스파탐으로 교체한 것을 마지막으로 근본적인 변화를 주도하지는 못했다.

펩시코의 R&D는 영양성분이나 생리학, 인간이 음식을 실제로 섭취하는 복잡한 역학에 대해서는 전혀 초점을 맞추지 않았다. 적어도 새로운 연구실을 세우고 화학자들을 들여 고객들이 우리 제품을 먹으면서 느끼는 만족스러운 경험을 유지시키면서도 레이즈 감자칩에 염분을 낮추고 펩시콜라에 설탕을 줄이며 치토스에 통곡물을 늘릴 방법을 찾아야 했다. 하지만 내 야심으로는 이 정도로 만족할 수 없었다. 펩시코의 과학이 전 세계 식품 시스템을 재창조하는 핵심 역할을 할 수도 있었다.

하나의 도전이었고, 내가 펩시코를 떠난 후에도 오래도록 지속되길 바라는 모험이었다.

이 모든 과정을 감독할 최고과학책임자가, 경영진에 속해 있으면서 내게 직접 보고할 수 있는 사람이 필요했다. 새로운 자리를 두고 몇 사람을 인터뷰하던 중 메흐무드 칸Mehmood Khan을 만났다. 그는 일본 생물의학 기업인 다케다제약회사Takeda Phamaceuticals의 글로벌 R&D 회장이자 앞서 메이요클리닉Mayo Clinic에서 당뇨·내분비·영양 실험실의 책임자였다. 오래 점심을 함께 먹으며 즐거운 대화를 나눴고, 서로 정말 잘 맞는다는 느낌이 들었다. 메흐무드는 펩시코에 필요한 모든 것을 갖추고 있었다. 리더십과 경험, 열정, 비전까지. 들뜬 나는 그에게 최고과학책임자 자리를 제안했다.

메흐무드는 내 제안을 거절했다. 다케다에서 의약품으로 사람들의 생명을 살릴 연구를 마음껏 할 수 있는데 왜 펩시코로 가서 감자칩 만드는 일을 하겠냐고 되물었다. 좋은 지적이었지만 나도 나름의 답변이 준비돼 있었다. "펩시코에서는 당신이 만드는 것은 무엇이든 직접 맛볼 수 있으니까요." 약품은 수년간의 연구 끝에 미미한 발전만 이끌어내는 분야라고 덧붙였다. 우리와 함께한다면 메흐무드는 펩시코의 날개 하나를 새로 만들어낼 수도 있었다. 사람들이 섭취하는 음식에 대한 담론을 이끌어나갈 수 있었다. 그는 공중 보건에서 지대한 영향력을 지니게 될 터였다.

메흐무드는 내 말에 꿈쩍도 하지 않았다. 몇 주 후 다시 대화를 나누었고, 그는 펩시코가 과학과 건강, 쓰레기 문제에 진지하게 임하고 있다는 점을 세상에 설득시키는 것이 어려울 거라는 이야기를 했다. "각오가 되어 있습니까?" 그가 물었다. 각오는 충분히 되어 있다고 설명했다. 되돌릴 수 없었다. 이 방법 외에는 우리 비즈니스의 장기적 생존을 보장할 다른 선택권이 없다고 판단했고, 메흐무드가 우리와 같이 가길 진심으로 바랐다.

6개월간의 대화 끝에 2007년 12월, 마침내 메흐무드가 펩시코에 합류하기로 결정했고, 시카고에 있던 가족들과 함께 그리니치로 집을 옮겼다. 처음에는 그리 넉넉지 않은 예산으로 시작했지만 8년 동안 예산이 세 배나 증가했다. 그는 지금껏 펩시코에서 찾지 않았던 지식과 능력을 지닌 수십 명의 사람들을 채용했다. 분자생물학, 생리학, 약리학, 컴퓨터 모델링, 환경공학 분야의 인재들이었다. 머크Merck, 듀퐁DuPont, 유니레버Unilever에서 과학자들도 데려왔다. 그는 플레이노, 시카고, 발할라, 뉴욕에 있는 펩시코 시설을 확장했고, 중국과 멕시코, 러시아에 연구센터를 세웠다. 여기에는 펩시코가 마주한 건강과 과학 문제를 걱정하는 사람들의 문화 배경과 민족성을 좀 더 깊이 이해하려는 의도도 일부 포함되어 있다. 메흐무드가 이끄는 부서는 음식과 문화에 완전히 새로운 방식으로 접근하는 법을 알려주었고, 세계적으로 생각하고 지역적으로 행동한다는 방향성을 보여주었다.

12년 동안 메흐무드의 창의적이고 안정적인 지도 아래 펩시코는 펩시콜라의 당분을 조금씩 낮춰갔고, 그 결과 주요 국가에서 판매되는 펩시콜라의 경우 환상적인 맛은 그대로 유지하되 2006년과 비교해 설탕 함량을 10퍼센트에서 20퍼센트까지 줄이는 데 성공했다. 스낵의 나트륨도 낮췄는데, 소금 결정의 크기를 줄이면 훨씬 적은 양의 소금으로도 혀에서는 기존의 맛을 그대로 느끼는 원리를 적용했다. 이제 대부분의 시장에서 판매되는 레이즈 과자 한 봉지는 빵 한 쪽보다 염도가 낮은 수준이었다. 우리는 탄산 감귤류 음료에 제로 칼로리의 천연 감미료인 스테비아를 더하는 새로운 방식을 실험했다. 글루텐 프리 퀘이커 오츠 제품을 선보였고, 레이즈 포퍼블Poppables과 같이 3D 칩을 제조하기 위해 새로운 생산법을 개발했다.

운영 부서와 협력해 R&D 부서는 배송, 제조, 포장 기술에서 연료 소비량, 물과 플라스틱 사용량을 줄여나가는 과정을 지휘했다. 또한 물이 필요 없는 보틀 세척 기술과 새로운 차원의 재활용 기술을 더해 탄산음료 보틀을 생산하는 방법을 개발했다. 메흐무드와 그가 이끈 팀의 성과로 펩시코는 대단한 찬사를 받았다. 우리는 매년 정직하고 상세한 지속가능성 보고서를 발간했다.

2012년 펩시코는 수자원 보존과 보호를 치하하는 세계 최고의 어워드인 스톡홀름 워터 프라이즈Stockholm Water Prize의 영예를 안았다. 절수 시설 및 기술, 물 재활용 및 재사용, 새로운 물 관리 계획으로 우리는 5년 동안 160억 리터의 물을 절약했다.

이 상이 내게는 상징적인 의미를 지녔다. 마음을 다한다면 뚜렷한 목적이 있는 일은 그 무엇도 불가능하지 않다는 사실을 보여주는 상이었다. 물이 부족했던 어린 시절에 대해 사람들과 대화를 나누다 보면 해외 지사 곳곳에서 비슷한 경험을 한 사람들의 이야기를 많이 접할 수 있었다. 마음이 움직이면 어떤 일이든 한결 쉬워진다. 선진국의 과학자원으로 신흥 시장이 마주한 문제를 해결하는 대단한 성과도 거두었다.

PwP를 통한 펩시코의 변화는 우리만의 힘으로는 이룰 수 없었다. 업계 전체가 세계의 건강과 환경 문제를 직면하고 변화에 동참하도록 이끌어내야 했다. 나는 이 일에도 앞장섰다. 식료품 도매업체를 대변하는 협회인 푸드 마케팅 협회Food Marketing Institute의 2008년 연간 콘퍼런스 자리에서 기조연설을 해달라는 요청을 받아들였다. 다시 한 번 스코츠데일의 연회장 연단에 오른 나는 이번에는 미국에서 가장 큰 소비재기업, 식료품기업, 농업기업의 CEO들을 포함해 미국 식품 공급에 상당한 영향력을 지닌 노련한 경영진을 마주하고 있었다. 펩시코 CEO로서는 처음으로 이 자리에 선 나는 짧게 내 소개를 마쳤다. 펩시코에서 내가 이루고 싶은 목표에 대해서도 이야기했다.

그런 뒤 비만에 대한 이야기를 꺼냈다. 그곳에 모인 사람들이 속한 기업을 모두 합하면 연매출 9,000억 달러로 세계에서 열세 번째로 큰 경제를 담당하고 있다고 설명했다. 우리는 우리의 영향력과 자원을 책임감 있게 활용해야 하는 입장이었다. 우리는 지나치게 높은 칼로리 섭취와 지나치게 부족한 운동량, 우리 사회가 직면한 심각한 건강 문제와 경제적 부담이라는 현대사회의 불행을 마주해야 했다. 다 함께 움직여야 했다.

이곳에 있는 모두가 영양성분 표시를 채택하고 포션 컨트롤 portion control(일인당 음식 섭취량을 조절하는 통제 수단-옮긴이)과 신체적 건강을 장려해야 한다고 제안했다. 걷기 좋은 도시들, 놀이터 안전에 대한 법제 개혁, 긍정적 영양positive nutrition(건강에 좋은 재료와 성분에 초점을 맞춘 식습관-옮긴이)에 대한 이야기를 이어갔다. 다양한 주제를 풀어놓은 뒤 마지막으로 비즈니스 리더이자 사회의 리더로서 그리고 자녀를 키우는 부모이자 선량한 시민으로서 더욱 건강한 인류를 위해 식품 산업의 궤적을 함께 바꿔나가자고 촉구했다. 이 모든 것은 시스템의 문제이고 공동의 노력으로 변화를 이끌어나가야 한다고 말했다.

"우리가 할 수 있는 것들을 하면서 좋은 업계를 만들어가야 합니다. 마지못해서가 아니라 기꺼이, 내몰리듯이 아니라 먼저 나서서 말입니다." 이렇게 마무리를 지었다.

식품 산업에서 가장 강력한 의사결정자들에게 보내는 간절한 애원이었다. 연설을 마친 후 세이프웨이Safeway 식료품점 체인을 20년 넘게 이끌고 있는 스티브 버드Steve Burd와 중서부 지역의 소매업체인 하이비Hy-Vee의 릭 위르겐스Ric Jurgens가 잔뜩 상기된 얼굴로 내게 다가왔던 것이 기억에 남는다.

이 연설은 미국 음식 산업이 헬스와 웰니스에 접근하는 방식을 완전히 변화시켰고 이후 '건강한 체중을 위한 재단Healthy Weight Commitment Foundation'이라는 식품업계의 새로운 이니셔티브를 촉발했다. 비만을 줄이자는 목표의 비영리기관으로 설립된 이 재단은 이후 업계 및 비영리 단체 300곳 이상의 파트너가 합류할 정도로 성장했다. 우리는 5년 동안 식품업계에서 최소 1조 5,000억 칼로리를 낮추는 것을 목표로 삼았고, 3년 후 6조 이상의 칼로리를 낮추는 데 성공했다. 우리는 영부인이었던 미셸 오바마의 '렛츠 무브Let's Move!(소아 비만 개선 캠페인-옮긴이)'와 파트너를 맺고 학교 3만 4,000곳에 건강 프로그램을 실행하는 데 자금을 제공했다.

이렇게 다 함께 힘을 합쳐 사회적 문제를 해결하는 움직임이 내게 큰 희망을 주었다. 가능한 일이다. 다만 자주 일어나지 않을 뿐이다. 빠르고 효율적으로 움직일 수 있는 놀라운 능력을 지닌 민간기업이 더욱 큰 목표를 기반으로 정부와 협력하는 것이 사회에 긍정적인 변화를 불러올 가장 강력한 동력이라고 생각한다.

펩시코가 구조적인 변화를 거치는 동안에도 나는 가정이라는 현실을 오가야 했다. 타라는 고등학생이 됐고 20대에 접어들어 일을 시작한 프리타는 경영대학원 진학을 고민 중이었다. 가족과 함께할 여유가 좀 생겼다 싶었지만 이제는 두 아이들이 전처럼 나를 필요로 하지 않았다. 회사를 오가는 출퇴근길은 익숙하고 편해졌다. 집을 몇 차례 보수했고 정원에는 나무와 다년생 식물을 심었다. 딱히 수영을 배울 생각은 없었지만 수영장도 만들었다.

집안일을 도와주는 사람들도 있었다. 성실한 안토니아Antonia가 청소를 도왔고 요리를 해주는 인디라Indira는 맛있는 채식 요리로 우리 가족의 건강을 지켜줬다. 두 사람의 손길로 집은 항상 깔끔하게 유지됐다. 라지는 여전히 출장이 많았지만 남편과 내가 서로 일정을 조율할 일은 이제 많지 않았다. 과학기술의 도움도 서서히 받고 있었다. 내가 집에 있지 않을 때도 블랙베리로 아이들과 자주 소통할 수 있었다.

이제 내 시간을 정신없이 바쁜 업무에 마음껏 쏟아부을 수 있었다. 하지만 가족은 늘 함께하는 사람들이라는 점을 단 한 순간도 잊은 적 없고, 이는 나를 위해 일하는 직원들에게도 해당하는 이야기였다. 하늘에서 뚝 떨어진 사람은 없다. 전 세계 펩시코 시설을 둘러보며 직원들의 이야기를 듣는 것이 좋았고, 직원들을 만나고 악수를 하고 포옹을 나누고 사진을 찍느라 몇 시간이나 보낼 때가 많았다. 공장이나 사무실에서 나를 맞이하는 사람들 중에 낯선 얼굴이 보이면 알아채려고 늘 노력했다. 펩시코의 모든 직원이 나를 알고 또 내가 가까이 있다고 느끼는 것이 회사에도 훨씬 좋을 것 같았다. 좀 더 인간다운 모습의 CEO로 다가가고 싶었고 회사는 모두의 것이라는 점을 보여주고 싶었다. 나는 CEO라는 위치가 지닌 진정한 의미를 마음껏 누렸다. CEO였기 때문에 많은 사람을 만났고, 또 이들이 자신의 삶에 선뜻 나를 들여놓을 수 있었다. 사람을 소중히 하는 것은 내게 너무도 자연스러운 일이었다.

임원진이 내가 주최하는 타운홀 미팅에 다 큰 자녀들을 데려와 내게 인사시키는 일이 자주 있었다. 마찬가지로 시니어 경영진이 나를 찾아와 회사 업무에 영향이 갈 수도 있는 개인적인 문제를 자세히 공유하는 일도 잦았다. 나는 항상 이들의 이야기를 잘 들어주었고 이후 상황이 어떻게 해결되고 있는지 꼭 알려달라는 말도 잊지 않았다.

인생의 전부

2007년 12월, 지금껏 수없이 그래왔듯 연말 연휴를 맞아 라지, 프리타, 타라와 몇 주간 인도에 머물며 가족들을 방문하기로 했다. 어머니가 1년에 몇 달간 머무는 G. N. 체티 로드의 집에 머물던 어느 날 아침, 어머니는 사람들이 오기로 했으니 남성용 거실에서 함께 기다리자고 했다. 펩시코 CEO 자리에 오른 지 얼마 안 됐을 때라 새로운 타이틀로 인도를 방문한 것이 처음이었다. 사람들이 다들 나를 만나고 싶어 한다고 어머니는 말했다.

몇 시간 동안 의자에 앉아 최고경영자를 직접 만나러 온 어머니 친구들을 맞이했다. 하나같이 내게 고갯짓으로 인사를 하고는 곧장 어머니에게로 가 축하 인사를 건네며 펩시코 CEO라는 대단한 성공을 거둔 딸을 길러내다니 대단하다며 칭찬했다. 사람들의 뜨거운 관심을 받는 어머니의 모습을 뿌듯하게 지켜보며 아버지도 계셨다면 얼마나 좋았을까 생각했다. 아버지가 얼마나 자랑스러워했을까. 사무치게 그리웠다.

미국으로 돌아온 후 그날 아침을 떠올리며 미국에서 유명한 기업인이 된 내 모습과 부모님과 조부모님의 지지 아래 성장하고 성공할 기회를 마음껏 누렸던 어린 시절에 대해 생각했다. 펩시코에 몸담고 있는 모든 사람에 대해 그리고 이들이 우리 회사에 이토록 열심히 그리고 열정적으로 기여하는 인재로 성장시키기까지 부모님들의 노고와 헌신에 대해 생각했다.

나는 시니어 경영진의 부모님들께 편지를 쓰기로 결심했다. 지난 10년간, 펩시코에 멋진 자녀들을 선물해준 어머니와 아버지에게 수백 통이 넘는 편지를 썼다. 또한 내 직속 부하의 배우자들에게도 펩시코에 남편 또는 아내를 양보해줘서 고맙다는 편지를 보냈다. 수석보좌관의 도움으로 수신자에 따라 내용을 달리 적었다.

이 편지가 많은 사람에게 감동을 주었다. 내 편지를 받은 거의 모든 사람이 장문의 감사 편지나 짧은 내용의 애정 넘치는 쪽지로 답장을 보내왔다. 쿠키와 직접 뜨개질한 예쁜 숄을 선물로 받기도 했다. 어떤 부모님들은 집 근처 식료품점을 주기적으로 방문해 펩시코 제품의 판매 및 재고 현황을 사진으로 찍어 보내며 자신들도 우리와 함께하고 있음을 보여줬다. 임원들의 이야기에 따르면 부모님이 항상 "인드라 씨는 잘 지내시지?"라는 말로 대화를 시작한다고 했다.

부모님들은 아무리 다 컸다 해도 자녀의 성장을 확인할 수 있는 통지표를 받으며 큰 기쁨을 느꼈다. 한편 임원들은 부모님의 반응을 보며 크게 놀란 눈치였다. 다음과 같은 편지를 수없이 받았다.

인드라,

잠시 제 개인적인 경험담을 들려드리고 싶습니다. 평일에는 도통 그런 일이 없는데, 어젯밤 부모님의 전화를 받았습니다. 당신이 보낸 편지를 받고 제게 알려주려고 전화를 하신 거였어요. 부모님의 목소리가 그렇게 떨렸던 적은 처음이었습니다. 굉장히 감동받은 목소리로 이렇게 말씀하셨어요. "인드라 누이가,

펩시코의 CEO가 바쁜 일정을 쪼개 우리한테 편지까지 써주다니……."

앞을 보지 못하는 어머니는 지난주 병원에서 퇴원을 해 요양하고 계신데, 그렇게 들뜬 목소리로 말씀하시는 것은 정말 오랜만이었습니다. 늘 과묵한 아버지도 조부모님이 살아계셔서 편지를 받았다는 소식을 전할 수 있으면 좋겠다고 하실 정도였어요. "이런 편지는 돈보다도 훨씬 귀한 거야." 이렇게 말씀하셨습니다. 당신의 편지가 부모님께 정말 대단한 의미였다는 점을 알려드리고 싶었습니다. 당신이 제 부모님께 그리고 제게 준 선물에 진심으로 감사합니다.

당신의 따뜻한 배려와 리더십에 감사의 마음을 보냅니다.

켄Ken

내가 은퇴하고 1년 후 임원 한 명은 홀로 자신을 키운 모친이 얼마 전 실버타운에 입주했다고 편지로 알렸다. 횅한 거실 벽에는 단 하나, 내가 쓴 편지를 표구한 액자만 걸려 있다는 이야기도 들려줬다.

물론 펩시코를 변화시키는 일은 CEO의 업무 중 일부일 뿐이었다. 예전과 다름없이 회사를 운영해야 했다. 다시 말해, 단기적으로는 매 분기마다 신뢰할 만한 수익을 창출해야 했다. 투자자들은 조금의 어긋남이 없이 예측 가능한 성과를 요구했다. 약속은 덜 하고 그보다 더 많은 결과를 보여줘야 했다.

모든 CEO에게 수익은 무엇보다 시급한 과제다. 미국 상장기업은 분기별 재무제표를 보고해야 하고 가급적 긍정적인 성과를 항상 내밀어야 한다. 펩시코에서 나올 때 확인해보니 내가 CFO와 CEO를 거치는 동안 발표한 분기별 보고서가 75건이었다. 매번 몇 주간의 토론과 준비, 공식 전화 회의 그리고 뉴스 보도를 거쳤다.

타라가 어렸을 적에 "나 몇 시간만 찾지 마. 실적 발표 준비해야 하거든"이라고 말하는 엄마의 모습에 너무도 익숙해진 나머지 부드럽게 내 등을 어루만지며 이렇게 말하곤 했다. "걱정하지 마, 엄마. 다 괜찮을 거야! 그냥 실적 발표일 뿐이잖아!" 실적 발표가 무슨 뜻인지도 모르면서 말이다.

펩시코처럼 큰 기업의 경우 성장 목표를 달성하는 것은 계속 그림이 달라지는 퍼즐을 맞추는 것과 비슷하다. 투자자들을 만족시키기 위해서는 톱 라인top line, 즉 매출을 매년 4퍼센트씩 성장시켜야 했다. 그건 매년 순매출액을 25억 달러 이상 창출해야 한다는 뜻이었다. 스티브가 있을 당시 퀘이커 오츠 인수를 통한 비용 절감으로 순수익이 상승하며 펩시코는 훌륭한 성과를 냈다. 펩시코의 전문적인 마케팅과 유통 능력으로 퀘이커 오츠는 기대했던 대로 크게 성장했고, 우리가 인수한 후 5년 동안 매출은 두 자릿수가 증가했다. 스티브는 할인과 프로모션으로 판촉비를 늘려 시장점유율을 키웠고 한동안은 큰 효과를 거두기도 했다. 한편 게토레이는 고가로 유지되던 상품가가 할인행사 정책으로 낮아지며 매출이 저하됐고 몇 년 후 새로운 정책을 펼쳐야 했다.

비즈니스가 크게 성장했던 데는 세계에서 가장 큰 소매업체인 월마트가 초반 10년 동안 빠르게 확장을 거듭하고 새로운 매장이 오픈할 때마다 펩시코 제품을 입점시켜 판매했던 영향이 컸다. 월마트는 단연 가장 많은 수량을 소화하는 고객이었고, 스티브가 직접 앞장서서 영업에 노력을 기울였다.

유감스럽게도 내가 CEO가 되기 1년 전, 경제가 갑자기 무너졌고 심각한 불황을 잘 헤쳐나갈 방법을 하루빨리 찾아야 할 처지에 놓였다.

2007년 말, 미국 모기지 시장에 닥친 위기가 은행을 덮쳤고 이후 세계 경제 시스템을 위협했다. 주식 시장이 붕괴되고, 그에 따라 미국과 유럽 경제도 심각하게 흔들렸다. 이후 벌어진 대침체 Great Recession는 3년 가까이 지속됐으며 이로 인해 비즈니스 지형이 완전히 바뀌었다. 구체적으로는 월마트의 확장세가 줄었고, 북미 지역에서 탄산음료 수요가 더욱 감소했다. 2004년 비즈니스에 대대적으로 재투자를 행한 코카콜라는 그 결실을 거두고 있었다. 유가를 포함해 물가가 급등하며 회사를 운영하는 데 드는 비용이 늘어났다. 달러 오름세 또한 비용에 대한 부담을 가중시켰다. 북미 지역의 부진을 상쇄하기 위해서는 신흥 시장에서 성장을 노려야 했지만 지난 10년간 중국과 인도에서 기회를 만들기 위해 투자를 감행하지 않았었다.

CEO로서 떠난 중요한 출장 중 하나는 중국 시장의 기회와 어려움을 좀 더 깊이 파악하고자 도시 몇 곳을 방문한 때였다. 이미 십여 차례 방문한 곳이었지만 늘 정해진 업무만 처리하고 오는 식이었다. 이번에는 타라를 데리고 몇 주나 머물며 여러 도시와 마을, 사람들을 경험했다. 중국 사람들이 사는 집도 몇 곳 들르며 패키지 크기는 어떤지, 어떤 맛이 인기를 얻고 있는지, 사람들이 작은 냉장고를 무엇으로 채우는지를 보았다. 다양한 가족 구조와 각자 맡은 역할에 대해 배우며 중국의 다세대 가정이 어떻게 기능하는지 경험했다. 이곳에서 펩시코가 어떻게 해야 성장할 수 있을지를 훨씬 심도 있게 이해할 수 있었다.

우리는 중국을 시작으로 인도와 브라질에 투자를 진행했고, 마케팅과 유통에 3년간 10억 달러 이상을 편성했다. 러시아의 경우 2008년 초 과일 및 채소 주스 기업인 레베데란스키Lebedyansky를 20억 달러 가까운 금액에 매입했고, 러시아 유제품 및 주스 제조업체 3위를 지키던 윔빌댄Wimm-Bill-Dann의 지분 66퍼센트를 38억 달러에 인수했다. 퀘이커 이후 가장 큰 규모의 인수였던 윔빌댄은 우유, 요거트, 유아용 식품을 포함한 영양식품으로 1년에 30억 달러의 매출을 거두고 있었기 때문에 내게는 무척이나 중요했다.

펩시코의 굿포유 상품 포트폴리오도 크게 확장되고 있었다. 하루는 이스라엘의 스낵 파트너인 스트라우스 엘리트 푸드Strauss-Elite Food의 CEO인 오프라 스트라우스Ofra Strauss의 전화를 받았다. 나를 만나러 퍼체이스를 방문하겠다던 그녀는 후무스, 바바 가누쉬 등 다양한 지중해식 딥소스를 한가득 들고 나타났다. 가져온 딥소스를 모두 바른 피타 브레드를 회의실 테이블에 늘어놓았고, 우리는 스트라우스가 얼마 전 매입한 뉴욕의 사브라Sabra 제품으로 작은 만찬을 즐겼다. 제품군이 훌륭했고 완벽한 채식주의였으며, 우리가 몇 년 전 인수한 스테이시Stacy의 피타 칩스Pita Chips와 굉장히 잘 어울릴 것 같았다. 그로부터 채 1년이 되지 않아 사브라와 프리토레이는 합작회사를 설립했다. 사브라는 현재 미국 후무스 시장을 선도하는 기업이 되었다. 무엇보다 중요한 점은 오프라와 둘도 없는 친구 사이가 됐다는 것이다.

이러한 협력적 계약은 굉장히 만족도가 높았고 대체로 그리 복잡하지도 않았다. 물론 아주 복잡한 협상을 추진하기도 했다. 동시에 가장 큰 규모의 보틀링 협력사 두 곳을 되사들였다.

1998년 로저를 도와 북미 보틀링 사업부를 펩시 보틀링 그룹Pepsi Bottling Group이라는 상장기업으로 분리시킨 바 있었다. 10년이 지나자 내가 예측한 대로 해당 기업의 주된 수입원인 탄산음료 매출이 계속 떨어지며 펩시코와 갈등이 생기기 시작했다.

양사의 이해관계가 완전히 일치하지 않는 것이 근본적인 문제였다. 보틀러 측은 음료 한 병을 더 높은 가격에 팔 때 더 많은 수익이 남았다. 보틀러에 시럽을 판매하는 펩시코 입장에서는 아주 경쟁력 있는 가격에 더 많은 수량을 판매하는 것이 이득이었다.

지금까지 우리는 보틀러들에게 더 많은 마케팅 비용을 들이는 위태로운 타협을 해왔다. 하지만 탄산음료 시장이 위축되면서 마케팅 비용이 매출 증가로 이어지지 않았다. 그저 시장점유율을 유지하는 정도였다. 또한 보틀러 측의 입맛을 맞추기가 점점 더 까다로워지고 있었다. 고객 중심 마케팅에 쓰여야 할 비용이 결과적으로 보틀러의 수익을 증가시키는 데 들어가는 형국이 되었던 탓이다. 이런 상황을 지속하기는 어려웠다. 우리 손으로 음료사업부를 약화시키는 모양새였다.

우리는 주요 북미 보틀러 업체 두 곳을 78억 달러에 재매입하여 보틀링 시스템 운영권의 약 80퍼센트를 되찾았다. 시간이 꽤 많이 소요되었는데, 우리가 서로 다른 두 업체와 협상해야 했던 것이 일부 원인이었다. 우리로서는 분명한 협상 기준이 몇 가지 있었고, 조금도 타협하지 않았다. 협상이 완료된 후 우리는 곧장 원가 절감 효과를 거두었지만 이보다 중요한 것은 음료 유통에서 통제력이 향상되었고, 이를 통해 음식점 등 파운틴, 즉 음료 기계를 들여놓는 음식 서비스 분야 고객들을 더욱 확보해 매출을 늘릴 수 있다는 점이었다. 보틀러 업체들과 언쟁을 하며 낭비하던 시간을 이제는 혁신과 새로운 마케팅 아이디어를 실현하고 제품을 판매하는 데 쓸 수 있게 되었다.

이 경험을 통해 많은 것을 깨달았다. 10년 전 우리가 어떤 의도였는지, 로저가 보틀링 자산을 독립 상장기업으로 분리시키기로 결심했을 당시 속내가 무엇이었는지 되짚어보려고 했다. 어떤 이들은 이번 일을 두고 변덕을 부린다고 했지만 나는 그렇게 생각하지 않았다. 기업을 운영하는 것은 사람들의 인식이 아니라 리더십이었다.

환경이 변하고 비즈니스에 새로운 접근법이 필요할 때 내 생각을 바꿀 용기를 발휘할 줄 알아야 했다. 그것이 리더십이었다.

10

CEO가 되고 한동안은 주말에 몇 시간 여유가 생길 때마다 편안한 신발을 신고 차에 올랐다. 코네티컷이나 뉴욕 교외로 나가 마운트 키스코나 리지필드, 뉴버그, 뉴헤이븐으로 향했다. 상점들이 모여 있는 스트립 몰이나 중심가에 도착해 타겟Target이나 스톱앤드숍 슈퍼마켓, 가족이 운영하는 편의점으로 향했다. 나는 그저 가족을 위해 장을 보는 평범한 엄마일 뿐이었다. 상점이 선반을 어떻게 채우는지 그 이면에 자리한 사연을 모두 알고 있는 나는 집 근처에 있는 매장에서 장을 봤다. 하지만 비밀스럽게 마켓을 돌고 싶은 유혹을 이길 수가 없었다.

나는 몇 가지 물건을 담은 카트를 밀고 다니며 안내판과 상품 진열 상황, 고객들을 관찰하며 매장을 전체적으로 살폈다. 스타벅스 프라푸치노 병음료나 오트 스퀘어Oat Squares 시리얼, 선칩을 들고 중앙 통로에 이를 즈음이면 평범한 쇼핑객들과 거의 비슷한 마음가짐이 되었다.

그제야 펩시코 섹션의 어수선한 분위기가 눈에 들어왔다. 레이즈 감자칩은 일반, 케틀 쿡kettle-cooked, 저염, 오븐 베이크드oven-baked 제품이 있었고, 퀘이커 오츠는 퀵quick, 롤드rolled, 인스턴트instant, 스틸 컷steel-cut이, 트로피카나는 오리지널, 로우 애시드lowacid, 홈스타일Home-style, 그로브스탠드Grovestand 등 다양한 조합으로 셀 수 없이 많은 상품이 출시되어 있었다. 계속 이런 질문이 맴돌았다. 이 휘황찬란한 색감과 크게 새겨진 로고들이 어떠한 통일성 있는 메시지를 전달하고 있는가? 우리 제품이 주방 수납장에서 어떻게 보일까? 이 지역에 사는 가족들에게는 어떤 상품이 필요할까? 고객 눈높이 위치의 가장 탐나는 선반에는 어떤 제품을 진열해야 할까? 펀포유 제품 라인일까 아니면 굿포유일까? 우리 제품이 놓인 선반을 보면 깔끔하게 정리돼 있음에도 눈이 피로해지는 점이 맘에 걸렸다.

이런 생각을 하는 동시에 새로 인기를 끌기 시작한 제품들에 시선이 갔다. 지역 브랜드에서 만든 단순한 디자인의 시솔트 팝콘, 명인이 소규모로 생산한 튀지 않는 폰트의 음료병 등 하나같이 천연이나 저칼로리, 무방부제를 홍보하고 있었다. 우리가 새롭게 라임을 첨가했음에도 젊은 여성이 다이어트 펩시가 아닌 그린티 콤부차나 코코넛 워터를 집어 드는 이유를 알 것 같았다.

시장에는 수많은 제품이 밀려오고 있었다. 멋진 니치 브랜드들이 빠른 속도로 성장하고 있었지만 확장하지 못한다면 급히 추락하고 마는 '붐-스플랫boom-splat(일정 기간 판매량이 급등하다가 어느 순간 뚝 떨어지는 현상-옮긴이)'을 경험했다. 한편 미국의 가장 큰 슈퍼마켓 기업인 크로거Kroger 같은 체인점에서는 헬스 및 웰니스 섹션을 늘려가고 있었고, 이런 체인점을 방문하는 고객들은 영양에 초점을 맞춘 펩시코 제품들을 웰니스 섹션에서만 만나게 되는 건 아닐까 걱정스러웠다.

나는 다양한 지역을 돌며 마트를 둘러보는 것을 좋아했다. 플로리다의 한 실버타운 근처에 있는 퍼블릭스Publix 마트 주차장에 차를 세우고 펩시코 아메리카 푸드America Foods CEO인 브라이언 코넬Brian Cornell과 차 안에 앉아 쇼핑객들을 구경했던 적도 있다. 미닫이 유리문을 분주하게 오가는 고객들이 보였다. 누군가의 도움을 받아 차에서 내리는 사람들도 있었고 전동 휠체어를 타고 마트 안으로 들어가는 사람들도 있었다. 노년층에게 쇼핑은 대화와 반가운 인사가 오가는 행복한 만남의 장이었다.

브라이언과 나는 우리 제품을 확인하기 위해 마트 안으로 들어갔다. 펩시 캔과 아쿠아피나 물병이 24개 한 세트로 진열되어 있었다. 주 고객인 노년층이 이렇게 큰 상자를 어떻게 집까지 들고 갈 수 있을까? 아쿠아피나 플라스틱 뚜껑이 너무 세게 조여 있어 나조차도 열기가 쉽지 않다는 불만사항을 엔지니어들에게 이미 전달한 바 있었다. 플로리다 마트 잠행 이후 베이비부머와 실버 세대의 니즈를 좀 더 세심하게 살펴야 한다는 생각이 들었다.

이후 펩시코 팀은 노년층의 삶의 질을 높이기 위해 연구하는 MIT의 에이지랩AgeLab을 방문했다. MIT에서 우리는 레이블링, 서체, 인체공학, 식료품점 선반을 바라보는 미국 노년층의 관점 등에 대해 많은 것을 배웠다. 이 모든 경험을 통해 고객 집단을 더욱 명확하게 특정지어 접근하는 혁신의 필요성을 절감했고 더불어 그 안에 내재된 기회도 깨달았다.

마트를 둘러보다 보면 2008년 캘리포니아 주 쿠퍼티노의 애플 본사에서 스티브 잡스를 만났던 즐거운 기억이 떠오를 때가 많았다. 내 소중한 친구이자 생활의학 및 건강 분야에서 활동하는 의사인 딘 오니시Dean Ornish가 스티브와 친했던 터라 만남을 주선했다.

스티브를 처음 보는 자리였다. 그는 굉장히 정중한 사람이었다. 공통의 관심사인 채식주의를 주제로 대화를 시작했다. 스티브가 펩시코 브랜드 몇 가지를 언급했고 나는 우리가 더욱 건강한 먹거리를 만들기 위해 포트폴리오를 어떻게 바꿔나가고 있는지, 주력 탄산음료와 스낵에서 소금과 지방, 설탕을 줄이기 위해 어떤 노력을 기울이고 있는지를 설명했다. 나는 인간과 환경, 인재의 지속가능성에 대한 이야기를 했다. 스티브는 모든 음식에서 설탕을 절반으로 줄여야 한다고 말했다. "그렇게 되면 기업이 전부 사라지겠는데요." 내가 웃으며 말했다. 지엄한 식음업계와 이 업계에 오래 몸담아온 투자자들은 실리콘밸리의 기업인들이 만든 엄청난 사건을 가만히 용인하지 않을 거라고 덧붙였다. 무엇보다 대중이 설탕을 좋아했다.

그런 뒤 디자인에 대한 이야기를 나누었다. 우리는 두 시간 동안 제품과 기업문화에 훌륭하고도 진정성 어린 디자인을 더해야 한다는 스티브의 이야기에 흠뻑 빠져들었다. 디자인은 스티브의 삶과 사고방식의 근간이었다. 그는 디자인이란 혁신의 시작 단계에서부터 포함되어야 하는 개념이지 마지막 단계에 더할 수 있는 것이 아니라고 설명했다. 애플에서는 모든 것에 디자인이 담겨 있었다. 스티브는 새로 나오는 멋진 아이폰이 어떤 모습으로 어떤 느낌을 전해줄지를 걱정하는 외에도 인터페이스, 액세서리, 스토어, 그리고 어떤 사람이 어떠한 혁신으로 애플과 파트너가 되어줄지 등을 걱정했다. 애플은 경험을 중시하는 기업이다. 유저들이 단지 제품만 보는 게 아니라고 그는 설명했다. 유저들은 제품을 통해 낭만을 느꼈다. 디자인은 정서를 자극한다. 사람들의 마음을 사로잡는다.

펩시코의 멋진 광고 캠페인과 그래픽, 패키징, 어디서나 찾아볼 수 있는 맛있는 음식과 음료에도 불구하고 이 모든 것에 통일성을 주는 전체론적인 접근법을 전혀 시도하지 않고 있다는 것을 잘 알고 있었다. 디자인 싱킹을 펩시코의 모든 요소에 적용해야 했다. 그것은 R&D, 마케팅, 광고, 제조, 유통을 아우르는 새로운 업무 방식이 될 것이고, 전보다 더 많이 시제품을 만들고 테스팅을 해야 할 터였다. 근본적인 변화였다. 디자인 기능을 육성하고 보호해야 한다고 스티브는 설명했다. "CEO로서 지지를 보여주지 않을 거라면 이 변화를 시작할 필요도 없습니다."

큰 영감을 얻은 나는 디자인을 우리 제품의 차별점으로 삼기로 결심했다. 하지만 먼저 우리의 현재 위치와 앞으로 나아가야 할 방향의 간극을 이해하는 것부터 시작해야 했다. 멋진 소비재 디자인 사례가 가득 담긴 커피 테이블 북《패키지 디자인 나우!Package Design Now!》를 임원진에게 한 권씩 선물했다. 며칠 후에는 고급스러운 연갈색 가죽 사진첩을 나눠주며 좋은 디자인이라고 생각되는 것은 무엇이든 사진으로 남기라고 말했다. 무엇이든 좋다고 설명했다. 의자나 연필, 찻주전자 등 무엇이든 말이다. 잡지에 실린 이미지를 붙이는 것도 가능했다. 사진첩을 어떻게 만들든 중요치 않았다. 디자인에 대해 생각해보는 것이 중요했다. 3개월 후에 완성된 사진첩을 내게 가져오는 것으로 했다.

결과는 그리 성공적이지 않았다. 열다섯 명 중 한 명만이 굉장한 결과물을 가져왔는데, 전문 에이전시에 요청해 만든 것이었다. 몇 명은 여행사진이나 마지막에 욕실에서 급하게 찍은 것으로 보이는 치약과 구강청결제 사진을 붙여 왔다. 아내에게 부탁한 사람들도 있었다. 몇 명은 손도 대지 않았다. 펩시코의 시니어 관리자들에게는 디자인 싱킹이라는 것이 거의 전무하다는 것을 깨달았다.

제출된 사진첩들은 사무실 벽장에 넣어두었다. 하지만 디자인에 대한 생각이 내 머리를 떠나지 않았다.

2010년이 되자 CEO로서 탄탄한 입지를 굳히고 성과를 내기 시작했다. PwP가 기업을 이끄는 원칙이 되었고, 메흐무드는 맛의 과학을 발전시켜 나갔으며, 우리는 경제가 어려운 상황을 잘 헤쳐나갔고, 대단히 성공적인 국제 인수합병을 몇 건 성사시키기도 했다.

가장 중요한 협상은 북미 최대의 보틀러 업체들을 다시 매입하는 것이었는데, 이들과의 불편한 관계를 정리했고, 이 전략적 선택을 통해 우리가 기대했던 이익이 실현되고 있었다.

다음 단계로 새로운 인재를 고민해야 했다. 우리 기업의 큰 부분을 책임지고 앞으로의 10년을 이끌어줄 사람은 누구인가? 궁극적으로 내 역할을 맡을 사람은 누가 되어야 하는가? 미국의 상장기업 CEO의 수명은 평균 5년 정도다. 로저와 스티브가 펩시코를 이끌었던 기간도 그 정도였다.

내가 당장 떠나는 것은 아니었다. 하지만 승계 계획은 필수적인 의무이자 내가 떠나고 한참 후에도 계속 번영하는 탄탄한 기업을 만들겠다는 내 비전의 중요한 부분이기도 했다. 매년 이사회는 CEO가 '버스에 치일' 경우 회사를 어떻게 운영해야 할지 논의했다. 이것이야말로 건강한 기업 지배 구조다. 우리는 내가 갑작스럽게 부재하는 상황에 신속하게 대처하는 방법을 치밀하게 준비하며 진지하게 임했다. 하지만 이뿐만이 아니라 차세대 최고책임자들을 양성하기 위해 체계적이고도 철저한 노력을 기울여야 했다. 전 세계에 걸쳐 놀라운 인재가 많이 있었다. 이 중 펩시코를 이끌 다음 리더도 있었다.

우리에게는 안내서 비슷한 것이 있었다. 지난 4년간 내가 직접 기록하고 수정하며 만든 20페이지가 넘는 분량의, '퓨처 백Future Back'이라고 이름 붙인 노트였다.

2020년 이후 세상의 핵심이 될 것으로 예측되는 글로벌 메가트렌드 열 가지를 기록한 노트였다. 메가트렌드는 경제와 사회에 영향을 미칠 우세하고도 강력한 힘을 의미한다. PwP를 구상하는 과정에서 나는 인구통계학적·사회학적·과학적으로 소비자 트렌드를 연구했다. 〈퓨처 백〉은 그간의 연구를 요약한 자료일 뿐 아니라, 다가올 미래에 펩시코가 갖춰야 할 전략과 역량에 대한 경영서이기도 했다. 또한 펩시코의 미래 리더들이 갖춰야 할 중요한 자질도 적혀 있었는데, 디지털 기술에 능해야 한다는 것부터 자원과 환경 문제, 그리고 지금껏 단 한 번도 우선적으로 고려되지 않았던, 미국에 대한 경험이 없어야 한다는 점도 포함시켰다.

이 메가트렌드 노트는 10년 가까이 지난 지금 읽어도 무척이나 흥미롭다. 열 가지 중 첫 번째로 적힌 것은 동반구와 남반구의 부상이다. 두 번째는 노년층과 여성, 청년층으로의 인구학적 변화 및 권력의 이동과 미국 도심에서 이민자 커뮤니티의 영향력 확대다. 세 번째는 더욱 건강한 식품과 음료를 찾는 트렌드를 꼽았다. 다섯 번째는 일상을 지배하는 디지털 세상의 진화와 쇼핑객과 소비자들이 웹을 활용하는 현상에 대해 논했다. 아홉 번째는 자본주의와 기업에 대한 신뢰다. 노트에 적힌 각 항목은 세계 식음 산업과 우리 기업이 어떻게 달라질지에 대해 내 견해를 담고 있었다.

2011년 말부터 2012년 초까지 몇 개월에 걸쳐 이사회 회원들과 일대일로 미팅을 하며 해당 자료에 대해 검토하고 토론했다. 한 번 자리를 마련할 때마다 두세 시간이 훌쩍 지나는 미팅이었다. 다들 큰 열의를 갖고 임했고, 조직 구조를 재설계하고 새 시대에 맞는 새로운 리더들을 선별하려는 나의 생각을 이사회가 적극 지지한다는 느낌을 받았다. 상황이 순조롭게 흐르지 않을 때면 우리가 큰 변화를 감행하기로 결심한 이유가 작성된 메가트렌드 분석 자료를 다시 펼쳐 보고 되새겼다.

펩시코는 오랜 세월 분권화된 조직 체계를 유지해온 기업으로 열정적이고 경쟁력 있는 팀들로 구성된 부서가 자율적으로 운영되는 곳이었다. 한편 세상의 변화에 따라 훨씬 더 네트워크화된 기업으로 변해야 한다는 필요성이 점점 커지고 있었다.

몇 년 전 스티브는 월마트, 크로거, 세이프웨이 같은 고객사들을 상대로 스낵과 음료에서 파워오브원Power of One이라는 이름의 조직화된 영업전략을 세우는 중요한 일을 해냈다. 소비자들이 펩시코의 음료와 스낵을 함께 구매하도록 만드는 것이 조직 전체의 성장에 큰 도움이 될 거라고 그는 생각했다. 그는 파워오브원이라는 고객팀을 만들었고, 덕분에 펩시코는 거의 모든 북미 소매업체에게 가장 큰 공급사 중 한 곳으로 자리 잡을 수 있었다. 마찬가지로 펩시코는 유럽에서도 음료와 스낵을 함께 제공하는 것으로 소매업체들과의 계약에서 더욱 유리한 조건을 이끌어낼 수 있었다.

나는 파워오브원 전략을 펩시코에 전사적으로 적용해야 했다. 운영, DSD, 소비자 조사 등 전통적인 업무 영역에서 소위 말하는 전문센터centers of excellence를 구축할 필요도 있었다. 또한 디지털 마케팅, e-커머스, 디자인, 인공지능 등 새로운 분야를 조직에 소개하는 한편, 부서들 간 중복된 업무로 자원을 낭비하는 일을 막는 동시에 모든 부서가 어느 지역에서나 세계 최고 수준의 능력에 접근하고 활용할 수 있도록 해야 했다. 기업 전반에 걸쳐 모든 이가 소통하고 협력하는 구조를 만들어야 했다.

나는 시니어 급의 격자식 직함 및 보고 체계를 바꾸고 경영진에게 더 많은 글로벌 미션을 부여하기로 결심했다. 임원 몇 명이 회사를 떠나는 것과 맞물린 결정이었다. 미국 외 지역 사업부를 이끌던 마이크 화이트가 펩시코를 떠나 디렉티브이DirecTV의 CEO가 되었고, 나는 그의 역할을 세 명에게 나누어주었다. CFO였던 리처드 굿먼이 은퇴하자 글로벌 영업부의 수장으로 북미 사업부의 일을 총괄하던 휴 존스턴이 그 자리를 맡았다. 결과적으로 그는 훌륭한 CFO이자 내게는 멋진 파트너 역할을 충실히 해주었다.

이로서 또 하나의 시니어 경영진 자리가 공석이 되었다. 내부 인력을 승진시키고 외부에서 새로운 인재들을 데려왔다. 이렇듯 다양한 인재를 찾고 옮기고 메우는 퍼즐이 계속되었다.

2002년 프리토레이 주문 시스템 사고 이후 업그레이드한 IT 시스템이 조직을 변화시키는 데 도움이 되었다. 새로운 소프트웨어가 가동될 때마다 소매 매출 데이터를 포함해 기업 전반에 걸쳐 정보의 흐름을 파악하는 가시성이 한층 더 높아졌다. 전 세계 상품, 마케팅, 제조에서 현재 어떤 일이 벌어지고 있고 얼마나 제대로 진행되고 있는지를 확인할 수 있게 되었다. 그 덕분에 효율성이 크게 높아졌다. 어떤 나라에서 좋은 성과를 내고 있는 훌륭한 아이디어를 필요한 경우 약간의 수정을 거쳐 다른 나라에 실행할 수 있었다. 이렇게 아이디어나 모범 사례를 그대로 옮겨 실행하는 리프트 앤드 시프트lift and shift 전략으로 매출과 수익성 모두 증가했고, 결과적으로는 이 전략이 3년 동안 최소 15억 달러의 생산성

상승에 기여했다.

이러한 새로운 협력 방식은 여러 면에서 해방감을 주었다. 우리는 실시간 데이터를 이용해 빠른 의사결정을 했고, 우리와 유사한 시스템을 이용하는 다른 여러 기업들을 따라잡기 시작했다. 안타깝게도 펩시코의 몇몇 원로들은 정보를 공유하는 데 익숙지 않았고, 내가 조직에 필요하다고 판단했던 열린 접근법을 수용하는 데 어려움을 겪었다. 시니어 경영진과 마케팅 중간관리자 몇 명이 조직을 떠났다. 새로운 프로세스에 적응하지 못한 이들이 정리되기도 했다. 이제 와 생각해보면 이들이 발전하거나 변화할 수 있을 거란 바람으로 내가 너무 오랫동안 조직에 붙잡아놓은 사람들도 있었던 것 같다. PwP만큼 중대한 변화의 시기에는 이런 사람들이 큰 문제가 될 수 있다. 조직의 변화를 받아들이지 못하는 이들은 하루라도 빨리 내보내는 것이 낫다는 점을 깨달았다.

변화하는 과정은 힘들었지만 결과적으로는 이런 새로운 변화들이 우리에게 반드시 필요했다는 것이 모두에게 분명하게 드러났다.

2012년 2월, 펩시코가 오랫동안 번영하는 기업으로 나아가기 위해 필요한 내 마지막 전략을 발표했다. 유명 제품에 막대한 재투자를 감행하겠다고 선언한 것이다.

맨해튼 42번가에 자리한 그랜드 하얏트 호텔 연회장에서 2011년도 매출 660억 달러와 수익 65억 달러를 알린 뒤, 광고와 마케팅에 6억 달러를 추가로 편성해 펩시콜라와 마운틴듀를 포함한 브랜드를 홍보하겠다고 발표했다. 보틀러 업체를 다시 매입한 일과 관련된 결정이었다. 더는 보틀러 업체에서 요구하는 '장려금'에 돈이 들어가지 않게 되면서 고객 유치에 투자할 여유가 커졌다.

지난 5년 동안 나는 펩시코의 가장 취약한 점을 고치고 지금 이 순간을 실현시키기 위해 부단히 노력했다. 단기적 재정 성과와 총주주수익률에 좀 더 신경 써야 한다는 월스트리트 애널리스트들과 언론의 통렬한 비판을 견뎌야 했다. 사실 그간의 성과는 꽤 괜찮았다. 2006년 12월 말부터 2011년 12월 말까지 펩시코의 총주수익률은 22퍼센트였다. 이에 비교해 같은 기간 S&P500 지수는 1.25퍼센트 하락했다.

당시 나는 릴레이셔널 인베스터Relational Investors의 행동주의 투자가로 6억 달러의 펩시코 주식을 매입한 랠프 휘트워스Ralph Whitworth가 우리에게 어떠한 영향력을 행사할지도 모른다는 생각이었고, 그에게 확신을 주어야 했다. 미드타운 맨해튼에 위치한 한 로펌 회의실에서 변호사들과 금융계 사람들이 자리한 가운데 랠프를 마주한 나는 그가 우려하는 바를 경청했다. 그는 내가 보틀러 업체를 다시 매입한 이유를 분명히 알아야겠다고 했다. 나는 어떠한 전략이었는지 자세히 설명했다. 명석하고 따뜻한 성품의 그는 몇 차례의 대화 끝에 우리의 계획에 지지의 뜻을 보냈다. 그는 내게 계속 밀고 나가라고 말하는 것으로 대화를 마무리했다. 더는 내 시간을 뺏고 싶지 않았던 것이다. 이후 그는 수익을 내고 주식을 매도했고, 2016년 갑작스럽게 죽음을 맞이하기 전까지 나의 친구이자 지지자로 지냈다.

북미의 핵심 음료 브랜드를 대거 재정립하겠다는 계획을 발표하자 또 한 번 시달림이 시작되었다. 몇몇 리포터와 애널리스트들에게는 이 투자 계획이 더욱 건강한 식품에 집중하겠다는 펩시코의 방향성을 버리고 기존의 음료 브랜드를 다시 일으키려는 일종의 항복처럼 보였다.

나는 그렇게 생각하지 않았다. 우리는 대단히 큰 차를 몰며 대단히 긴 레이스를 하는 중이었고, 그러자면 무엇보다 튼튼한 엔진이 필요했다. 펩시콜라와 다이어트 펩시, 마운틴듀는 매우 중요한 상품이었다. 연간 700억 달러 규모의 미국 탄산음료 시장이 축소되고 있었지만 소매점에 고객을 불러들이는 수익성 높은 사업 분야에서 경쟁력을 유지해야 했다. 주요 경쟁사가 탄산음료 브랜드의 광고를 늘리고 있었고 우리도 이에 보조를 맞춰야 했다. 진짜 재미는 이제부터 시작이었다.

다만, 펩시코 주식의 1퍼센트를 조금 넘는 15억 달러의 주식을 조용히 사들였던 또 다른 행동주의 투자가, 트라이언 파트너스Trian Partners의 넬슨 펠츠Nelson Peltz 덕분에 경험하게 될 재미는 미처 예상하지 못한 것이었다.

꽤 오랫동안 개인적으로 알고 지내는 사이였던 그가 어느 날 내게 전화를 했다. "인드라, 인드라, 좀 봐야 할 것 같군요." 그는 잠깐 우리 집에 들르겠다고 했다. 얼마 지나지 않아 백서white paper라는 것을 내게 내밀었다. 그의 팀이 준비한 보고서에는 펩시코가 왜 두 개의 상장기업으로 분할해야 하는지 그 이유가 빼곡하게 적혀 있었다. 보고서류를 복사한 나는 꼼꼼하게 살펴본 후 적힌 내용을 하나도 빠짐없이 이사회와 논의하겠다고 약속했다.

2009년에 시작된 세계 금융위기 이후 10년이 지나자 이런 식의 공격적인 투자자들의 전성기가 찾아왔다. 막대한 수익을 추구하는 행동주의 펀드는 자신들의 이익에 따라 기업의 CEO를 움직일 수 있을 정도의 자금 유동성을 확보한 후 기업에 관여했다. 행동주의 투자가들이 반드시 상당한 주식을 보유할 필요는 없다. 이들은 공개적으로 자신의 불만을 표출하고, 사람들이 자신을 따라 투자하도록 하는 식이다. 내가 보기에 이들은 새로운 무언가를 시도하는 기업을 노려 결과가 좋을 때 그 공을 자신들의 몫으로 삼으려 하는 것도 있는 것 같다.

펠츠는 이런 일에 능한 억만장자였다. 하지만 그가 펩시코에 품었던 계획은 아무리 좋게 말해도 공격적이라고 할 수밖에 없었다. 그는 우리 기업을 음료와 스낵으로 분할한 후 스낵사업부인 프리토레이를 오레오와 칩스 아호이!Chips Ahoy!, 트리스킷Triscuit 크래커, 캐드버리 초콜릿을 생산하는 시카고의 몬델리즈Mondelez와 합병할 생각이었다. 넬슨의 펀드는 20억 달러의 몬델리즈 주식을 보유하고 있었다. 그는 펩시코의 음료사업부를 별개의 기업으로 상장하겠다고 말했다.

이 계획에는 문제가 너무도 많았다. 첫째로 펩시코를 분할하는 것은 큰 성공을 거두고 있는 파워오브원 판매전략을 무너뜨릴 수 있었다. 둘째로 프리토레이를 쿠키와 초콜릿 회사와 합병한다는 넬슨의 생각은 앞뒤가 맞지 않았다. 프리토레이는 쿠키와 초콜릿처럼 달콤한 간식의 시장점유율을 빼앗아오는 것으로 성장했다. 짭짤한 스낵과 달콤한 스낵을 모두 보유한 기업은 결국 자사의 상품과 경쟁하는 꼴이었다. 제로섬 게임이었다. 그뿐만 아니라 펩시코를 분할한다면 그에 속한 사업부 일체가 흔들리게 될 것이고 성장 동력 또한 멈출 것이 분명했다. 합병을 추진한다면 프리토레이와 몬덜리즈는 1년이나 걸리는 FTC의 독점금지 조사 과정을 거쳐야 하는데, 그 결과도 불투명했다.

넬슨은 우리가 500억에서 600억 달러를 들여 2~3년간의 혼란과 분열을 경험하며 기업 분할과 합병을 추진하길 바라는 것이었다. 펩시코의 경쟁력이 위태로워질 터였다. 펩시코가 흔들리는 것만큼 경쟁업체들에게 좋은 선물은 없었다.

이 모든 문제점에도 불구하고 나와 펩시코의 이사회, 시니어 경영진은 넬슨의 백서를 꼼꼼하게 분석하고 정중한 태도로 그를 대했으며 그가 원할 때면 언제든 시간을 내어 만남을 가졌다. 나는 그에게 내 순자산의 대부분이 펩시코 주식인 만큼 주가가 급등하기를 바란다고 설명했다. "좋은 아이디어라면 기쁜 마음으로 따를 겁니다. 하지만 저는 훌륭한 기업을 망칠 생각이 조금도 없습니다."

2016년, 넬슨은 우리에게 H. J. 하인즈 컴퍼니Heinz Company에서 은퇴한 CEO 빌 존슨Bill Johnson을 이사회 구성원으로 합류시키는 것이 좋겠다고 제안한 후 펩시코의 주식을 매도해 30퍼센트가 넘는 수익을 거뒀다. 영양에 집중한 건강 음식과 PwP를 통해 확장한 제품 포트폴리오로 수익을 남긴 넬슨은 만족스러워 했다.

2012년 브랜드 재정립을 위해 광고에 막대한 자금을 투자하면서 펩시코의 글로벌 마케팅에 새 시대가 열렸다.

소셜 미디어와 상호작용이 가능한 서비스가 눈앞에 펼쳐지고 있었다. 대단한 계약 조건에 유명 인사를 동원하는 방식도 더는 효과가 없었고, 밀레니얼 직원들과 고객들은 진정성 있고, 재밌으며, 창의력 넘치는 먹거리를 원했다. 한편 나는 훌륭한 디자인과 기업의 DNA를 디자인으로 확장하는 방법을 여전히 고심하고 있었다. 여러 국가에서 우리가 섭외한 외부 에이전시나 디자인팀은 정신없는 결과물만 내놓았다. 나는 진짜 전문가를 원했다. 이제는 기업 내부에 세계적인 디자인 역량을 구축해야 할 때였다. 마케터들과 긴밀히 일을 할 뿐 아니라 메흐무드의 팀과 소통하며 새로운 제품, 더 나은 패키징, 환경 보호에 대한 혁신적인 아이디어까지 함께 추구할 예술성과 비판적 사고의 중심이 필요했다.

지난 몇 년간 경영진이 디자인 아이디어를 모은 연갈색 가죽 사진첩을 꺼내 현재의 상황에 대해 솔직하게 말해줄 수 있는 사람들에게 보여주었다. 그중 한 명이 세계에서 가장 큰 비디오 게임 회사 액티비전 블리자드Activision Blizzard에서 펩시코로 자리를 옮겨 글로벌 음료 마케팅을 책임지는 브래드 제이크먼Brad Jakeman이었다. 이후 음료 디스펜서의 디자인을 새롭게 바꾸는 기밀 프로젝트를 두고 한 팀과 이견을 좁히지 못하는 문제가 발생하자 브래드와 나는 인하우스 디자인 역량을 하루빨리 구축해야 한다는 점을 절실히 깨달았다. 새로운 부서를 이끌어줄 뛰어나고 협조적이며 상징적인 리더가 필요했다.

상임 최고 디자인 책임자를 오랫동안 물색하던 중 브래드는 미니애폴리스에 위치한 3M의 이탈리아 디자이너, 마우로 포치니Mauro Porcini를 내게 소개했다. 마우로는 내 사무실을 방문한 사람 중 단연 가장 흥미로운 인물이었다. 그의 신발에서 눈길을 거둘 수가 없었다. 그는 다양한 스타일을 절묘하게 매치한 의상에 우아함을 더하는 붉은색 장식이 달린 검은 슬리퍼를 신고 다정한 미소를 지었다. 처음 만나는 자리에서 마우로는 열정적으로 대화를 이어갔다. 내가 바라는 디자인이 무엇인지 나조차도 정확히 말로 표현하지 못한 개념을 설명하는 그를 보며 내 생각을 제대로 이해하고 있다는 느낌을 받았다. 바로 이 사람이 우리에게 필요한 인재라는 것을 그 자리에서 확신했다. 마우로 포치니가 변화시킬 펩시코의 미래가 머릿속에 그려졌다.

마우로는 본사에서 떨어진 곳에 세계 최고의 디자이너들에게 어필할 수 있는 공간을 바랐다. 나는 그의 생각에 동의했고, 1년 후 뉴욕 시 허드슨 스트리트에 펩시코 디자인 및 혁신 센터Pepsico Design and Innovation Center가 완성되었다. 이후 경영진이 디자인을 배우는 공간이자 R&D, 제품과 패키징 개발의 거점이 되는 중요한 곳이 되었다. 완벽한 선순환이 생성되었다.

　나는 디자인이 우리에게 어떠한 힘을 발휘할 수 있는지와 관련한 글을 전보다 더 많이 찾아 읽기 시작했고, 밀라노에서 열리는 유명 디자인 위크, 밀라노 가구박람회Salone Del Mobile.Milano에 펩시코가 참가하면 좋겠다는 마우로의 제안을 기쁜 마음으로 받아들였다. 3년간 디자인팀은 여러 체험 전시를 열어 펩시코를 세계에서 가장 창의적인 예술가의 세상으로 인도했다. 마우로는 이런 행사를 통해 새 디자이너들을 불러 모으고자 했다. 그는 비즈니스와 음식, 디자인에 대한 대화의 장을 마련했고, 탄산음료에 예상치 못한 음식과 가니시를 곁들여 우리가 그리는 음료의 미래를 보여줬다. 우리는 아침식사용 퀘이커 트럭을 마련하고 무라노Murano 유리잔에 아이스 티를 담았으며 구리관이 연결된 화려한 음료 디스펜서도 만들었다. 마우로는 카림 라시드Karim Rashid, 파비오 노벰브레Fabio Novembre 등 유명 디자이너들과 협업해 펩시코 제품을 멋지게 전시했고, 자동차에 다채로운 색과 디테일, 디자인을 입혀 튜닝하는 개러지 이탈리아 커스텀Garage Italia Customs의 라포 엘칸Lapo Elkann에게 의뢰해 펩시를 모티브로 피아트 500을 변신시켰다.

　나도 3년 동안 박람회에 방문했고 갈 때마다 며칠을 둘러봤다. 첫해는 좋게 말해 낯설고 이상했다. 업무지향적인 CEO로서 기대치를 안고 비즈니스 정장 차림으로 이탈리아에 도착한 나는 휘황찬란한 글로벌 디자인의 세계에서 혼자 어울리지 못하고 어색해했다. 시간이 좀 지난 후에는 그곳 특유의 분위기에 익숙해졌고 최대한 많은 전시장을 다녔다. 새롭게 선보이는 아름다운 커피 머신들로 꾸며진 라바짜Lavazza 카페부터 시계들이 잔뜩 진열된 소규모 전시까지 다양한 아이디어들이 사람들의 마음을 어떻게 사로잡는지 이해하게 됐다. 마우로는 내게 수많은 사람을 소개해줬고, 새로운 디자인 문화에 대해 배우며 나는 큰 즐거움을 느꼈다.

펩시코에서 디자인이 어떻게 시작되어 나중에 얼마나 확장됐는지를 생각하면 아직도 온몸에 전율이 흐른다. 우리는 디자인을 혁신의 발판으로 삼아, 단순한 상품 판매를 넘어 우리 브랜드에 관련한 하나의 경험을 만들어나갔다.

영업팀이 누구나 탐낼 만한 계약을 성사시키는 데 펩시코의 디자인 역량이 큰 역할을 했다. 특히 스포츠 세계에서 더욱 그랬다. 펩시코는 스포츠와 음악 산업에 오랫동안 좋은 파트너십을 유지해온 기업으로, 이런 협업을 통해 굉장한 즐거움의 순간을 사람들에게 전해주고 펩시의 정신을 널리 알려왔다. 우리는 올림픽처럼 주기적으로 열리는 행사가 아니라 매년 시즌제로 개최되는 스포츠 리그를 파트너로 선정했다. 2011년 미국 프로 풋볼 리그National Football League, NFL와의 계약을 10년 연장해 스무 개 이상의 팀과 협약을 맺었다. 슈퍼볼 하프타임 쇼를 후원하기도 했다. 경기장 사이드라인에서 선수들이 게토레이를 벌컥벌컥 들이켜는 모습이 노출되었다. 퀘이커는 청소년 풋볼을 후원했다. 나는 미식축구 문화에서 성장하진 않았지만 이 스포츠를 굉장히 좋아하게 되었고 NFL 회장인 로저 구델Roger Goodell 및 여러 구단주들과 훌륭한 관계를 맺었다.

2013년, 맨해튼에서 열리는 〈스포츠 비즈니스 저널〉 콘퍼런스에 연사로 초청을 받았던 일을 유독 또렷하게 기억하는 데는 두 가지 이유가 있다. 첫째로, 내가 오랫동안 느꼈던, 스포츠 마케팅에서 여성이 외면받는 문제에 대해 이야기하는 자리였기 때문이다. 이 주제를 연구하는 데는 제니퍼 스톰스Jennifer Storms의 도움이 컸다. 그녀는 글로벌 스포츠 마케팅의 수석부사장으로 스포츠를 활용해 우리 브랜드를 구축할 방법을 항상 고민했다. 둘째로는 현재 미국 프로농구협회National Basketball Association, NBA 총재로 당시 NBA 부총재이자 최고운영책임자였던 애덤 실버Adam Silver가 자리하고 있었기 때문이다.

나는 무거운 울 소재의 산악 스웨터를 홍보하는 1950년대 잡지 광고를 보여주는 것으로 연설을 시작했다. 광고에는 건장한 남성 두 명이 산 정상에 서 있고 그 아래 로프를 꽉 잡고 있는 여성의 모습이 실렸다. 광고 카피는 이렇게 적혀 있었다. "남성들이 여성들보다 낫습니다! 실내라면 여성들이 유용할 뿐 아니라 즐거움을 주기까지 하지만요. 산에서 여성들은 짐이 될 뿐입니다."

물론 세상이 이때와는 달라졌지만 스포츠 마케터와 더불어 우리 같은 기업들이 아직도 여성을 운동선수, 코치, 진정한 스포츠 팬으로 보고 있지 않다고 말했다. 여성들의 마음을 사로잡기 위해서는 단순히 '핑크색을 넣고 사이즈를 줄인' 제품을 만드는 것 이상으로 나아가야 했고, 여성을 대상으로 한 한결 세련된 스포츠 마케팅에 아직 개척되지 않은 대단한 잠재력이 숨어 있다고 믿었다. 청중의 몰입도가 대단했다. 지금껏 소비재기업 CEO에게서 이런 말을 들어본 적이 없었을 것이다. 물론 애초에 나 같은 여성 CEO가 없기도 한 것이 이유일 것이다. 나는 스포츠 팬으로서 그간 내 이름과 등번호 1이 새겨진 축구팀, 야구팀, 농구팀 수십 곳의 운동복을 받았지만 전부 다 너무 큰 남성 사이즈라 입을 수조차 없었다.

스피치 후 애덤과 대화를 나누던 중 그는 내가 스포츠 마케팅을 폭넓고도 창의적인 시각으로 바라본다고 말하며 굉장히 날카로운 질문들을 던졌는데 골자는 결국 이거였다. "NFL은 음료 파트너십으로 많은 노출과 여러 즐거운 경험을 하는데, 왜 우리는 그러지 못합니까?" 나는 그에게 잘못된 회사와 파트너를 맺었기 때문이라고 말했다. NBA는 펩시코 브랜드인 게토레이와의 오랜 제휴관계를 제외하고는 대체로 우리 경쟁사의 제품을 애용하고 있었다.

1년 후 NBA 음료 계약이 다가오자 우리는 마우로와 디자인팀의 주도 아래 펩시코가 농구를 홍보할 수 있는 놀라운 방안을 제시했다. 코트사이드에서는 물론 집에서 TV로 경기를 시청하는 사람들이 우리 브랜드와 교감할 수 있는 팬 경험에 대해 이야기했다. 펩시코는 로비 디스플레이부터 지역 마케팅, 각 팀에 맞는 스페셜 패키지까지 모든 것을 할 계획이었다. 우리의 미션은 NBA의 미래에 활기를 불어넣는 것이었고, 우리의 통합된 세일즈 능력과 디자인 역량은 모든 준비를 마친 상태였다. NBA 용품이 가득한 맨해튼의 창고에서 열린 뜨거운 행사 자리에서 애덤과 나는 펩시코의 브랜드를 5년간 NBA, 마이너리그, 미국 여자프로농구협회 Women's National Basketball Association, 미국 농구USA Basketball의 식음료 공식 파트너로 체결하는 계약을 맺었고, 이후 이 계약을 다시 한 번 연장했다.

그뿐만 아니라 우리는 뉴욕 양키스와 새로운 계약을 맺어 양키 스타디움에 더 많은 광고판을 확보했다. 가능할 때마다 TV로 야구 경기를 시청했던 나는 경기 상황보다 우리 브랜드가 노출되는 시간을 체크하게 되었다. 1년에 두어 번 내가 직접 경기장을 갈 때면 세일즈팀은 브랜드가 좀 더 노출되도록 신경을 썼다. 양키스 감독이었던 조 지라디Joe Girardi가 내게 더그아웃에 게토레이 냉장고를 더 들여놓기 위해 선수를 한두 명 빼야겠다는 농담을 한 적도 있다.

2015년 우리는 유럽축구연맹Union of European Football Associations, UEFA과 파트너십을 맺고 미국 스포츠 마케팅의 특징인 화려함과 현란함을 더해 유럽 축구 리그의 브랜드 마케팅을 강화했다.

업무와 여가를 통해 스포츠를 늘 가까이하면서 스포츠를 향한 애정이 더욱 커져갔다. 가끔씩 경기장에 가고, 선수들을 만나고, 경기에서 멋진 활약으로 드러나는 노고에 환호를 보냈다. 이는 비단 빅 리그에 속한 팀 스포츠에만 해당하는 것은 아니었다. 한 번은 미국 볼링장 소유주 협회Bowling Proprietors' Association of America에서 볼 엑스포Bowl Expo 때 연설을 해달라는 요청을 받았다. 세일즈

팀은 이 협회에 소속된 볼링센터 3,400곳과 펩시코가 식음료 계약이 되어 있는 만큼 환영할 만한 초청이라고 설명했다.

늘 그렇듯 나는 연사로서 착실하게 준비했다. 볼링이라는 스포츠에 대해 경험하고 요즘 볼링문화가 어떤지 체험해보기 위해 몇 번 볼링을 치러 가기도 했다. 볼링장에 온 사람들 및 직원들과도 대화를 나눴고, 많은 도움을 받았다. 2주 후 나는 라스베이거스의 청중 앞에서 볼링에 대한 진정성 있는 이야기를 할 준비가 되어 있었다.

8~9년쯤 지나자 나는 펩시코 CEO로서 널리 알려졌다. 회사 운영도 아주 잘 되고 있었고, 사업부 및 여러 부서 리더들은 내가 대외활동을 좀 더 많이 하길 바랐다. 고객들과도 만나 소통했고, 월마트의 마이크 듀크Mike Duke와 후임자 더그 맥밀런Doug McMillon, 코스트코의 짐 시네갈Jim Sinegal, 메리어트의 안 소렌슨Arne Sorenson 등 여러 유명 CEO들과도 친분을 쌓았다. 전 세계에 독립적으로 운영되는 보틀링 파트너들이 아직 있었고, 이들도 나라는 사람을 깊이 이해하게 되었다. 보틀링 파트너사들과 서로 각별히 존중하는 관계를 쌓았다고 생각한다.

업계 행사, 경제 모임, 여성 콘퍼런스, 경영대학원 등 수백 곳의 행사에서 연설을 했다. 나는 일과 삶의 균형과 관련한 주제에서 유명 연사로 자리 잡았다. 기업 지배구조에 대한 행사나 대형 투자자들이 주최하는 연간 콘퍼런스에도 연사로 자주 초청되었다.

수많은 리더십 어워드를 수상했던 나는 기업이 자신의 성과와 세상에 이로운 일 사이에서 균형 잡힌 시각을 유지해야 한다는 이야기를 항상 했다. PwP에 대해서도 끊임없이 언급했다.

또한 탄산음료 세금에 관련해 미국 정부 및 세계 여러 국가에 목소리를 내달라는 압박도 받았다. 당장 가까이는 뉴욕시 시장인 마이클 블룸버그Michael Bloomber가 탄산음료의 사이즈를 16온스(약 453.5그램-옮긴이)로 제한하려는 움직임을 보였다. 탄산음료 세금 부과 정책이 캘리포니아를 포함한 여러 주와 멕시코, 라틴아메리카, 중동 등 세계 여러 곳에서 갑자기 언급되기 시작했다. 이런 의견을 이해하려고 노력했던 우리는 제로 칼로리와 한 병에 100칼로리 미만의 음료는 세금을 면제하는 방안을 제안했다. 내 눈에는 이런 정책이 가당 음료를 제한하겠다는 의도라기보다 지방자치단체에 대한 보복으로 보였다. 플라스틱 용기에 세금을 부과하자는 의견 또한 나오기 시작했고, 폐쇄구조 리사이클링이라는 복잡한 재활용 시스템을 개발할 업체들을 물색했다. 나는 이런 문제들을 커뮤니티 관점에서 바라보려고 노력했고, 펩시코의 비평가들은 이런 나의 접근법을 신뢰했다.

PwP로 이루고자 했던 목표는 성공과 실패를 거치며 대다수 실현되었지만, 그 이면에는 늘 펩시코 직원들의 열정이 있었다. 우리는 매년 지속가능성 보고서를 발간했고, 우리가 다양한 이니셔티브를 통해 그간 어떤 발전을 이뤄냈는지 전 세계가 확인했다. 우리가 얼마나 힘들게 변화를 이끌어냈는지 애매모호한 설명이 아니라 아주 상세하게 보여주는 보고서를 작성해야 한다는 생각이 무척 강했다. 우리의 목표와 타임라인, 진정성 어린 보고 내용이 내게는 대단히 중요한 문제였다.

우리는 펩시코 본사를 보수하느라 2년간 건물을 비우기도 했다. 건물을 정비하는 김에 새로운 공간을 만들기로 했는데, 바로 펩스타트PepStart라는 이름의 사내 보육시설이었다. 펩스타는 특별한 등원 장소와 야외 놀이시설, 아름답게 꾸며진 수면·식사·학습 공간을 마련했다. 펩스타트는 순식간에 수십 명의 아기들과 어린이들로 가득 찼고, 대기자들까지 생겼다. 유료로 운영되긴 했지만 직원에게 편리하고 안심할 수 있는 서비스를 제공해 발생한 긍정적인 효과는 즉각 나타났고 오래도록 지속되었다. 우리는 전 세계 여러 지사에 이런 보육시설을 제공했다. 내가 펩시코에 좀 더 머물렀다면 공장에도 같은 시설을 도입했을 것이다.

PwP의 성공으로 내 판단이 옳았음을 인정받는 기분이 들었다. 다른 한편으로는 지속가능성에 대한 몇몇 이니셔티브는 더 빠르게 진행되었으면 하는 아쉬움도 있었다. 흥미롭게도, 내 뜻에 따라 PwP를 바탕으로 제품을 개선해가던 때 가장 큰 목소리로 비판했던 인물이 본사에 방문해 내게 DVD 하나를 건네주었다. 설탕의 폐해를 다룬 다큐멘터리였고, 그는 설탕 섭취를 크게 제한하고 있다고 말했다.

그동안 세계 리더들을 다수 만났다. 형식적으로 대통령이나 총리들과 기념사진을 찍는 CEO들이 많지만 나는 전 세계 정부의 수장, 장관들과 오랜 대화를 나누는 것을 좋아했다. 각국 리더들이 자신의 국가에 투자하는 펩시코에 고마운 마음을 갖고 있고, PwP를 시행하는 우리와 함께하고 싶어 하는 것 같았다. 그들 대다수는 내가 외국 출신의 여성 리더로 미국 거대기업의 전략을 열정적으로 전환하려는 모습에 지대한 흥미를 보였다. 그들이 나를 통해 국가나 기업의 리더로서 여성도 충분히 활약할 수 있다는 것을 다시 한 번 생각할 수 있는 계기가 되었길 바라는 마음이었다.

중국에서는 리더들이 농업 개발에 관심을 보였다. 펩시코는 내몽골의 바우터우에서 물을 절약하는 점적 관개 시스템으로 해당 지역에 판매할 감자칩용 감자 생산을 시작했고, 수출용도 추가로 재배했다. 중국의 리더들은 우리가 방대한 유통망을 이동하는 동안 농작물의 신선도를 어떻게 오랫동안 유지하는지 그 비법도 알고 싶어 했다.

인도에 갈 때마다 멋진 경험을 했다. 항상 여러 부처의 관료들을 만나는 자리를 가졌고, 한 번은 주미 인도 대사인 니루파마 라오Nirupama Rao의 초대를 받아 뉴델리에서 외무 공무원들을 대상으로 연설을 하기도 했다. 이들 앞에서 나는 대사와 영사는 정치 외교의 중요한 요소인 경제 외교에 대한 노력을 확대해야 한다는 점을 강조했다. 내가 정말 중요하게 생각하는 것이었다.

내가 여러 고위직 인사들과 친분을 나눈 것도, 초청을 받아 연설을 하는 것도, 모두 내 직위 덕분이었다. 은퇴를 하면 '친구 리스트'도 점차 줄어들 것이라는 점을 잊지 않으려 했다. 공적으로 만나 사적으로 친해진 이들도 있었지만 그리 많지는 않았다. CEO가 되면 어느 곳에서나 대단한 환대를 받지만 이유 없이 그런 환대를 해주는 것은 아니다. 결국 이들을 위해 무엇을 해줄 수 있느냐가 중요하다. 나는 또한 비행기에서 내려 낯선 장소에 도착할 때마다 현지 사람처럼 생각하려고 굉장히 신경 썼다. 성공적으로 프로젝트를 해내는 데 유용한 접근법이었다.

미국에서는 조지 부시 대통령과 버락 오바마 대통령이 주최한 백악관 국빈 만찬에 초대되었고, 부시 대통령, 오바마 대통령, 도널드 트럼프 대통령과 함께 기업 고위경영자 회의에 여러 차례 참석했다. 그런 자리가 있을 때마다 경영 리더들과 관계자들에게 극진한 존경을 받았다. 또한 오바마 대통령이 인도를 공식 방문하는 자리에 동행하며 미국-인도 CEO 포럼에 참석했다. 포럼 후 대통령은 미국 CEO들을 자신의 스위트룸으로 초청했고, 다들 신발을 벗어 던지고 술을 마시며 몇 시간이나 어울렸다. 우리는 개인적인 이야기부터 일에 관한 것까지 다양한 주제로 대화를 나눴다. 대통령도 편안한 모습으로 어울렸다.

수많은 해외 출장 중에 가장 인상에 남았던 여행은 2018년 2월 아프리카에서 보낸 일주일이었다. 10년 전, 나이지리아와 우간다 보틀러들에게 시장점유율 1위를 달성하면 내가 직접 방문하겠다는 약속을 했고, 실제로 그 일이 벌어지자 이들을 실망시킬 수 없었다. 이미 오래전부터 남아프리카 팀에게 얼마나 멋지게 스낵 시장을 개척했는지 직접 가서 확인하겠다는 이야기를 했었다.

CEO로서 마지막일 그 중요한 출장에서 지금껏 경험했던 그 무엇보다 풍성한 아프리카 대륙의 역사와 전통에 푹 빠져들었다. 전세계 기업들이 그 나라의 고유한 니즈를 세심히 고려해 아프리카에, 아프리카를 위해, 아프리카와 함께 투자를 한다면 풍부한 광물자원과 농업자원, 청년층 인구를 보유한 이 대륙이 30~40년 후에는 경제의 보석으로 불릴 수 있을 거라 진심으로 믿고 있다.

바쁘고 번화한 도시인 라고스와 캄팔라에서 아프리카 여성들이 작은 사업을 운영하며 경제를 움직이는 모습도 목격했다. 여성 리더들과 만나는 자리에서 오간 대화들은 굉장히 익숙한 것이었다. 이들은 교육을 받을 수 있길 원했다. 이들은 자기 자신 그리고 딸들을 위한 경제적 자유를 원했다. 남성들에게 이끌려 다니고 싶어 하지 않았다. 아프리카 여성들은 나를 이방인처럼 대하지 않았고, 그들 중 하나로 받아주었다. 오전의 태양 아래 함께 춤을 췄고 다같이 모여 웃으며 대화를 나눴다. 사랑이 넘치는 시간이었다.

남아프리카공화국에서는 넬슨만델라재단의 CEO 셀로 하탕Sello Hatang의 안내 하에 만델라가 17년이나 감옥생활을 했던 로벤 섬을 방문했다. 아파르트헤이트 박물관Apartheid Museum에서 무작위로 나오는 입장권에 '유색인종' 전용 통로로 가야 한다는 티켓을 받고 그 나라에서 핍박받는 사람들이 겪었을 수치심을 경험했다.

마지막 날 저녁이 아직도 생생하게 떠오른다. 만델라재단에서 만델라의 아내 그라사 마셸Graca Machel을 만났고 우리는 공식 행사 자리에서 5년간의 펩시코 파트너십을 발표했다. 빈곤 해소를 돕는 파트너십에는 여학생들이 생리 때문에 학교를 결석하는 일이 없도록 여성용품을 제공하는 프로그램을 후원하는 활동도 포함되어 있었다. 소웨토 가스펠 합창단Soweto Gospel Choir은 화려한 의상과 환상적인 목소리로 멋진 레퍼토리를 선보였는데 그중 한 곡이 바로 반인종차별 노래인 〈아심보낭가Asimbonanga(자니 클레그Johnny Clegg가 넬슨 만델라를 위해 만든 노래-옮긴이)〉였다. 곡에 담긴 감성과 선율 모두 아직도 뇌리에서 떠나지 않는다.

나는 스무 명 남짓한 여자 고등학생들과 만나 대화를 나누는 시간도 가졌다. 부모 없이 자란 아이, 동생들에게 부모가 돼주어야 하는 아이, 권력자들의 끔찍한 신체적·정서적 학대로 고통받은 아이 등이 저마다의 사연을 내게 들려주었다. 아이들의 용기와 굳은 마음, 결의는 너무나 놀라울 정도였다. 대화가 끝나갈 무렵 아이들에게 질문을 하나 했다. "내게 시간을 내준 데 대한 감사의 표시로 내가 어떤 선물을 주면 좋을까?" 아이들은 망설이지 않고 말했다. "안아주시면 안 돼요?" 차례대로 줄을 선 아이들을 한 명 한 명 꼭 안아주었다. 그저 부모의 품을 바라는 것이었다. 아이들은 좀처럼 팔을 풀지 않았다. 그런 아이들을 보니 감정이 북받쳤다.

그동안 내 개인의 삶은 어땠을까? 타라는 뉴욕시에 있는 대학에 입학했고, 프리타는 예일 SOM을 졸업한 후 사회생활을 시작했다. 라지는 컨설턴트로 독립해 대기업을 대상으로 차세대 공급망 솔루션을 개발하는 과정을 도왔다. 나는 여전히 거의 매일 각종 편지들과 읽어야 할 자료가 담긴 가방을 세 개씩 챙겨 퇴근했다. 회사에서 몇몇은 대놓고 나를 '노숙자'라고 불렀고, 한 경영진은 내가 보여주기식으로 캔버스 가방을 저렇게 들고 다니는 거라고 농담을 하기도 했다. 얼마 전 이 농담을 했던 사람에게서 편지를 한 통 받았다. 미국 주요 기업 중 한 곳의 CEO 자리에 오른 그는 퇴근길에 서류가 든 가방 세 개를 들고 집에 가다 보니 내가 생각났다고 적었다!

과학기술과 지정학적 트렌드가 너무 빠르게 변화하고 있었기에 그 어느 때보다 봐야 할 보고서와 자료가 많았다. 내게는 달리 선택권이 없었다. 내가 펩시코에 입사했을 당시 한 시니어 리더가 이런 말을 했었다. "1과 2의 거리는 일정한 값을 유지하는 항수다." 그가 말하고자 한 의미는 리더가 제 몫 이상으로 성과를 낸다면 팀도 리더를 따라오고, 리더가 성과를 발휘하지 못한다면 팀도 그렇게 된다는 것이었다. 나는 이 말을 마음에 새겼다. 펩시코가 성장하길 바란다면, 충분한 지식과 정보를 갖춘 동시에 호기심 넘치는 조직이 되길 바란다면, CEO인 나부터 그렇게 변해야 할 터였다. 또한 나는 여러 자료와 서신을 읽으며 지적 자극을 받는 것을 좋아했다.

다 큰 아이들이 떠나고 텅 빈 집을 지키는 부모의 입장이 되자 내 자신에게 좀 더 집중하기 시작했다. 뉴욕 뱅크스빌의 그랜드

슬램 테니스 클럽에서 일주일에 두 번, 오전 7시에 테니스를 쳤다. 코치인 네사르 나약Nesar Nayak은 이른 수업 시간과 잦은 스케줄 변경도 널리 양해해주었다.

나는 개인 볼룸댄스 수업도 신청했다. 내가 자란 인도의 문화와 다른 무언가를 경험하고 싶었고, 좀 더 조용하고 개인적인 환경에서 몸의 움직임과 음악을 즐기길 원했다. 30대의 영국 댄서인 존 캠벨John Campbell은 처음에는 왈츠와 폭스트롯을 배우고 싶어 하는 나를 좀 어려워했다. 그 또한 인내심이 강한 강사였고, 합을 맞추는 것이 익숙해지자 함께 춤을 추면서 대담한 말을 하기도 했다. "제가 이끄는 역할이고 당신은 따라오는 역할입니다. 누군가를 따르는 법을 배운다면 더 훌륭한 리더가 되실 수 있을 겁니다." 그가 전해준 멋진 충고가 도움이 될 때가 많았다.

펩시코 캠퍼스에서도 매일 운동을 할 기회를 마련했다. 회사 건물들을 둘러싼 도로를 한 바퀴 돌면 약 2킬로미터였고, 나는 그 길을 걷기 시작했다. 그리고 마침내, 정원과 숲을 탐험하고 조각품을 감상할 시간을 낼 수 있었다. 황금의 길을 드디어 걸어보게 된 것이다.

CEO 역할을 하며 어느 순간엔가 옷이 발휘하는 힘에 대해서도 깨닫기 시작했다. 꽤 오랫동안 나는 옷에 대해 거의 신경을 쓰지 않고 살았다. 와이셔츠에 회색이나 푸른색 정장을 입는 남성들과 일했고, 나도 그렇게 입곤 했다. 비쩍 마른 다리를 드러내는 것이 불편했던 나는 긴 치마로 다리를 가렸다. 가격이 너무 저렴한 옷은 피했고, 고급스런 소재를 즐겼다. 처음에는 남성 정장만 취급했으나 나중에 여성 의류도 판매하기 시작한 그리니치 애비뉴에 있는 리처즈Richards에서 옷을 구매했다. 그곳에서 일하는 스캇 미셸Scott Michell이 스타일을 바꿔보라는 조언을 했지만 귀담아듣지 않은 채 통이 넓은 모직 바지 정장을 주로 구매하고는 재단사에게 바지를 치마로 바꿔달라고 요청했다. 신발은 앞코가 뾰족하지 않고 리본이나 버클이 달리지 않은 낮은 굽의 검은 기능성 구두를 신었다.

그러던 중 굉장히 특이하고도 신선한 경험을 하게 되었다. 젊은 프리랜서 컨설턴트인 고든 스튜어트Gordon Stewart가 내게 따로 만나 대화를 나눌 수 있을지 청한 것이다. 게토레이의 새 제품을 론칭하는 쇼케이스 자리에서 고든을 잠깐 만난 적이 있었다. 나는 잠시 시간을 내겠다고 했다.

고든은 내게 스타일에 대대적인 변화가 필요할 것 같다며 도움이 될 만한 아이디어가 있다고 말했다. 그리고 맨해튼 백화점 내 퍼스널 쇼핑이 가능한 삭스 피프스 애비뉴 클럽Saks Fifth Avenue Club에서 다음 주 토요일 오전 11시에 만나자는 제안을 했다. 도움을 주겠다는 그의 말이나 태도에서 불쾌함은 느끼지 못했다. 그저 당황스러웠고, 흥미가 생기는 동시에 긴장도 되었다. 나는 그의 초대에 응했다.

약속된 날 엘리베이터를 타고 삭스 매장이 있는 5층에 내리자 고든이 나를 기다리고 있었다. 고든의 안내로 커다란 드레싱 룸에 들어가자 벽면 가득 드레스, 스커트, 재킷, 신발, 가방, 장신구가 가득 늘어서 있었다. 하나같이 아름다웠고, 아이템들끼리 멋진 조화를 이뤘으며 프로페셔널해 보였다. 다만 무릎 길이의 드레스와 스커트를 보고는 저 옷들은 입어보지 않겠다는 생각이 먼저 들었다. 내게는 너무 짧았다.

하지만 고든은 물러설 기미가 없었다. 나를 이리저리 달래가며 드레스와 스커트를 입어보게 했고, 이내 조금씩 그의 의도를 이해하기 시작했다. 오래된 옷들을 모두 정리하고 새롭게 옷장을 채워 넣기까지 큰돈이 들었지만 낯선 색과 스타일이 내게 새로운 자신감을 주었고, 지금까지도 그 자신감은 내 안에 자리하고 있다. 가끔씩 매장에 가서 고든이 나를 위해 정리해놓은 룩 북Look Book을 살펴보곤 한다. 그의 용기와 꼼꼼함이 내 삶에 큰 획을 그었다.

새로운 의상을 시도한 김에 오랫동안 내 헤어를 담당해준 너그러운 애나 매그노타Anna Magnotta의 말도 듣기 시작했다. 그녀가 원하는 대로 드라이를 해도 좋다고 했더니, 세상에, 내 전체적인 스타일과 너무나 잘 어울리는 헤어가 완성되었다.

스타일을 바꾼 후 이사회실의 분위기가 달라지는 것을 체감했다. 내 몸에 잘 어울리게 재단한 드레스와 재킷을 입고 가끔은 진주 장신구와 스카프를 두르고 출근하기 시작했다. 한 번은 이사회 회의를 마치고 남성 경영진 한 명이 옷 스타일이 바뀌고 난 후부터 내가 더 어려운 사람처럼 느껴진다는 글을 적어 내게 전한 일도 있었다. 이 말을 어떻게 이해해야 할지 몰랐지만 옷이 남자를 만든다는 말은 여성에게도 해당되는 이야기였다!

2016년 이사회에 다음 펩시코 CEO가 될 사람들의 목록을 좁혀나가야 할 것 같다고 알렸다. 내가 보기에 CEO가 회사를 떠나는 이유는 지쳤거나, 다른 일을 하고 싶거나, 이사회가 다른 CEO를 원할 때 중 하나다. 피로감을 느끼기 시작했던 나는 미래에 대한 생각도 깊어졌고, 회사가 잘 운영되고 있다는 데 만족감을 느끼기도 했다. 또한 언제든 CEO직을 이행해줄 든든한 시니어 경영진이 있다는 것도 잘 알고 있었다.

나는 펩시코의 새로운 동력이 될 인재를 파악하고자 네 명의 유력 후보자에게 심층적인 과제를 맡겼다. 약 1년 후, HR의 수장인 루스 파토리Ruth Fattori의 도움을 받아 지난 5년간 후보자들의 성과 평가와 오랜 기간 재직하며 눈부신 커리어를 이어온 이들에 대한 기록을 전문적으로 작성한 서류들을 임원진에 전달했다. 조직심리학자가 각 후보자의 발달 궤적에 대한 요약 보고서를 작성했다. 나는 이사회에 각 지원자들을 개별적으로 만나보고 앞으로 이들을 지켜봐달라고 요청했다. 루스와 내가 직접 할 수도 있는 일이지만, 후임자 문제에 내 의견을 더하지 않는 게 좋겠다고 설명했다. 오롯이 이사회의 선택이었다. 어떤 상황에도 침착함을 발휘하는 의장 이언 쿡Ian Cook의 주도 아래 이사회는 꼼꼼하게 후보자들을 파악해나갔고 외부업체까지 고용해 각각의 후보자를 평가했다. 네 명 모두 나름의 장점이 뚜렷한 사람들이었다.

2018년 8월 초, 이언은 내게 이사회가 라몬 라구아르타Ramon Laguarta를 새 CEO로 지목했다고 알렸다. 라몬을 내 사무실로 불러 이사회의 결정을 전했다. 나는 그에게 무척 자랑스럽게 생각하고, 앞으로도 지속적으로 힘을 보태겠다고 말했다.

다른 세 명에게 소식을 전하는 일은 어려웠다. 다들 어느 기업에서나 탐낼 만한 훌륭한 인재였던 만큼 다른 곳의 부름을 받아 떠나리라는 것을 알고 있었다. 두 사람은 떠났고 이는 회사로서는 큰 손실이나 다름없었다. 한 명은 다른 곳에서 CEO 제안을 받았음에도 펩시코에 대한 충성심으로 회사에 남았다.

일주일 후, 펩시코는 내가 10월 2일자로 은퇴를 하고 2019년 초까지 이사회 회장을 맡을 것이라고 공식 발표했다. 나는 회사에 오래 남고 싶지 않다는 점을 분명히 밝혔었다. 펩시코의 새 리더가 가능한 한 빨리 자신만의 영향력을 발휘하는 편이 좋았다. 타운홀 미팅은 여러모로 감상적인 자리가 되었고, 12년 전 취임 때 와주었던 라지와 프리타, 타라는 이번에도 자리했다. 길고도 행복했던 CEO 시절을 돌아보며 눈물을 참기가 어려웠다. 나는 모든 사람들에게 펩시코는 내 마음과 머릿속에 영원히 기억될 것이라고 전했다. 라몬은 내 전폭적인 지지를 받게 될 것이었다.

이후 3개월은 정신없이 바쁜 동시에 뭔지 모르게 해방감이 느껴지는 시간이었다. 사무실을 비우기 위해 정리를 시작했지만 이사회 회장으로서 기업의 성과에 책임감을 느꼈다. 전 세계 직원들에게 마음을 담은 작별 인사를 전하며 비전에 대하여 이야기했다.

다른 사람의 말을 경청하고 성공하기 위해 함께 일하는 사람들에게 힘을 북돋워주어야 한다는, 내가 느낀 몇 가지 교훈도 덧붙였다. 그리고 이슬람 신비주의자 루미Rumi의 글귀로 편지를 마무리했다.

헤어짐은 눈으로 사랑을 나눈 사람들에게만 존재한다. 마음과 영혼으로 사랑을 나눈 사람들에게는 이별 같은 것은 없다.

화창한 어느 날, 4/3을 떠나는 나를 배웅하기 위해 데이비드 윈David Wynn이 조각한 〈행복한 소녀와 돌고래Girl with a Dolphin〉가 있는 중앙분수 주변으로 수백 명의 직원들이 모여 있었다. 라몬이 소감을 밝혔고, 우리는 샴페인 잔에 프레스코 와인과 시에라 미스트Sierra Mist를 따라 마셨다. 나는 밀려드는 카메라 앞에 포즈를 취했다. 다양한 인력으로 구성된 나의 활력 넘치는 팀은 이제 펩시코를 대표하는 자리에 우뚝 섰다.

마지막으로 짧은 스피치를 한 뒤 차에 오른 나는 펩시코를 떠나 집으로 향했다.

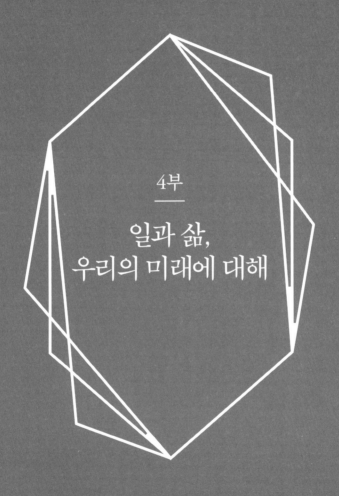

4부
——

일과 삶,
우리의 미래에 대해

11

다음 날, 평상시처럼 새벽 4시 30분에 눈을 떠 커피를 마시면서 아이패드로 뉴스를 읽었다. 다음 한 달 동안 잡힌 미팅을 빠짐없이 준비하기 위해 일정을 살폈다. 참여해야 할 미팅이 그리 많지 않았다. 잠시 후, 청바지에 맨투맨 티셔츠를 입고서 차를 타고 5분 거리의 사무실로 향했다.

라지와 나는 그리니치 상업지구에 회의실과 작은 부엌도 있는 널찍한 공간을 얻어 멋진 사무실을 차렸다. 우리 인생의 다음 장을 위한 공간으로, 이곳에서 우리는 함께 일하며 우리가 관심이 가는 일에 집중하기로 했다. 새 사무실로 출근할 생각에 들떴다. 그날 아침은 내가 처음으로 캐주얼한 차림을 하고 출근하는 날이었다. 어색했다. 내가 자유의 몸이 됐다는 사실도 잊은 채 이런 차림으로 출근하는 모습을 아무도 보지 않았으면 좋겠다고 바랐다.

내가 펩시코를 떠난다는 소식이 알려진 후 석 달간, 이사회 자리, 고문 역할, 대학 강단, 기고 및 강연 등 셀 수 없이 많은 제안이 쏟아졌다. 이 세상에 내가 기여할 수 있는 일이 아직 남아 있었다. 1년 정도 후 모든 일을 정리하고 전 CEO가 되면, 내 인기가 떨어지리란 건 알고 있었다. 몇 가지 중요한 결단을 내려야 했다.

이틀 전, 펩시코의 27만 직원을 향한 작별 편지는 앞으로의 내 삶의 방향성을 담은 청사진이기도 했다. 뛰어난 내 연설문 작성자인 애덤 프랭클Adam Frankel과 함께 몇 주간 몇 번이나 고쳐 쓴 두페이지 분량의 편지에는, 소중한 동료들에게 전하는 내 조언이 담겨 있었다. 다른 사람들의 말을 경청하고 평생 동안 배움을 계속하는 학습자가 돼야 한다는 것이었다. 그런 뒤 이렇게 적었다. "마지막으로 시간에 대해 깊이 생각해야 합니다. 지구에서 우리에게 허락된 시간은 아주 짧습니다. 삶을 알차게 활용하고 가장 중요한 사람들과 함께할 여유를 마련하세요. 제 말을 믿어야 합니다. 저는 운이 좋게 훌륭한 커리어를 얻었지만 솔직히 말하자면 제 아이들, 제 가족과 더 많은 시간을 보내야 했다는 아쉬움이 찾아오는 순간들이 있었습니다. 그러니 부디 앞으로의 인생을 살아가며 항상 의식적으로 선택을 내리길 바랍니다."

내 마음의 소리에 귀를 기울이고, 내게 중요한 일들의 우선순위를 정하고, 어떤 일에는 아니라고 말하는 법을 배워야 했다. 나만의 시간을 온전히 누릴 기회가 또 없을 터였다. 마침내 나 자신만을 위해 일을 할 수 있게 되었고, 40년간 쉬지 않고 모든 것을 소진하며 일한 만큼 이제는 조금 긴장을 풀고 내 마음이 가는 일을 해도 되었다. 그간 자주 못했던 가족여행을 하거나 라지가 좋아하는 하이킹을 가는 것도 고려해볼 수 있었다. 남편이 몇 년 전에 사준 하이킹 부츠도 길을 좀 들이고 말이다. 계속 시계나 휴대전화를 들여다보지 않고 친구들과의 저녁식사도 즐길 수 있게 되었다. 내 옷장과 아이들 방도 정리하고, 훌륭한 사람들의 전기와 요즘

세태에 관한 책도 더 많이 읽고, 좋아하는 다니엘 스틸Danielle Steel
의 작품을 모두 읽어볼 수도 있었다. 양키스 게임도 더 자주 보러
갈 수 있었다. 생각만으로도 신이 나는 동시에 조금은 벅차게도
느껴졌다.

펩시코에서 전달받은 25년치 소지품을 정리하기 시작했다. 상
자 수십 개에서 수많은 서명본 도서, 상장, 선물받은 조각품과 트
로피, 서진, 파란 빛이 도는 유리로 만들어진 커다란 축구공을 꺼
냈다. 양키스 선수들의 사인이 새겨진 수많은 야구공과 운동복, 세
계 리더들과 함께 찍은 사진들도 다시 살펴봤다. 촛대와 장식용
검, 스위스 워낭, 말레이시아 연을 감탄 어린 눈으로 바라봤다. 플
렉시글라스 케이스에 담긴, 빨강과 파랑 모자이크 형식의 거대한
크리켓 배트는 펩시코 인도팀이 만들어준 것이었다.

라지와 나는 가장 널찍한 벽면에 열한 개의 내 기타를 걸어두기
로 했는데, 그중에는 더 칙스The Chicks와 블레이크 셸턴Blake Shelton
이 사인한 어쿠스틱 기타와 빨간색, 은색, 펩시 파란색의 인조 다
이아몬드로 장식된 일렉트릭 기타도 있었다. 날개 달린 천사와 데
이지꽃 그림, '맛있어, 맛있어, 맛있어, 내 배에는 사랑이 가득해'라
는 글자가 새겨진 또 다른 일렉트릭 기타를 볼 때마다 미소가 번
졌다. 프리토레이 마케팅팀이 잊지 못할 선물을 주고 싶었다며 이
기타를 내밀었다.

나는 펩시코에서 이룬 성과에 큰 자부심을 느꼈다. 2006년부터

2018년까지 총주주수익률은 149퍼센트로, 128퍼센트인 S&P500 지수를 크게 상회했다. 펩시코는 주주들에게 790억 달러 이상의 현금을 지급했고, 배당금만 해도 매년 10퍼센트씩 증가했다. 12년간 시가총액은 570억 달러 상승했는데, 이는 수많은 국가의 국내총생산을 웃도는 규모였다. 2018년 순매출은 80퍼센트 상승한 640억 달러였다. 처음 CEO가 되었을 때 17개였던 브랜드는 22개로 늘었고, 각 브랜드마다 연매출 10억 달러 이상을 달성했으며, 108년간 이어진 코카콜라의 독점을 깨고 뉴욕 매디슨 스퀘어 가든과 계약을 체결한 일을 포함해 굉장한 식음료 계약을 따냈다.

하지만 내가 가장 만족하는 성과는 단연 PwP였다. 이를 계기로 제품은 물론 환경에 대한 기여 방식이 완전히 달라졌다. 2006년 매출의 38퍼센트를 차지했던 굿포유와 베터포유 제품군이 이제는 매출의 거의 절반을 책임졌다. 2007년에는 펩시 한 병을 만드는 데 2.5리터의 물이 필요했지만 이를 1.5리터로 줄이는 방법도 고안해냈다. 세이프 워터 네트워크Safe Water Network, Water.org와 함께 1,100만 명의 사람들에게 안전한 물을 공급했다. 펩시코가 보유한 트럭 대다수를 하이브리드로 교체했고, 주요 제조시설이 있는 지역은 태양열에너지를 사용하기 시작했으며 잉여 전력은 다시 지방 당국에 되팔았다. 여러 음료 보틀의 플라스틱 사용을 줄였고 퇴비화가 가능한 스낵 포장 재질을 개발했다. 펩시코의 R&D는 식음료 업계에서 선망의 대상이었다. 2015년부터 시작한 e-커머스 소매 매출은 3배 상승한 14억 달러를 달성했다. 디자인 부서는 2018년에만 200개가 넘는 어워드를 받았고 펩시코의 혁신을 이끄는 데 큰 역할을 하고 있었다.

내가 CEO로 있었던 12년간 펩시코는 에티스피어 인스티튜트 Ethisphere Institute가 선정하는 가장 윤리적인 기업 명단에 늘 올랐다. 2016년에는 미국 소매업자들이 공급업체를 평가해 순위를 매기는 칸타 파워랭킹Kantar PoweRanking 설문조사에서 2010년 6위였던 순위가 1위로 상승했고 그 자리를 계속 유지하고 있었다.

우리의 인재 개발 능력은 미국 산업의 부러움을 받았다. 실제로 2014년에서 2020년 사이 시니어 경영자 아홉 명이 다른 기업의 CEO로 취임했다. 체계적인 인재 개발 프로그램 덕분에 빈자리를 채울 훌륭한 경영진이 준비되어 있었다.

전 세계를 뒤흔든 경제위기만 아니었다면 우리는 이 일들을 더욱 빠르게 달성할 수 있었고 어쩌면 더 많은 일들을 해낼 수 있었을 거라고 믿지만, 그 힘든 시기마저도 잘 이겨냈다는 생각이 들었다. 내가 할 수 있는 최선을 다해 열심히 일했고 내 마음과 영혼을 담아 진정으로 펩시코를 사랑했다.

CEO에서 내려오는 데 나는 아무런 후회가 없었다. 몇 달 후면 사임하게 될 펩시코 회장의 역할 또한 그리워하지 않을 것이었다. 나는 라몬에게 최고의 조력자가 되어주는 전 CEO로 남겠노라 결심했고, 그러기 위해서는 무엇보다 신중하게 처신해야 했다. 필요한 경우에는 가까이에 있겠지만 이제 회사를 가꿔나가는 건 그의 역할이었다.

10월의 여유로운 나날들을 보내며 나는 숨을 고르고, 추억에 잠기고, 미래를 생각하며 큰 감사함을 느꼈다. 어느 오후, 주문해놓고도 열어볼 시간을 내지 못했던 책《펩시의 50년: 유서 깊은 과거와 밝은 미래Fifty Years of Pep: A Storied Past, a Promising Future》를 완독했다. 또 하루는 커뮤니케이션즈 수장인 존 배너John Banner가 공식 자료와 사진, 추천서를 모아 내 12년간의 여정을 정리한 아름다운 스크랩북을 한참 감상하기도 했다. 내가 받은 수백 장의 감사 편지와 작별 편지를 읽기도 했다. 지난 연간 보고서들을 넘겨 보고 펩시코의 성장에 대해 주주들에게 쓴 편지들을 모두 다시 읽어봤다. 매년 이 편지를 쓰는 데 몇 시간이나 매달리며 고생했었다. 그러길 참 잘했다는 생각이 들었다. 다 모아놓으니 펩시코가 어떻게 변화해왔는지를 한눈에 보여주는 좋은 자료가 됐다. 사진첩을 꺼내보며 그간 내가 다녔던 여행, 만났던 사람, 경험했던 문화, 아직도 다양한 기회와 도전이 숨 쉬는 여러 나라들을 추억했다.

어떤 편지나 자료에도 CEO의 역할을 하며 느꼈던 좌절과 분노가 담겨 있지 않았지만 나는 그 감정들도 다시금 떠올렸다. 행동주의자들, 분기별 이익 압박, 변화에 저항하던 펩시코 경영진, 나를 향한 공격적인 행동들, 너무나 많이 상충했던 안건들. 이 모든 것을 어떻게 견뎠을까? 사실 PwP에서 비롯된 여러 작은 선택들 중, 그것이 승리를 안겨주었건 불발로 끝났건, 우리가 정말 해낼 수 있을지 머리 아프게 고뇌하는 시간을 거치지 않은 것이 없었다. 그럼에도 PwP라는 대대적인 변화를 반드시 이루겠다는 결심을 했고, 가족의 기대를 온몸에 지고 캘커타에 처음 도착했을 때와 마찬가지로 무슨 일이 있어도 내가 결심한 바를 지켜내야만 했다.

남성 CEO들이 격정적으로 소리를 지르고, 물건을 던지고, 욕설을 뱉는다는 이야기를 듣기도 했고 실제로 본 적도 있으며, 이런 행동은 열정과 의지의 상징으로 여겨졌다. 하지만 나는 그런 감정들을 드러내는 것이 주변 사람들에게 구실을 주게 될 거라는 것을 잘 알고 있었다.

그 때문에 회사 안팎으로 내가 무엇을 이루고자 하는지 이해하지 못하는 사람들에게 화가 나는 날이면 내 사무실에 딸린 작은 화장실에 가서 거울에 비친 내 모습을 바라보며 감정을 모두 털어놨다. 감정이 들끓는 순간이 지나가면 눈물을 닦고 화장을 고친 후 어깨를 펴고 만반의 준비를 갖춰 다시 싸움터로 돌아가 '술래'가 되었다.

펩시코를 떠나며 나를 정말 괴롭히는 문제가 딱 하나 있었다. 내 사임을 두고 후임자로 여성을 뽑지 않았다는 사실에 모든 담론이 집중된 것이었다. 〈뉴욕타임스〉에는 이런 제목의 글이 실렸다. "여성 CEO가 회사를 떠나면 깨졌던 유리천장이 다시 닫힌다." 세상에나. 영향력 있는 남성들이 매년 은퇴하지만, 그 후임자가 왜 여성이 아닌지에 대한 기사가 있었던가?

2006년 10명이었던 포천 500 여성 CEO의 수는 2017년에는 32명, 2020년에는 37명으로 증가했다. 2퍼센트 미만이었던 포천 500 여성 CEO의 비율은 27년간 고작 7.5퍼센트로 늘었다. 대기업 수장에 오른 여성들의 숫자가 말도 안 되게 적은 만큼, 이 사안에 관해서는 수치가 늘어난 것을 기쁘게 여기거나 줄어든 것을 애석하게 여기는 식으로 접근해서는 안 된다는 것이 내 생각이다.

인구의 절반인 여성이 의사결정을 하는 역할에서 남성과 동등한 비율로 참여해야 한다. 더 많은 여성 리더의 존재는 그 사회가 더 건강하고 부유하며 평등하다는 사실을 알리는 징표가 될 것이다. 또한 나는 서로 다른 경험을 지닌 사람들이 모여 깊이 파고들며 논의할 때 최상의 선택을 도출할 수 있고, 진정한 리더십은 다양성을 충족한 팀들에서 무언가를 배우는 과정을 통해 완성된다고 믿는다. 다양성이 보장된 팀은 가족처럼 골치 아픈 집단이 될 것이다. 사회적 배경이 같은 사람들이 같은 방식으로 문제에 접근하고, 상당히 매끄럽게 의견이 일치하는 조직 또는 정부를 운영하는 편이 한결 쉬운 것은 자명한 일이다. 하지만 쉽다고 더 좋은 것은 아니다.

분명한 점은, 세상 기업의 절반은 그리고 가장 큰 기업 500곳 중 250곳은 여성이 이끌어야 한다는 것이다. 지금 속도라면 그렇게 되기까지 황당하게도 130년 이상이 걸릴 것이다.

내 후임인 라몬 라구아르타는 1996년에 펩시코에 입사해 러시아의 윔빌댄 인수 계약을 이끌었고, 유럽과 사하라 이남 아프리카에서 펩시코 CEO를 지냈다. 다섯 개의 나라에서 근무했고, 아내와 세 아들 역시 그를 따라 옮겨 다녔다. 2017년 그를 펩시코 사장으로 승진시켰을 때, 그는 기업 운영 전반을 더 깊이 이해하기 위해 퍼체이스로 이사했다.

이사회는 엄격한 절차를 거쳐 펩시코의 장기 비전의 우선순위를 정하고 난 후 라몬을 선택했다. 내 뒤를 이어 CEO를 맡을 최종 후보자 네 명 가운데 여성이 없었던 데는 이 사회에 여성 CEO가 더 많이 필요하다는 사실을 우리가 간과했기 때문이 아니었다. 다만, 그간의 노력에도 불구하고 아직 우리가 준비되어 있지 않았던 탓이다.

여기에는 두 가지 안타까운 사연이 숨어 있다. 먼저, 몇 년간 내가 멘토로 나서서 가르치고 이사회에 직접 소개도 한 높은 잠재력을 지닌 여성들은 최고경영자나 최고운영책임자가 되었지만, 펩시코가 아니라 다른 회사에서였다. 우리의 뛰어난 인재개발 문화 속에서 성장한 경영진은 리크루터와 우리보다 규모가 작은 이사회의 관심을 한몸에 받았다. 이들이 자랑스럽기도 하지만 한편으로는 우리가 이들을 놓쳤다는 사실에 화가 났다. 어쩌면 그들의 입장에서는 옳은 선택이었을지도 모른다. 엄청난 규모의 기업인 펩시코의 CEO 자리를 향한 경쟁은 비단 여성뿐만 아니라 누구에게든 승산이 매우 낮은 싸움일 테니까.

둘째로, 전도유망한 여성들이 중간관리직에 있을 때 받았던 처우 때문이었다. 사내 상위 200명의 업무평가를 들을 때에야 비로소 이런 사연이 있다는 것을 알게 됐다. 나는 PwP의 인재 기둥으로 떠오르는 리더들을 지켜보았고, 여성 및 다른 배경을 지닌 인재들에게 특별히 관심을 두고 있었다. 업무평가 동안 남성 관리자를 평가할 때는 "성과도 좋고, 목표도 거의 달성했고, 그리고……"
라고 말하며 직원의 대단한 잠재력에 대한 상세한 평가가 이어졌
다. 여성 관리자일 때는 조금 다르게 진행되었다. "성과도 훌륭하
고, 목표도 모두 달성했고, 하지만……"이라고 이야기가 전환되면
서 향후 이 직원의 성공에 걸림돌이 될 사안이나 성격 문제가 자
세하게 이어졌다. '그리고-하지만' 현상이 나를 무척이나 거슬리
게 했다. 논의를 중단하고 책임자들에게 날카로운 질문을 던진 적
이 셀 수 없이 많았다. "그 직원에게 제때 피드백을 줬나요? 해당
문제를 잘 해결할 수 있도록 적절한 도움을 제공했나요?" 다시 책
임자들을 돌려보내 '여성 관리자 X의 문제를 해결할 방법을 찾아
올 것'을 지시했다.

이 방식이 항상 통하지는 않았다. 책임자들이 관점을 바꿀 때도
있었지만 대부분의 경우 부하직원에 대한 기존의 평가를 고수했
다. 나 또한 이들의 의견이 항상 틀렸다고는 말할 수 없었다. 한편
남성과 여성을 다르게 바라본 것이 분명 문제가 되어 펩시코가 똑
똑하고 열심히 일하는 여성 경영진을 잃었다는 것은 사실이었다.

오늘날 일터로 나온 여성들 중 능력과 지력, 야망과 창의성, 투
지와 긍정적인 기운을 가진 사람들이 무척이나 많다. 훌륭한 대학
을 뛰어난 성적으로 졸업하고, 졸업생 대표로 선발된 사람들이다.
역경을 이겨낸 사람들이다. 희생을 하고 굉장히 열심히 일해온 사
람들이다. 자신의 힘으로 재정적인 독립을 달성하기를 갈망하는

사람들이다. 여성들이 왜 훌륭한 기여자인지 입증하기 위해 애쓸 필요가 더는 없다. 이미 훌륭한 기여자이기 때문이다.

어떠한 한 가지 이유 때문에 여성이 대기업의 수장이 되지 못하는 게 아니다. 리스트에 올라온 열 가지 문제만 해결하면 되는 그런 사안이 아니다. 너무나 사소해서 정확히 딱 짚어내기 어려운 문제들부터 큰 구조적 문제까지 수백 가지의 요인이 더해져 이런 현상이 벌어지는 것이다. 여성들이 지금껏 이뤄온 성과에도 불구하고 오늘날의 일터는 여전히 여성들을 가로막는 악습과 문제적 행동으로 가득하다.

이것이 젠더 바이어스gender bias(성별에 기반한 편견-옮긴이)이고, 모든 여성의 성공에 영향을 미치는 요인이다. 어떤 경우, 여성들은 지극히 이성적인 판단으로 직장을 떠나거나 완전히 다른 일을 하며 생활비를 번다. 또 다른 경우, 편견이 여성의 자존감을 갉아먹으면서 능력에도 영향을 미쳐 어느 순간 이들의 성과에 타격을 입힌다. 이러한 악순환에 빠진 여성들이 굉장히 많을 것이라 생각한다.

편견으로 인해 수많은 여성이 그저 직업을 유지하는 것을 두고도 굉장한 갈등을 겪어야 한다. 여성은 일터에서 미묘하게 가해지는 편견과 씨름해야만 하고, 미국의 경우 공교육 과정을 시작할 수 있는 만 5세 이전의 아이를 양육하기 위한 지원 시스템이 크게 부족해 곤란을 겪어야 한다. 이 문제로 많은 여성이 반드시 일을 해야 하는 형편이 아닌 경우 결국 노동력 시장에서 빠져나가는 쪽을 선택한다. 언젠가 다시 돌아오길 희망하지만 기차에 몸을 훌쩍 싣고 제일 높은 곳으로 올라갈 수는 없을 것이다.

이 현상을 두고 '새는 파이프라인leaky pipeline(여성 인력이 조직에서 이탈하거나 정체되는 현상-옮긴이)'이라고 칭하기도 하지만, 사실 나는 이런 용어가 문제를 축소시키는 데 일조한다고 생각한다. 이 파이프라인은 단순히 '새는' 정도가 아니다. 완전히 부서졌다. 결론은, 대기업에서 CEO에 거론될 정도의 경력과 굳센 의지를 지닌 여성 인력이 여전히 아주 적다는 것이다.

이는 젊고 능력 있는 여성들이 자신의 잠재력을 마음껏 펼쳐 보이지 못한다는 개인적인 손실만을 의미하지 않는다. 경제 전반에서도 손실이라는 점에서 중요한 문제다.

나는 조직에서 여성이 남성보다 더욱 가파르고 미끄러운 사다리를 올라야 한다는 사실을 항상 인식하고 있었다. BCG에서 일하던 시절, 나와는 절대로 시선을 맞추지 않으려 했던 파트너 한 명이 있었다. 내게 말을 걸 때도 시선은 우리 팀에 있는 남성들을 향한 채였다. 젊은 컨설턴트였던 나는 그 사람이 나를 싫어하는 이유가 궁금했다. 내 옷차림 때문에? 아니면 내 외모? 다른 것 때문인가? 나중에 우연찮게 한 동료에게서 그 사람이 여성과 유색인종에게는 항상 그런 식으로 행동했다는 이야기를 들었다. 마찬가지로 누군가 나를 '베이브'나 '스위티', '허니'라고 부른 적은 수없이 많았다. 꾹 참고 견뎠던 나는 마침내 내가 인력 시장에서 어느 정도의 위치가 되었다고 느꼈을 때 ABB에 온 새 상사에게 불쾌함을 표하고 그곳을 떠났다.

사다리의 제일 높은 단에 올랐을 때조차도 나는 여전히 여성의 사다리에 있었다.

나는 12년간 펩시코의 회장으로서 4/3의 코너에 자리한 볕이 잘 드는 사무실 안에서 U자 모양의 회의 테이블 상석에 앉아 이사회 회의를 진행했다. 이사회는 남자 8명과 여자 4명이었다. 보통 회의는 친근한 인사로 시작해 곧장 안건에 돌입했다. 성과와 위험, 전략, 인재, 세계 동향을 분석했다. 협조적인 이사회와 함께해서 행운이라고 생각하지만, 공적인 그리고 사적인 자리에서 감히 남성 리더에게는 못했을 거라고 생각이 드는 무례하고 오만한 발언을 하기도 했다. 그뿐만 아니라 내가 말을 하는 와중에 자신이 발언을 하거나 내 말을 자르는 것이 별 문제가 아니라고 여기는 남성 두어 명을 참고 견뎠다. 용납할 수 없는 행위라고 생각했지만 깊이 생각하지 않으려 했다.

30년 가까이 중요한 이사회 구성원으로 활동했던 샤론 록펠러가 더는 참지 못했던 적이 있었다. 그녀는 남성 구성원에게 계속 자신의 말을 자르는 행동을 그만하라고 지적했다. 공개적인 자리에서의 직접적이고 단호한 발언이었다. 모두가 그녀의 말뜻을 알아챘다. 어느 이사회든 샤론 록펠러 같은 인물이 있어야 한다.

CEO 초창기 시절, 나와 6주 정도에 한 번씩 일대일 미팅을 해야 한다고 우겼던 이사회 구성원은 자신을 보러 그가 사는 도시에 한번 오라는 이야기를 항상 했다. 내게 늘 이런저런 질문을 했고, 내가 대답하면 항상 "저라면 그렇게는 말하지 않을 것 같군요"라고 말했다. 그때마다 나는 무언가를 배우겠다는 자세로 어떤 대답을 해야 하는 건지 정중하게 물었다. 그는 거의 항상 내가 한 말을 그대로 따라 했다. 나는 우스운 권력 싸움으로 이해했다. 얼마 전에 은퇴한 시니어 임원이었던 그는 자신의 직권을 포기해야 하는 현실에 괴로워하고 있었다. 나를 통해 자신의 영향력을 어떻게든 유지하려 했던 것이다. 미칠 것 같았다.

펩시코에서 수많은 여성 시니어 임원들이 경험했듯이 경영관리팀과의 전략 회의에서 여성은 나 혼자뿐이었다. 항상 만반의 준비가 되어 있었던 나는 좋은 통찰력을 선보였고, 많은 이들의 존중도 받았다. 하지만 내가 어떤 제안을 할 때마다 누군가 갑자기 등장해 "아니요, 인드라. 그건 너무 이론적인 이야기군요"라고 했던 적이 제법 많았다. 그러다 잠시 후 어떤 남성이 나와 똑같은 말로 똑같은 제안을 하면 대단히 멋지고 통찰력 있는 의견이라며 칭찬을 하는 식이었다. 한 번은 시니어 운영이사 쪽으로 몸을 기울여 내 생각을 대신 말해달라고 대놓고 요청했다. "제가 말하면 너무 이론적이라고 할 게 뻔해서요." 이것으로 '너무 이론적'이라는 코멘트가 더는 등장하지 않았다.

다른 사람들이 나를 사적으로 어떻게 대하든 거기에 대해서 내가 할 수 있는 일이 그다지 많지 않다고 넘겼지만, 그래도 조직 내에서 여성을 지원하기 위해 항상 노력했다. 가능한 한 훌륭한 전략팀을 꾸리려 노력했고, 결과적으로 팀 내 여성 비율이 50퍼센트가 되었다. 여성 직원들이 무슨 이야기든 편히 할 수 있도록 여성 전용 타운홀 미팅도 수차례 열었다. 몇몇 여성 직원들과는 따로 자리를 만들어 사람들 앞에서 자기 자신을 어떻게 드러내야 하고, 회의에서는 어떻게 자리해야 하며 또 자신의 아이디어를 어떻게 전달해야 하는지에 대해 알려줬다. 대부분이 내 피드백을 수용하고 따랐다. 너무 보수적이라며 내 의견을 받아들이지 않는 직원들도 있었지만 내가 그들을 진심으로 생각하고 위한다는 것만은 모두 알아주었다.

또한 마케팅과 광고 캠페인에서 여성의 시각을 반영하기도 했다. 1990년대의 한 다이어트 펩시 TV 광고가 기억에 남는다. 화려한 결혼식장에서 신부 들러리들과 하객들이 식을 기다리고 있는 상황이었다. 그때 무언가 문제가 생겼다. 한 여성이 다른 여성에게 신부의 다이아몬드 반지가 작다고 말하는 순간, 신랑이 식장에 오지 않았다는 것이 밝혀졌다. 눈부신 차림의 신부가 눈물을 보이기 시작했다. 신부의 아버지가 딸에게 다이어트 펩시를 내밀었다. 신부는 음료를 마셨다. 그녀는 조금씩 기운을 차리기 시작했다.

신부는 아버지를 바라보며 이렇게 말했다. "다이어트 펩시 맞아요?"

내부 상영 자리에서 이 광고를 보고, 나는 제작자들에게 이 영상이 모욕적이기 때문에 여성들이 다이어트 펩시를 마시고 싶은 생각이 들지 않을 것 같다고 말했다. 그 자리에 있던 남자들 중 내 의견에 동의하는 사람은 한 명도 없었다. 광고 업무는 내 권한 밖의 일이라고 말하며 다들 굉장히 언짢아했다. 결국 광고는가 그대로 방영되었다. 이후 다이어트 펩시는 실망스러운 한 해를 맞이했고 당시 몇몇 남성들은 내게 매출에 대해 이야기하는 것을 대놓고 피했다.

나는 무엇보다 기억에 남을 만한, 눈에 띄는 한 가지 변화를 이뤘다. 회사 건물들 사이 통로에 깔려 있던 예쁜 프랑스 자갈들을 제거해 건축학적으로도 좀 더 멋스러운 평평한 길로 변신시켰다. 1960년대에 자갈을 깐 길은 정장 구두를 신은 남성들에게는 괜찮았지만 직장 여성들의 힐에는 굉장히 위협적인 존재였다. 자갈길을 없애자 돈 켄달이 크게 격분했다. 그는 1986년에 CEO로 퇴직했지만 4/3에 사무실을 유지하고 있었다. 공사 현장을 확인하고는 "누가 내 통행로를 망가뜨리고 있는 겁니까?"라고 씩씩댔다. 이 자갈길이 위험하다는 것도 오래전부터 알고 있었고 불편함을 느낄 뿐 아니라 발을 헛디디고 심지어 넘어진 사람들을 직접 보기도 했던 남자 동료들이 내 탓을 했다. 왜 이들 중 아무도 진즉에 바꿀 생각을 하지 않았는지는 나로서는 알 수가 없다. 다만 놀랍게도 돈은 나를 문제 삼지 않았다.

돈의 아내인 빔Bim을 포함해 여성 동료들이 내게 자갈을 없애줘서 고맙다는 이야기를 한참이 지난 후까지 했다.

내가 부즈 앨런 해밀턴에서 사리를 입고 인턴을 하며 대외적인 활동에서 제외돼도 괜찮다고 넘기던 시절 이후로 미국 비즈니스 세계는 여성들에게 대단히 놀라울 정도로 개선되었다. 공공연한 성차별이 상당 부분 사라졌다. 여성들은 더 이상 노골적으로 차별적인 법적 환경이나 직접적으로 모욕적인 문화적 환경에서 삶과 일을 꾸려나가지 않게 되었다. 구인 광고는 이제 남성용과 여성용으로 나뉘어 게재되지 않는다. 미국에서 이런 변화는 루스 베이더 긴즈버그Ruth Bader Ginsburg(전 연방대법관으로 성평등과 소수자를 위한 판결로 유명하다-옮긴이), 글로리아 스타이넘Gloria Steinem(페미니즘 운동가이자 언론인-옮긴이), 셜리 치점Shirley Chisholm(미국 최초의 흑인 여성 하원의원. 이후 대선에도 도전했다-옮긴이)과 같은 인물과 페미니즘 운동이 수십 년간 쌓아온 업적의 유산이다.

좀 더 최근에는 #미투MeToo 운동과 타임즈 업Time's Up(할리우드 스타들과 작가, 변호사 등이 모여 성차별 문제를 해소하기 위해 결성한 단체-옮긴이) 캠페인이 여성에게 노출된 성범죄와 성희롱의 심각성을 세상에 알리는 데 대단한 역할을 했다. 이 두 운동으로 생존자들에게 필요한 커뮤니티가 형성됐다.

나는 성적으로 추행을 당한 적은 없지만, 커리어 초반에는 조직 내에서 내가 생각하는 예의와 가치에 반하는 행동을 하는 남성들의 사례를 많이 들었고 또 목격하기도 했다. 이후 나는 누군가가 모욕적인 행동을 하는 것을 보거나 그랬다는 이야기를 들으면 즉각 그런 행동이 중단되도록 하는 것을 최우선으로 삼았다. 펩시코 사장이 된 후에는 익명의 스피크 업 라인Speak Up Line에 접수된 성희롱 사례를 해결하도록 펩시코 감사부에 지시했고, 그런 행동을 한 직원을 곧장 해고했다. 희롱에 대한 신고 수가 줄어들었지만, 보복에 대한 두려움 때문에 스피크 업 라인에 차마 전화하지 못했던 여성들이 있었던 것은 아닌지 걱정도 됐다.

PwP를 기획할 때 인재에 관련한 목표를 세우는 것이 가장 쉽지만 달성하기는 가장 어려울 것이라는 점을 잘 알고 있었다. 나는 펩시코가 환상적인 일터가 되길 바랐다. 직원들이 생계에 필요한 돈을 버는 한편 삶도 누릴 수 있길 바랐고, 개개인이 존중받을 수 있기를 바랐다. 동시에 인재에 관련한 우리의 정책이 측정 가능한 결과로 도출되고 펩시코의 사업 성과로도 이어지길 바랐다.

그래서 나는 이런 계획을 세웠다. 기본에 아주 충실하자. 차별 없이 최고의 인재를 고용하고, 이 사람들에게 적절한 과제를 주고, 능력의 한계를 확장시키고, 멘토링을 해주고, 공정하게 임금을 지불하고, 소중히 여기고, 유용한 피드백을 주고, 뛰어난 결과를 보인 직원들은 승진시키고, 부진한 직원들은 내보내며, 이 모든 과정에서 직원들이 의식적이거나 무의식적인 편견을 경험하지 않도록 노력했다.

이에 더해 사내 모든 사람에게 직원은 누군가의 엄마이자 아빠, 딸이자 아들이라는 점을 잊지 않도록 했는데, 이는 내 진심을 담은 신념이었다. 누군가를 고용한다는 건 그 사람 뒤에 있는 한 가족을 고용하는 것과 같았다. 나는 모든 직원이 정서적인 유대감을 갖고 서로를 대해야 한다고 말했다. 이를 준수하게 할 경영 제도 같은 건 없기에 보편적인 지원 시스템을 확립해야 했다.

당연히 쉽지 않은 일이었다!

스티븐 레인먼드는 CEO로 있을 때 펩시코 임원진을 구성하면서 포용과 다양성을 중시했다. 기업에서 여성이나 유색인종의 중간관리자들이 줄어드는 추세였지만, 이를 바로잡으려 했던 곳은 거의 없었다. 고객의 성별과 인종이 다양하다면 직원도 그래야 한다고 생각한 스티브는 다양한 경영자를 고용하고 승진시켜야 한다고 주장했다. 진정으로 조직문화를 변화시키려면 다양한 배경의 인력을 일정 비율로 보유해야 한다고 생각했다. 그는 아프리카계 미국인과 히스패닉계 직원들의 승진 문제를 논의할 자문위원회를 꾸렸고, 관리자들에게 조직에서 벌어지는 편견을 경험하게 하기 위해 배우들을 섭외해 극적인 행동을 펼치게 했다. 이제는 흔해진 편견 개선 교육 프로그램이 있기 훨씬 전의 일이다. 또한 스티브는 임원진의 보너스에 다양성과 포용이라는 척도를 적용했다. 이미 매출 목표를 충분히 달성했다고 생각한 시니어 관리자들의 노여움을 사기도 했지만 스티브는 물러서지 않았다. 2000년에서 2006년 사이 펩시코는 다양성에서 큰 진전을 이뤄냈다. 관리직에서 20퍼센트였던 여성의 비율이 거의 30퍼센트로 늘어났다.

나는 스티브의 이니셔티브를 PwP에 묶어 그의 노력을 좀 더 확장할 필요가 있다고 판단했다. 우리는 HR 시스템을 검토해 누구에게나 동등하게 승진 기회가 주어지도록 했다. 한 예로, 직원들이 공식 문서화된 성과 평가를 제때 받지 못한다는 것을 발견하고, 제대로 된 성과 평가를 하는 방법을 직원 트레이닝 프로그램에 추가했다. 나는 연말 평가를 세심하게 검토해 관리자들이 직원 개개인의 기여도를 평가하고 문서화하도록 부담을 줬다.

또한 나는 여성들과 소수집단 지원자들이 다양한 직무에 고려되지 못하고 있다는 것을 깨닫고 채용 방식에 이의를 제기했다. 지금도 한 가지 사건만 떠올리면 고개가 내저어진다. 펩시코 인도 지사에 새로운 CFO가 필요했던 당시, 채용 관리자들이 남성 지원자만 고려한다는 것을 알게 되었다. 당시 펩시코 인도의 고위 경영진에 여성이 전무한 상황에서 왜 지원자들을 폭넓게 고려해 여성 CFO를 찾아볼 생각은 하지 않느냐고 묻자 채용 관리자들은 황당한 답변을 내놓았다. "여성은 남편이 다른 지역으로 전근을 가야 할 상황이 오면 회사를 그만둘 테니까요. 그런 위험을 감수할 수는 없어요." 나는 전 CFO가 회사를 나간 이유를 물었다. "그분 아내가 대단히 높은 자리로 승진해서 따라갔어요."

우리는 펩시코 인도 지사의 CFO로 킴수카 나라시만Kimsuka Narasimhan을 채용했다. 그녀는 훌륭한 적임자였다.

CEO가 된 후 나는 가족친화적인 정책을 늘려나갔다. 유급 출산휴가를 12주로 확대했고, 가능한 지역에서는 사내에 또는 인근에 어린이집을 만들었다. 사내에 의료시설, 모유수유실, 건강한 임신 프로그램Healthy Pregnancy Program도 만들었다. 또한 펩시코 사상 처음으로 글로벌 유연근무제를 시행했다. 펩시코에서 경비 절감을 고민하던 시기에 이런 제도들을 축소하지 않은 데 직원들이 무척이나 기뻐했다. 우리의 조직 건강도가 크게 상승했다. 내가 CEO 자리에 오를 때 일터에 만족한다고 대답한 직원이 74퍼센트였던 반면, 회사를 떠날 즈음에는 82퍼센트로 증가했다.

펩시코 직원 다수가 우리의 인재 이니셔티브에 큰 지지를 보냈다. 어떤 이들은 직원 개개인의 삶은 그들 몫이고 회사가 너무 관대하게 신경 쓸 필요가 없다고 생각했다. 양쪽 의견 모두 나름 타당했지만 어쨌거나 나는 내 계획을 변경하지 않았다. 우리가 이룬 진전이 자랑스러웠다.

내 개인적으로는 여러 피드백을 수집하며 들었던 비판 하나가 가슴을 훨씬 아프게 했다. "본인과 비슷한 사람들에게만 신경을 쓴다." 여성과 유색인종을 말하는 거였다.

1994년 펩시코에 입사할 때 나를 두고 '구색 맞추기용 채용'이라고 말하는 것을 알고 있었다. 내가 유색 여성이라는 이유 하나로 채용되었다는 뜻이다. 하지만 내 자신의 능력과 가치를 충분히 입증했다고 생각했고, 그래서 다양성과 포용을 위해 싸우려 나섰더니 내 민족성과 성별이 가장 중요한 이슈가 됐다. 이런 일들을 반복적으로 겪으니 분한 마음이 들었다. 예컨대, 인도계 미국 여성이 펩시코 북미 지사의 관리직에 채용되면 "인드라가 접촉한 사람일 거야"라고 수군대는 소리가 들렸다. 여성이나 유색인종이 승진하면 "인드라가 다양성과 포용을 중시하기 때문일 거야"라는 말이 귀에 들어왔다.

한 번은 IT부서에서 여러 미국 고객들과 유사한 프로젝트를 진행 중인 인도의 기업에 업무를 위탁했다. 내가 알 수도 없는 아주 사소한 외주 계약이었다. 하지만 누군가 스피크 업 라인에 전화를 걸어 그 프로젝트가 내 친척들 손에 들어갔다고 불만을 터뜨렸다. 가끔은 인도 국민 13억 명이 전부 내 사촌이거나 어떤 식으로든 나와 연관이 있다고 생각하는 건가 싶을 정도였다. 이런 일이 있을 때면 힘이 빠지기도 했지만 거슬리고 불쾌한 만큼 나름 재밌는 구석도 있었다.

다양성과 포용은 이제 우리 삶의 일부가 되었고, 기업의 수장이라면 비즈니스의 핵심 동인으로 이 두 가지 개념에 익숙해져야 한다. 몇몇 시니어 관리자들은 인재에 대해 말하며 모든 문제가 해결되어 다양성과 포용을 더는 걱정하지 않아도 되는 날이 하루빨리 오기를 기다린다고 이야기한다. 하지만 나는 그런 날이 곧 올 것이라 보지 않는다. 다만 우리가 성장하고 경쟁하며 세상이 모두의 것이라는 방향으로 나아간다면 이 문제도 자연스럽게 해결될 거라 믿는다.

그렇지만 편견에 대한 문제에 어떻게 접근할 것인지를 두고 생각의 진화가 필요하다고 여기는 몇 가지 지점이 있다. 이를테면 다양성과 포용을 상징하는 사람을 부사장 자리에 한 명쯤 앉히는 것이 올바른 접근법인가 하는 것이다. 다양성과 포용은 단 한 사람으로 대표될 수 없다. 이는 책임을 회피하는 쪽에 가깝다. CEO가 우선 고려해야 할 대상이자 HR의 가장 중요한 사안이 되어야지, 다양성과 포용을 대표하는 리더 한 명의 특징으로 좌우되어선 안 된다. 인사부도 다양한 도전에 머뭇거려선 안 된다. 대충 무마하려는 태도는 약한 기반 위에 집을 짓는 것과 같다. 곧 무너지고 만다.

이에 더해 모든 부서와 업무 집단의 가장 높은 곳에 있는 사람들의 어조도 매우 중요하다. 리더와 관리자들을 폭넓게 아울러 "재능과 자격을 두루 갖춘 다양한 배경의 사람들을 맞이하기 위해 조직이 어떤 노력을 기울여야 하는가?"라는 메시지를 전달하는 트레이닝이 필요하다. 이러한 정신은 공정성이라는 아주 당연한 목표에 부합할 뿐 아니라 비즈니스의 성공에도 핵심적인 역할을 한다. 재능 있는 인재가 성과를 이끈다. 그런데 사람을 채용해 교육을 시키는 데는 많은 시간과 비용이 든다. 그렇다면 일단 최고의 인재를 채용해 포용하고 이들이 성공할 수 있도록 돕는 편이 낫지 않을까?

리더는 스스로 모범이 되는 행동을 보여야만 한다. 고정관념과 편견에 따른 행동을 암묵적으로 허용해선 안 된다. 그 즉시 지적해야 한다. 누군가 다른 사람의 말을 불쑥 자르는 모습을 봤다면, 특히나 그 사람이 이런 일을 자주 경험하는 소수집단에 속한 사람이라면, 그런 행동에 제재를 가해야 한다. 누군가 여성을 폄하하는 장면을 봤다면 당장 멈추게 해야 한다. 나는 이런 개입이 고상하고도 효과적으로 행해질 수 있다고 굳게 믿는다. 딸이나 누이, 아내를 향한 부정적이고 차별적인 행동을 참을 사람은 없다. 그렇다면 왜 이런 행동이 일터에서 누군가의 딸이자 누이인 사람들에게 행해지는 것을 가만히 두고 보고만 있는 것일까?

기업 또한 편견 개선 교육 방식을 다시 생각해봐야 한다. 초기에는 수많은 기업이 모든 직원에게 일괄적인 다양성 트레이닝을 제공했다. 당시에는 다양성이 크게 보장되지 않은 환경에서 자란 세대의 인식을 개선하는 작업이 필요했다. 이제는 어느 집단이든 이전 세대보다 다양한 집단의 사람들과 함께 일하는 것이 훨씬 익숙한 밀레니얼과 Z세대가 많다. 무의식적인 편견에도 주의를 기울여야 하지만, 편견에 대한 이야기를 할 때는 청중에 맞춰 이들이 처한 환경을 면밀히 고려해야 한다.

나는 편견을 근절하고 포용적인 일터를 만드는 데 이사회의 역할이 중요하다고 생각한다. 이사회는 우선 개인의 능력을 기준으로 CEO를 결정해야 하고, 다양한 인력을 고용하고 최대한 활용할 의지를 가져야 한다. 그렇게 선출된 CEO를 책임자로 삼아 이사회는 1년에 한 번 조직 내 편견, 포용, 희롱에 관한 문제에 대해 종합적인 논의의 시간을 가져야 한다. 이사들은 또한 적절한 질문들로 조직 건강도 설문조사를 실시하고 그 결과를 성별과 민족성의 관점에서 분석해야 한다.

무엇보다 이사회는 이 사안을 진심으로 중요하게 생각하고 관심을 갖는 태도를 보여야만 한다. 기업의 지배구조 전환을 위해 해결해야 할 많은 사안 중 하나로만 대한다면 결코 의미 있는 개선을 이룰 수 없을 것이다.

또한 나는 CEO와 이사회가 이제는 임금 평등 문제에 나서야 한다고 생각한다. 같은 업무에도 여성이 평균적으로 남성보다 적은 임금을 받는다는 것은 누구나 아는 사실이다. 말도 안 되는 일이고, 이 격차를 해소하기 위해 훨씬 더 엄격한 노력을 기울여야 한다. 요즘 몇몇 기업은 해당 문제를 적극 해결하려는 노력의 일환으로 임금 차이를 공개적으로 밝히기도 한다. 대단하다는 생각은 하지만 과연 필요한 행동인지는 의구심이 든다. 다만 나는 이사들이 직원 보상 체계에 대해 대단히 투명한 분석을 요구하고 검토해야 하며, CEO가 임금 불평등 문제에 책임을 지도록 해야 한다고 믿는다. 이제 그럴 때가 되었다.

지금까지 말한 모든 것이 기업의 윤리적 사안에 해당하는 문제이긴 하지만, 이제는 시장이 상황을 지켜보고 있다. 젠더, 다양성, 일과 삶의 균형은 환경적·사회적·기업 지배 구조적 목표로 분류되어 투자자들에게 심사 기준으로 작용한다. 앞으로 다가올 시대에 가장 성공적인 기업은 사람과 관련한 문제에 선견지명을 발휘하는 곳이 될 것이고, 기업의 주가에도 이를 반영하게 될 거라고 본다. HR 프로그램이 더욱 관대해져야 한다는 말을 하고 있는 게 아니다. 기업은 하나의 목표로 직원들이 일터와 집에서 모두 대단히 성공할 수 있도록, 아주 영리한 정책들의 조합을 모색해야 한다는 뜻이다.

그렇다면 이 모든 문제에 관여하고 있는 이사회에는 누가 있을까?

CEO의 보스들이 이런 사안을 깊이 이해하고 기업을 조금씩 움직이지 못한다면 변화는 결코 이뤄지지 않는다. 안타깝게도 미국 기업의 이사회에 몸담고 있는 여성의 비율이 26퍼센트밖에 되지 않는다. 나는 기업이 이사회 구성원의 재직 기간을 15년으로 제한하고 이사회 정년을 72세로 정하는 방안을 고려해야 한다고 생각한다. 이와 동시에 이사회에 한두 자리를 늘린다면 일하는 여성이나 어린 자녀를 둔 가족과 관련한 사안에 좀 더 관심을 가질 적임자를 들일 수도 있다.

펩시코의 수장이 된 직후 대기업 여성 CEO들을 집으로 초대해 저녁식사 파티를 가졌다. 이미 친구 사이거나 동업관계인 사람들도 있었지만 이렇듯 모두가 한자리에 모인 것은 처음이었다. 우리가 다 함께 미국 기업에서 일하는 여성들을 위해 목소리를 낼 수 있기를 바라는 마음이었다. 그뿐만 아니라 기업 경영에 대한 조언을 주고받으면서 서로 협조하는 사설 고문단 같은 비공식적인 네트워크를 구축할 수 있지 않을까 하는 생각도 있었다.

이 모임에 더 의욕적이었던 데는 몇 주 전 당시 뉴욕 상원의원이었던 힐러리 클린턴이 펩시코에 방문했던 일이 인상에 남았던 것도 있었다. 그녀를 처음 만나는 자리였다. 굉장히 다정했던 그녀를 먼저 내 사무실로 안내해 시니어 경영진과 함께 펩시코의 비즈니스에 대해, 그리고 펩시코의 역할에 대해 이야기를 나눴다. 이후 힐러리를 직접 만나고 싶고 소통하고 싶어 하는 수많은 직원들이 모인 강당으로 자리를 옮겼고, 그곳에서 그녀는 대단히 상세하고도 희망찬 연설을 들려주었다. 좀 전에 내 사무실에서 전해 들었던 펩시코의 다양한 수치들을 하나도 빼놓지 않고 연설에 언급하기도 했다. 따로 수치들을 기록한 노트를 보면서 읽는 것도 아니었다. 청중을 사로잡는 방법을 꿰고 있는 대가의 수업을 듣는 느낌이었다.

힐러리를 배웅하며 단 둘이서만 잠시 걸을 기회가 있었다. "몇 주 후면 CEO 자리에 오른다고 알고 있어요." 힐러리가 말했다. "제 번호를 드릴게요. 대화 상대가 필요하면 전화하세요. 저랑 연결이 안 되면 제 스태프에게 전화하면 그쪽에서 저한테 연락을 줄 거예요. 당신에게는 항상 시간을 낼게요. 쉽지 않은 역할을 맡고 있잖아요."

상원의원인 클린턴이 펩시코 CEO와 알고 지내는 거야 이상할 일이 전혀 없었다. 하지만 그날 오후 나는 힐러리에게서 그 이상의 진심을 느꼈고, CEO가 된 첫 주에 가장 먼저 내게 인사를 보낸 사람 또한 그녀였다. 새로운 자리에서 좋은 일만 가득하길 빌어주며 편지에 "행운을 빌어요!"라고 적었다.

우리 집에서 여성 CEO들과 함께한 저녁식사 자리는 정말 근사한 시간이었다. 듀퐁의 엘런 쿨먼Ellen Kullman은 델라웨어 주 윌밍턴에서, 제록스의 앤 멀케이는 코네티컷에서, 아처 대니얼스 미들랜드Archer Daniels Midland의 팻 워츠Pat Woertz와 크래프트Kraft(현 몬델리즈)의 아이린 로즌펠드는 시카고에서, 에이본Avon의 안드레아 정 Andrea Jung은 뉴욕에서 온 것이었다. 우리는 커리어를 쌓으며 현재의 우리를 만든 여러 사건들에 대해 이야기를 나눴다. 서로의 여정이 무척이나 다르면서도 또 비슷하다는 것을 깨달았다. 시장과 업계, 보스로서 짊어진 부담감에 대해 털어놓았다. 여성들에게 리더의 환경이 얼마나 느리게 변화하고 있는지, 권력을 지닌 남성들에게 여성을 고위직 대상으로 고려해야 한다는 사실을 이해시키는 것이 얼마나 어려운 일인지에 대해 토론했다.

다들 코트를 입고 집을 나서며 정기적으로 만나 모임을 키우기로 약속했다. 9개월 후 나는 자리를 다시 한 번 마련했다. 셰리 블레어Cherie Blair가 얼마 전 영국 총리를 사퇴한 남편 토니 블레어 Tony Blair와 함께 참석했다. 여성을 위한 이니셔티브를 진행 중이었던 셰리 블레어는 많은 이와 협력하고 연대하고 싶어 했다. 우리는 파이프라인 내 여성들을 돕기 위해 어떤 일을 할 수 있을지에 대해 더 많은 이야기를 나눈 후, 곧 다시 만나자고 했다. 다음번에는 자신이 자리를 마련하겠다고 말하는 사람들도 있었다.

하지만 그 자리는 마련되지 못했다. 누구의 잘못도 아니었다. 다들 여성 CEO들과 후배들을 위해 강력한 조직을 만들 시간적 여유가 전혀 없었던 것뿐이다.

덧붙이자면, 미국 기업에서 가장 높은 위치에 있는 여성들을 위한 클럽은 현재 없는 상황이다.

비즈니스 세계의 남성들을 위해 수 세기 동안 사회에서 유지되어온 시스템이 있다. 남성들의 클럽과 협회다. 오래전부터 형성돼 있었기에 이를 결성하고 유지하기 위해 추가적인 노력을 들일 필요가 없다. 전쟁에 함께 참전한 남성들이 나누는 동지애와 정서적 유대감은 사회생활까지 깊이 이어져왔다. 지금까지 여성들이 이뤄온 발전에도 불구하고 우리는 아직도 이 세계에 진입하기 위해 애를 쓰는 중이다. 여성들은 다양한 업계 모임에 속해 있고 비영리기관의 이사회 구성원으로 자리하고 있지만, 남성들은 게임의 규칙을 직접 썼다는 대단한 이점을 누리고 있다. 여성들이 초대받지 못하는 장소도 있다. 2012년, 매년 마스터스Masters 골프 대회를 개최하는 조지아 주 오거스타에 위치한 오거스타 내셔널 골프 클럽Augusta National Golf Club에서는 본래 IBM의 CEO에게 나오는 클럽 멤버십을 지니 로메티Ginni Rometty가 여성이라는 이유로 불허했다. IBM은 마스터스 대회의 가장 큰 스폰서 중 한 곳이다. 이 사건이 티핑 포인트(어떠한 현상이 서서히 진행되다가 작은 요인으로 인해 폭발하는 변곡점-옮긴이)가 되었다. 다음 해, 골프 클럽은 80년간 이어온 남성 전용 정책을 바꿔 사상 처음으로 여성 회원 두 명을 맞이했다.

골프와 비즈니스의 관계는 사실 너무 진부하다고 여길지 모르지만 18홀을 거치며 구축되는 유대감은 단순히 부차적으로 형성되는 유형의 것이 아니고, 미국에서 많은 사람이 가장 동경하는 골프 클럽 중 몇 곳은 여전히 금녀의 공간으로 남아 있다. 2007년, 돈 켄달은 내게 1915년에 설립된 웨스트체스터 카운티의 블라인드 브룩 컨트리 클럽Blind Brook Country Club에 가입하라고 권했다. 펩시코 퍼체이스 지사와 가까운 위치였다. 전 CEO들 몇몇과 임원진 다수가 고객들, 친구들과 함께 즐거운 시간을 보내는 곳으로 오랫동안 애용되던 장소였다. 돈은 내게 입회를 설득하는 것이 별로 어렵지 않을 거라 생각했다. 라지가 쓸 수도 있었다. 라지는 골프를 치는 사람이었으니까. 집에 도착한 후 라지에게 앤더슨 힐 로드를 지날 때마다 군침을 흘렸던 블라인드 브룩에 회원으로 가입해 정기적으로 골프를 치고 싶은지 물어봤다. 그는 놀란 기색으로 나를 바라봤다. "여자는 못 들어가게 하는 컨트리클럽에 뭐 하러 회원이 되려 하겠어?" 그는 이렇게 말했다. "됐어." 돈은 내가 왜 자신의 제안을 거절했는지 이해하지 못했다.

성 불평등은 더는 음지의 문제가 아니다. 셀 수 없이 많은 조직이 비즈니스에서 여성에게 공평한 경쟁의 장을 마련하기 위해 애쓰고 있다. 수십 년간 이 같은 움직임이 이어져 오고 있다. 뉴욕에 있는 캐털리스트Catalyst(여성들을 위한 업무환경을 구축하는 데 힘쓰고 있는 글로벌 비영리기관-옮긴이)는 1962년에 설립되어 현재는 기업 800곳의 후원을 받고 있다. 2013년에 출간된 셰릴 샌드버그Sheryl Sandberg의 《린인Lean In》은 여성들에게 일에서 더 많은 것을 기대하고 요구할 것을 독려했고, 수백만의 밀레니얼 여성이 이 메시지로 혜택을 입었다. 린인재단Lean In Foundation에서 수고로운 설문조사를 통해 매년 진행하는 일하는 여성에 관한 리서치는 여성의 일터에 대한 깊은 통찰력을 담고 있다. 여러 컨설팅 기업, 은행, 투자사 또한 조직 내 어떤 문제점이 있고 이를 이해하는 것이 왜 중요한지에 대해 전한다. 학자, 경제전문가, 정부, 싱크 탱크, 여러 비영리기관 또한 문제의 원인에 대해 나름의 의견을 내놓는다.

언론 매체의 후원을 받아 초대된 사람들만 자리할 수 있는 화려한 조찬부터 전문적인 강연과 채용 부스가 마련된 초대형 업계 모임까지, 매년 수많은 여성 콘퍼런스 자리에서 여성의 진보 또는 고충에 대해 낱낱이 분석한다. 이런 모임에 대한 수요가 없는 게 아니다. 몇몇 행사에는 수만 명의 여성이 참여하기도 한다.

지난 20년간, 여성을 지지하고 증진하는 콘퍼런스에서 연사로 초청받은 일이 많았다. 내가 할 수 있는 선에서 최대한 많이 수락했다. 이런 행사들은 사회에 만연한 불평등에 관심을 갖게 하고 자신의 커리어를 만들기 위해 노력하는 여성들을 돕는 데 중요한 역할을 한다. 그뿐이 아니다. 이런 자리를 통해 여성들은 자매애를 쌓아간다. 여성들은 공유한다. 우리는 타인의 이야기를 들으며 의지를 다지고 우리의 역경에 공감하는 사람들과 소통한다.

한편, 여성들을 위한 이런 모임과 시니어 임원진에게 인기 있는 콘퍼런스 및 회담을 혼동해서는 안 된다. 좋든 싫든 세계에서 가장 큰 영향력을 발휘하는 사람들은 여전히 남성인 만큼, 여성들의 행사는 안타깝게도 그리 대단한 제도적 변화를 이끌어낼 수 없다.

여러 대형 행사에서 여성 등을 특별 연사로 초청해 성 불평등과 다양성 문제를 다루는 것 또한 사실이다. (이 두 사안에 모두 해당하는 내가 인기 많은 패널로 초청을 받는 것은 당연해 보인다!) 하지만 이런 대화의 자리는 청중의 참석률이 저조할 때가 많고, 심지어는 남성들이 지루해하다 주제를 전환하려드는 경우도 흔했다. 주요 대학에서 열린 글로벌 콘퍼런스 자리에서도 이런 일이 벌어지고 있다 하니 실망감을 금할 수 없다.

우리는 좀 더 의식적으로 접근해야 한다.

로봇공학과 인공지능이 만들어가는 일의 미래에 대한 담론을 또 다른 측면으로 확장해 토론해야 한다. 일과 가정을 더욱 유연하게 통합하고, 여성이 동등한 임금을 받고, 권력을 공유하는 형태로 전환하는 방법에 대해 이야기해야 한다. 그래야 비로소 권력의 핵심 구조에서 이런 문제들이 고려되고 있다는, 그리고 변화를 가로막는 가장 거대한 장벽을 무너뜨릴 수 있다는 뚜렷한 증거를 손에 쥘 수 있다.

12

인시아드INSEAD는 프랑스 파리에서 차로 한 시간가량 떨어진 퐁텐블로 숲 끝자락에 위치한 유서 깊은 경영대학원이다. 여러 저명한 MBA 프로그램 중에서도 가장 다양한 학생들로 구성된 이곳은 80개국이 넘는 나라에서 학생들이 몰려든다. 인시아드에 항상 관심이 컸다. 내가 예일에 지원할 당시 인시아드도 고려했지만 영어와 불어, 독일어가 필수였고 나는 독일어 시험을 통과할 자신이 없었다.

2016년, 자본주의와 사회적 웰빙의 조화를 연구하는 학자들의 모임인 진보를 위한 협회Society for Progress가 주최하고 인시아드의 해가 잘 드는 대형 강당에서 진행되는 행사에 PwP에 대한 이야기를 들려달라는 요청을 받았다. 그 이후 나는 매년 6월마다 협회 창립자인 수브라마니안 랭건Subramanian Rangan과 철학 교수인 마이클 퓨어스테인Michael Fuerstein과 함께 성과와 진보의 통합Integrating Performance and Progress이라는 토론식 수업을 맡기 시작했다. 랭건 교수는 강좌를 이렇게 설명했다. "학생들은 자신이 단순히 커리어를 쌓고 싶은지 아니면 기여도 할 것인지를 결정해야 합니다." 우리 강좌는 금방 마감된다. 늘 60퍼센트 정도가 여성이다.

아시아, 유럽, 중동, 아프리카, 미국에서 온 학생들의 얼굴을 볼 때면 40년 전 예일에서의 내 모습이 겹친다. 펩시코와 여러 다국적 대기업을 이끌 미래의 리더들이 보인다. 세계적인 안목을 지닌 과학자와 기업인의 얼굴이 보인다. 이 여학생과 남학생들에게서 내 두 딸의 모습이, 경영 석사를 마친 후 내가 그랬듯 사회적, 경제적 퍼즐을 맞추며 이 세상을 이해하려고 하는 두 아이의 모습이 겹친다.

이틀간의 수업을 마무리하며 항상 편안하고 열린 분위기 속에서 학생들이 내게 무슨 질문이든 하는 대화의 시간을 갖는다. 글로벌 비즈니스에 관한 통찰력 깊은 질문이 수없이 오간 뒤 무궁무진한 잠재력을 지닌 이 젊은 학생들은 내게 꼭 이런 질문을 한다. "어떻게 해내셨어요? 어떻게 커리어에서 성공을 거두면서 동시에 가정도 잘 지켜내셨어요?" 그런 뒤에는 간절하게 이렇게 덧붙인다. "우리가 그걸 어떻게 할 수 있을까요?"

나는 솔직하게 대답한다. 쉽지 않았다고. 내 삶은 고통과 죄책감, 무언가를 얻기 위해 무언가를 포기하는 갈등 사이에서 끊임없는 저글링이었다. 세계적인 기업을 운영한다는 것은 굉장한 특권이었지만 후회도 있다. 삶이란 그렇다.

이와 비슷한 질문들을 예일, 웨스트 포인트West Point 등 여러 학교에서, 펩시코 공장에서, 라틴아메리카 또는 중동의 어느 회의실에서, 주요 여성 모임 자리에서, 학자들과의 대담 자리에서, 세계 경제 포럼World Economic Forum의 젊은 리더들에게서 수없이 받았다. 친구, 지인, 일과 가정 사이에 균형을 찾는 방법을 구하는 낯선 사람들에게서 수많은 이메일과 편지를 받았다.

내가 용케 잘 해냈다는 이유로 다들 내게 무슨 비밀 같은 거라도 있다고 생각하는 것 같다. 하지만 그런 건 없다. 여러 의미로 나는 운이 좋았다. 끈끈한 가족들이 있었고, 좋은 교육을 받았고, 아들만큼 딸을 소중히 여겼던 부모님이 계셨다. 내 꿈을 공유할 수 있는 남자와 결혼을 했고, 서로에게 힘이 돼주었고, 신중하고 검소하게 가정을 꾸려나갔다. 어느 부부나 그렇듯 서로 의견이 다를 때도 있었지만 라지와 나 사이에는 서로를 향한 믿음과 아이들을 향한 변함없는 사랑과 헌신이 있었다. 그뿐만 아니라 친척들의 도움을 항상 받았고, 나중에는 내게 도움을 줄 사람들을 고용할 수 있는 여유가 있었다. 중요한 순간마다 멘토를 만났다. 많은 사람이 지적했듯, 내게는 밤잠을 다섯 시간 이상 자지 않아도 되는 특별한 유전자도 있었다.

젊은 분위기의 펩시코에 오게 된 것도 행운이었다. 1990년대 내가 입사했을 때만 해도 남성 중심적인 조직이었지만 내가 어울리지 못할 정도로 고루하지는 않았다. 펩시코가 나를 CEO로 지목했고, 이 선택으로 많은 것이 달라졌다. 당시 미국 기업의 이사회 가운데 나 같은 외모의 사람을 선택해 운영을 맡기는 곳은 흔지 않았다.

몇 번이고 말하지만 일터에서 좋은 성과를 보이는 것은 그 자체만으로도 아주 힘든 일이다. 엄마와 아내, 딸, 며느리로서의 역할 또한 마찬가지다. 그리고 경험해보니 CEO의 역할을 수행하는 것은 최소한 세 배는 더 고되다. 따라서 내 모든 능력과 시간을 다양한 역할에 쏟아부었다 해도 내 성공은 사실 복권 당첨만큼 희박한 확률로 얻어진 것이다.

어쩌다 보니 해낸 것이었다.

이는 커리어와 가정을 성공적으로 융합하기 위해 나아가야 할 방향으로 적절한 모델이 아니다. 특히나 일과 자녀를 모두 원한다면 그건 당신의 문제라는 노골적인 메시지를 보내는 세상에선 말이다.

나 같은 사례가 있다고 해서, 우리 사회가 남성이든 여성이든 좋은 연봉을 받으며 행복하고 건강한 가정을 꾸리고 싶어 하는 이들을 제대로 지원해줄 탄탄하고 현대적인 시스템을 구축하지 못했다는 가슴 아픈 현실이 달라지진 않는다. 실상 미국의 현실은 라지와 내가 가정을 시작했던 때보다 훨씬 어려워졌다. 1980년 초에 비해 평균 수입에서 의료 서비스, 자녀 양육, 교육, 주거 비용이 차지하는 비율이 훨씬 커졌다.

일과 가정을 둘러싼 스트레스로 인해 밀레니얼 세대들이 안타깝게도 결혼과 출산을 미루거나 아예 아이를 낳지 않는 쪽을 택하고 있다. 2019년 미국 출산율이 가임 연령 여성 한 명당 1.7명으로 역대 최저를 기록했다. 한편, 난자 냉동이라는 대단한 재정적, 신체적, 정서적 비용을 감당하면서까지 아이를 가질 기회를 어떻게든 놓치지 않기 위해 자신이 할 수 있는 모든 것을 하는 여성들도 있다. 지금껏 학업과 직장에 많은 시간과 비용을 들였지만 아직

임신을 하고 엄마가 될 기회를 누리지 못한 여성들을 위해 난자 냉동과 같은 과정을 지원하는 등의 장치를 마련한 기업은 현재 얼마 되지 않는다. 우리 사회의 시스템이 커리어 시계와 여성의 생체 시계를 충돌하게 만들고 있다는 것만은 분명해지고 있다.

밀레니얼 세대와 그 뒤를 잇는 Z세대가 앞으로 우리 경제를 이끌고 세계를 더 나은 곳으로 만들어나갈 모습을 지켜볼 생각에 가슴이 뛴다. 사람에 대한 관심이 지대한 CEO로서 새로운 세대들이 진정성과 상상력, 목적의식을 갖고 비즈니스 세계를 변화시키려 하는 사례를 수없이 목격했다. 하지만 이 여성과 남성들이 부모가 된다는 그 무엇과도 비교할 수 없는 경험도 누려봐야 한다고 생각한다.

대체출산율(현재의 인구 규모를 유지하기 위해 여성 1인이 출산해야 하는 아이의 수-옮긴이)이 2.1명이라 해도, 누구나 반드시 아이를 가져야 하는 것은 아니다. 하지만 아이를 낳고 이 아이들을 제대로 교육시켜 생산적인 시민으로 키우는 가족들을 소중하게 여기기 위해 사회 전반으로 많은 노력을 기울여야 한다고 생각한다.

우리 사회에도 필요한 아이들이다. 인구통계학적 그림만 봐도 분명하게 드러난다. 미국에서는 매일 1만 명의 베이비부머 세대가 65세에 진입하고, 이런 현상은 2030년대까지 지속될 것으로 예상하고 있다. 이 세대들과 그 이후 세대들은 이전보다 더 오래 살게 될 것이다. 미국 노년층의 수가 2060년에는 지금의 두 배가 될 전망이다. 그 때문에 안정적으로 지속될 탄탄한 경제환경이 조성되어야 하고, 시간이 지날수록 노령인구를 지원하는 시스템을 뒷받침해줄 수백만의 새로운 노동 인구가 필요해질 것이다. 비단 미국만의 문제가 아니다. 전 세계 여러 선진국은 물론 개발도상국에서도 같은 상황이 벌어지고 있다.

이런 말을 하는 것이 비단 내가 처음은 아니지만, 인시아드와 같은 교육기관에서, 인도의 가족 사업체에서, 인디애나의 공장에서 젊은 세대들이 제 아무리 자신의 몫을 열심히 해낸다 해도 현실을 조금도 반영하지 못하는 과거의 수많은 규칙과 기대치에 이들이 여전히 시달리고 있는 것을 생각하면 너무나 비극적으로 느껴진다. 다시 한 번 말하지만 역사상 가장 뛰어난 기술과 창의성을 지니고 유대감 높은 집단을 꾸리는, 너무도 대단한 잠재력의 세대인데 말이다. 이 젊은 세대들이 "우리가 그걸 어떻게 할 수 있을까요?"와 같은 질문에 계속 발목이 잡히도록 두어선 안 된다.

오랫동안 포천 500 기업의 정상에 있었던 사람으로서 투자 수익률을 계산하는 것은 내 제2의 천성과도 같다. PwP를 진행할 당시 펩시코는 비즈니스와 사회 사이의 경계가 흐릿하다는 사실을 인지했고, 우리의 과제는 그 모호함을 부인하는 것이 아니라 수용하는 것이었다. 우리는 주주들에게 최상의 결과를 제공하는 방향으로 회사를 이끌었고, 이제 펩시코는 지속가능한 자본주의의 모델이 되기 위해 시행착오를 거치며 진화하고 있다.

이제는 일과 가정의 관계를 비즈니스와 경제에서 훨씬 더 중요한 사안으로 고려해야 한다는 데 PwP 때와 비슷한 확신 어린 직감이 발동되고 있다. 결국 우리는 여성과 남성 모두 집을 나와 일을 하고 있다는 사실을 받아들여야만 한다. 아이들은 따뜻한 돌봄이 필요하고 나이가 들어가고 있는 부모는 세심한 관심이 필요하다는 현실을 인정해야 한다. 정부와 기업, 지역사회, 개인 모두가 좀 더 편안한 삶을 만들어나가는 데 필요한 거대하고도 복잡한 사회적 문제들을 해결하기 위해 공동의 로드맵이 필요하다는 사실을 인정해야 한다.

일과 가정의 양립을 돕는 시스템을 통해 사랑하는 이들을 돌보고, 성차별을 해소하고, 굉장한 경제적 혜택도 얻을 수 있는데, 이보다 더욱 중요한 일이 있을까?

장기적으로 우리가 경험하게 될 보상은 굉장할 것이다.

내게 일과 가정 사이의 문제에 대해 토로하거나 조언을 구하는 사람들은 자신의 사연으로 이야기를 시작하는 경우가 많다. 어떤 여성들은 커리어와 집에 있는 아기 사이에서 어떻게 해야 할지 괴롭다고 말했다. 한부모의 경우 아픈 아이를 돌봐야 하는데 유일한 수입원을 잃을까 봐 걱정이라고 했다. 치매를 앓고 있는 부모나 아이를 집에 두고 일하러 가는 성인 자녀에 대해 말하는 노인들도 있다. 가사 노동을 더 해야 한다는 문화적 기대치가 임금을 받고 하는 일에 대한 의무와 상충하는 상황에 대해 이야기하기도 한다. 결국 내가 보기에 문제는 돌봄일 때가 잦다. 돌봄이란 따뜻하고 포근한 단어지만, 사람들은 너무나 괴로워하며 돌봄에 대해 말한다. 그럴 때마다 어떻게든 이들의 길을 수월하게 만들어주고 싶다는 생각이 들었다.

코로나19로 아이들이 등교하지 않거나 감염으로 고립되는 등, 여러 어려운 상황을 맞닥뜨리면서 일과 가정 사이의 문제를 해결하는 것이 더욱 시급하게 느껴지기 시작했다. 팬데믹으로 세계 질서가 새롭게 반응하고 있는 이 시점이야말로 변화를 위한 유일무이한 순간이라고 볼 수 있다.

변화를 위해서는 가족을 부양하는 것이, 특히나 엄마이자 돌봄 제공자로 집과 일터, 양쪽에 속한 여성의 역할이 모두에게 극히 중요한 사안이라는 점을 인정하는 것부터 시작해야 한다. 전 세계 어느 문화권에서나 여성의 역할이 중요하다는 분명한 메시지가 있음에도, 충분한 시간과 에너지를 들여 새로운 맥락에서 이 메시지를 바라보려는 노력이 부족해 보인다.

문제는, 누가 이 메시지의 대상이 되고, 또 누가 의미 있는 방향으로 이 메시지에 대응할 권력과 영향력을 가질 것인가다. 바로 이 지점에서 절망할 수밖에 없다. 기업과 정부 모두 리더십 위치에 여성이 극히 적은 만큼, 우리는 결국 남성들에게 의지해야 한다.

우리 사회에서 진정한 권력을 지닌 남성들이 자신의 어머니와 아내, 딸을 존경하고, 여성이 조직에서 성공하도록 돕는 것이 결국 좋은 성과로 이어진다는 증거를 수없이 목격했을 거라고 생각한다. 이들은 여성 평등을 위해 나아가는 것이 우리가 발전할 수 있는 힘이라는 것 또한 이해하고 있다.

그럼에도 CEO 등 다양한 위치의 수많은 남성이 일과 가정의 담론에서 내내 한걸음 물러나 있다. 자신들에게는 쉽고 편하며 이익이 되는 현재의 틀을 깨기가 주저되는 마음이 일부 작용했을 것이다. 아내만큼 스트레스를 받고 있는 남편과 아기 아빠들을 포함해 젊은 남성들은 아마도 커리어에서 앞서나갈 가능성이 낮아질 것을 우려하는 마음에 이런 담론을 삼가는 것 같다.

남성들은 가정과 육아에 발목을 잡히는 여성이 얼마나 많은지, 우리 경제의 음지에서 전반적인 시스템을 떠받치기 위해 노력하는 여성이 얼마나 많은지 인식해야 한다. 그리고 남성들도 함께 짊어져야 할 문제라는 것을 이해해야 한다. 남성이, 특히나 권력을 지닌 남성이 담론을 이끌고 해결책이 실행되도록 돕지 않는다면 일과 가정을 통합하는 문제에서 진정한 변화는 일어날 수 없다.

상장기업의 CEO나 이와 비슷한 위치를 목표로 한 여성 또한 앞으로 어떤 일이 벌어질지 현실적으로 생각할 필요가 있다. 기업을 이끌겠다는 여성들의 야망을 높이 평가하지만, 이들이 편견을 마주하게 될 것이라는 데는 의심의 여지가 없다. 조직에서 피라미드의 제일 꼭대기에 오르기 위해 경쟁하는 것은 누구에게나 가혹한 과정이고, 여성이든 남성이든 CEO의 자리에 근접해지면 일과 평범한 삶 사이의 균형을 찾겠다는 목표는 그다지 현실적이지 못하다. 내 경험에 비춰보면 고위직 임원으로 해야 하는 일은 끝이 없을뿐더러 깨어 있는 거의 모든 시간을 쏟아 부어야 할 정도로 많은 것을 요한다. 여성 CEO는 자녀를 낳고 행복한 가정을 이뤄선 안 된다는 뜻이 아니다. 당연히 그렇게 해야 한다. 나도 그랬다. 하지만 분명한 것은, 가장 높은 자리에서 회사를 이끌기 위해서는 많은 도움과 주위의 희생이 필요하다는 점이다. 대다수 사람들에게 일과 가정 간의 균형을 찾는 데 도움이 됐던 광범위한 해결책들이 그 위치에서는 적용하기 어려울 수 있다.

2019년, 중요한 사안을 마주할 때면 늘 그래왔듯, 일과 삶의 양립과 경제 내 여성의 역할, 많은 이들이 실패하는 와중에 몇몇 여성은 리더십 위치에 오르는 이유를 알기 위해 셀 수 없이 많은 책과 연구 자료를 파고들었다. 학자들, 변호사들, 기업인들과 관련 대화를 나누었고, 해당 문제에 전 세계 정부 및 기업이 어떤 식으로 개입하고 있는지를 조사했다. 하루는 내 생각을 방정식으로 정리해보기까지 했고, 그렇게 한쪽에는 '일하는 여성 + 제도적 편견 + 가정 + 사회적 압박'이라는 식과 다른 한쪽에는 이를 상쇄할 방법을 적은 길고 긴 리스트가 완성되었다.

이 과정을 거치는 동안 나 자신의 이야기를 자주 떠올렸다. 펩시코를 나와 마침내 편견, 젠더, 가정, 고용인, 글로벌 권력 구조의 상호작용에 대해 생각해볼 시간을 갖게 되어 기뻤다. 또한 미국의 놀라운 다양성에 대해, 초창기에는 어려움도 있었지만 결국 이 나라가 나를 기쁘게 맞아주었고 내 뜻을 마음껏 펼치며 이름을 떨칠 기회를 준 것에 대해서도 생각했다. 다른 나라였다면 내가 지금의 위치까지 오르지 못했을 것이다. 만인에게 평등한 기회를 보장한다는 이념 아래 설립된 국가로서 앞으로 어떻게 진화해나갈지를 둘러싸고 난관이 이어지고는 있지만, 그럼에도 우리가 지금껏 이뤄온 것들에, 그리고 앞으로 우리가 나아갈 방향에 자부심을 느낀다.

내 결론은, 유급휴가, 업무의 유연성 및 예측 가능성, 돌봄, 이렇게 세 가지 상관된 측면에 집중한다면 일과 가정의 양립이라는 곤란한 문제에서 우리 사회가 크게 도약할 수 있을 것이라는 점이다. 이 세 가지 요소가 함께 기능하고 진화해야만 의미 있는 변화가 나타난다. 이런 측면에서 종합적인 조치가 이뤄진다면 우리 경제와 지역사회가 바뀔 토대를 마련할 수 있다고 나는 믿는다. 이것이 곧 다음 세대의 가정이 번영할 합리적이고도 제도적인 기틀이 되기 때문이다.

먼저, 가능한 한 빨리 미국 정부가 여성 유급 출산휴가와 남성 육아휴직 제도를 권고해야 한다. 무급 휴직 동안 생활의 어려움으로 여성들이 출산 후 곧장 복직하는 현실에서 모자보건이 희생당하고 있다. 몇몇 주 정부의 움직임에 힘입어 미국은 선진국 중 유일하게 이제야 유급 출산휴가와 육아휴직을 법안으로 고려하는 움직임을 보이고 있다. 주 정부 몇 곳으로는 부족하다. 해당 제도가 연방 정부 소속 공무원들을 포함해 국민 모두에게 적용되도록 해야 한다.

정부기관과 기업이 이 기본적인 사회복지를 제공하기 위해 감당해야 하는 비용 문제를 꼬집으려는 사람들도 있을 것이다. 시대착오적인 생각이다. 출산 후 몇 주 동안 교감과 치유의 시간을 가지며 신생아와 부모 모두 경험하게 될 신체적·정신적 혜택이 얼마나 큰지는 모두가 아는 사실이다. 유급 출산휴가 및 육아휴직은 개인에게는 건강한 삶을, 모두에게는 성공적이고 강건한 국가를 구축토록 하는 중요한 일이다.

실제로 이는 비용이 아니라 투자다. 출산 후 유급휴가를 누리는 여성이 휴직을 하지 않은 여성에 비해 12개월 후 노동 인력으로 다시 돌아오는 비율이 93퍼센트나 높다. 또한 육아휴가를 경험하는 아버지는 이후에도 양육이나 가사 책임을 아내와 동등하게 맡고 가족의 일에 더욱 큰 공감과 이해를 발휘한다. 너무도 당연한 이야기다.

나라면 먼저 엄마 또는 주 양육자에게 12주의 유급휴가와 아빠 또는 2차 양육자에게 8주간의 유급휴가를 제안하겠다. 시작점으로 괜찮은 기준이라고 보지만 너무 짧다고 불만을 제기하는 사람도 있을 수 있고, 고용주에 따라 다양한 반응이 나올 수도 있다. 소규모 사업체의 경우 필수 인력이 몇 개월이나 자리를 비우면 힘들 수 있다. 하지만 우리가 좀 더 창의력을 발휘해 해결해나갈 수 있는 문제라고 생각한다. 지역사회의 지원 아래 은퇴자들이 해당 사업체에 도움을 줄 수 있지 않을까? 우리가 활용할 수 있는 민간·공공·자선 자원은 무엇이 있을까? 과학기술을 어떻게 활용할 수 있을까? 우리가 찾고자 한다면 이 문제는 충분히 해결할 수 있다.

미국의 유급휴가에 대한 논의에는 아픈 가족을 돌보거나 질병에서 회복 중인 직원들도 포함되어야 한다. 이들에게 유급휴가는 굉장히 중요한 지원이다. 커리어 초기에 세 번의 유급휴가를 누리지 못했다면 나는 펩시코의 CEO가 될 수 없었을 것이다. BCG는 아버지가 편찮으실 때와 내가 교통사고를 당했을 때 유급휴가를 제공했고, BCG와 ABB 두 곳에서 각각 출산휴가를 받았다.

한편, 돌봄 경제라는 큰 맥락에서 유급휴가 등 제도적 혜택을 늘리는 비용과 기준에 대해 이야기를 하면서 다시금 느끼는데, 이 나라가 유급 출산·육아 휴가를 지금 당장 시행하지 않을 이유가 전혀 없다.

물론 출산휴가와 육아휴직을 마치고 일터로 복귀한 후에도 돌봐야 할 어린아이가 남아 있게 된다. 하지만 반드시 정해진 시간과 장소에서 업무를 봐야 한다는, 오랫동안 이어져 온 규제가 사라진 일터도 많다.

나는 근무 유연성을 하나의 규범으로 지지하는 쪽이다. 근무 유연성이 경제 전반에 불러오는 이점도 있지만, 가족에게 여유를 제공하는 데 필수적인 요소이기 때문이다. 여성과 남성에게 자녀와 나이 든 부모를 돌볼 시간을 주고 현대 생활이 불러오는 여러 부담들도 해결할 수 있도록 도와준다. 코로나19 위기를 거치며 우리 경제가 다양한 직군과 업계에 걸쳐 원격근무에 대한 준비를 완벽히 마쳤다는 것 또한 이미 확인했다.

물론 사무실이 사라지지는 않을 것이다. 우리는 같은 공간에서 함께 일할 때 솟아나는 창의력을 갈망하고, 서로 얼굴을 보고 대화하며 인간적인 유대감을 나누고 싶어 한다. 하시만 나는 시간과 공간이 아니라 생산성을 바탕으로 근무를 조정해야 한다고 생각하는 쪽이다.

적어도 책상에서 주로 근무하는 사람들이라도 집이든, 공유 업무 공간이든, 회사 사무실이든 원하는 곳에서 일할 수 있는 선택권을 주어야 한다. 사무실에서 물리적으로 시간을 덜 보내는 직원들이 더 오래 있는 직원들과 다르게 평가받지 않도록 인사고과 시스템도 조정해야 한다. 직원들을 몇 가지 부류로 나누고 가족에 대한 의무를 진 사람들에게 부정적인 시선을 보내는 일이 있어서는 안 된다.

공장 현장부터 소매점까지 물리적으로 근무 장소에 있어야 하는 교대근무 근로자는 다른 성격의 어려움을 경험한다. 이런 업무의 경우 근무 유연성이 굉장히 제한적이지만 최소한 2주간의 근무 일정은 예측이 가능하게 해주어야 한다. 이 예측 가능성은 무엇보다 중요한 사안이자 존중의 문제다. 예측 가능성의 결여는 돌봄의 책임을 지고 있는 사람들을 포함해 수많은 근로자에게 굉장히 난감한 문제다. 한편, 근무 일정이 예측 가능한 교대 근로자가 더욱 높은 생산성을 발휘하고 고용주에게도 성실한 모습을 보이는 것으로 드러났다. 오늘날 모든 기업이 정교한 일정 관리 기술에 접근할 수 있다.

내 경우, 커리어 초기에는 근무 유연성이 부족했고 내 상황에 맞춰 일정을 계획할 수 없다는 좌절감이 가장 큰 스트레스 요인 중 하나였다. 프리타와 타라가 어렸을 때 그 힘든 시기를 헤쳐나올 수 있었던 것은 모토로라와 ABB, 두 곳에서 내 상사였던 게르하르트 덕분이었다. 내 가족과도 알고 지냈던 그가 배려를 많이 해주었다. 펩시코에서는 내 시간을 원하는 대로 안배할 수 있는 위치에 올랐지만, 당시 회사 상황으로 인해 거의 모든 시간을 펩시코에 쏟았다.

얼마 전 오후 시간에 집 근처를 운전하다 스쿨버스들이 도로 한편에 아이들을 내려주고 부모들이 자녀들을 맞이하는 모습을 보게 되었다. 재택근무를 하는 엄마아빠들이 잠시 시간을 내어 버스에서 내리는 자녀들을 마중 나온 것이었다. 부러운 눈으로 지켜보며 다시 한 번 내 일 때문에 저런 경험을 놓쳤다는 생각에 빠졌다. 팬데믹을 거치며 근무 유연성이 더욱 빠르게 자리 잡으면서 이전보다 많은 부모가 잠시 시간을 내어 하교하는 자녀들을 맞이할 수 있게 됐다는 사실이 다행스러웠다.

나는 유연성이란 개념이 여기서 한발 더 나아갈 수 있다고 생각한다. 사회적·경제적 불이익 없이 근로자들이 가정을 위해 긴 시간 커리어를 쉴 수 있어야 한다. 고용주가 해당 자리를 몇 년 동안 비워두거나 휴직을 하는 직원들에게 월급을 몇 달 더 지불해야 한다는 것이 아니라, 사람들이 좀 더 자유롭게 일을 시작하고 떠날 수 있도록 다양한 방안을 적극 활용해야 한다는 뜻이다. 몇몇 기업은 복직하는 직원들이 직무에 필요한 새로운 요건과 달라진 조직의 우선순위를 배울 수 있도록 프로그램을 제공하고 있다. 이런 제도를 비즈니스 모델에 도입한 기업이 경험하는 이점은 분명하다. 직업적 지식과 네트워크를 지닌 복직자는 굉장히 소중한 인력 자원이 될 수 있다. 이들의 전문성을 활용하면 어떨까? 이런 모습이야말로 일의 미래가 될 것이다.

마지막으로 돌봄 문제에 대해 다뤄야 한다. 가장 중요한 사안이다. 미래 세대에게 우리가 할 수 있는 가장 큰 투자는 5세까지의 보육에 초점을 맞춘 높은 수준의 믿을 수 있고, 안전하며, 적정한 비용에 제공되는 돌봄 인프라스트럭쳐를 마련하는 것과 이를 모든 연령대로 확장해나가는 것이다.

코로나19 위기로 미국 돌봄 경제가 위험에 처해 있다는 현실이 드러났다. 빈약한 돌봄 경제의 영향으로 그간 일과 자녀 양육을 함께 해온 수만 명의 여성들이 회사를 그만둬야 할 것 같다는 고민에 빠졌다. 또한 아이부터 노년층까지 돌봄 제공자를 포함한 필수 인력 다수가 생계를 유지할 정도의 돈을 벌지 못한다는 현실 또한 마주하게 됐다.

이제 미국은 돌봄을 획기적인 사고로 접근해야 할 시기가 됐다. 돌봄 문제를 해결하는 것이 여성과 가정을 꾸리기 시작한 젊은이들의 사회 진출을 가로막는 장벽을 무너뜨리는 길이자 많은 여성의 재정적 자립을 돕는 방법이다. 이것은 사람들이 더욱 건강하고 더욱 번영할 수 있는 기틀을 마련하겠다는 미래 세대를 위한 약속이다.

나는 돌봄 제도가 이보다 더 많은 일을 해낼 수 있다고 믿는다. 12년간 미국의 거대한 기업을 성공적으로 이끈 사업가로서, 돌봄 문제가 해결된 주, 지역사회, 기업은 하나같이 경쟁적 우위를 선점하게 될 것이라고 확실히 말할 수 있다.

우선 보육에 대한 이야기부터 시작하겠다. 유급 휴직 기간이나 부모의 근로시간 유연성과 무관하게 어린 아기들과 아이들은 엄마와 아빠가 근무하는 시간에도 돌봄이 필요하다. 현재 많은 부모에게 집이나 회사와 가까운 위치에 있는 좋은 어린이집을 찾는 것이 불가능한 일이 되었다. 어린이집에 자리가 나지 않거나 너무 비싸기 때문이다. 밤에 근무하거나 지원이 필요한 부모를 둔 아이들의 돌봄 문제는 포함조차 시키지 않았다.

육아도우미를 고용하는 것이 하나의 방편이 될 수 있지만 비용이 훨씬 많이 들고 다양한 고민을 야기하는 사안이다. 누구를 고용해야 할까? 얼마나 지불해야 할까? 관리 감독은 어떻게 해야 할까? 서로의 영역에 대한 바운더리는 어떻게 정해야 할까?

라지와 내가 35년 전, 시카고에서 프리타가 태어난 후 했던 것처럼 결국 많은 부모들은 임시방편으로 상황을 어떻게든 해결하려 노력한다. 우리 부부는 주변에서 사람을 찾아 소중한 아이를 맡겼다. 바산타는 정말 좋은 분이었고 아이도 네 명이나 키워냈다. 하지만 우리의 지인이었지 정규 훈련을 받은 보육 전문가는 아니었다. 그해 겨울 동안 프리타의 베이비시터로 바산타의 도움을 받을 수 있었던 것은 순전히 운이었다. 우리가 바산타를 만족스럽게 여기지 못했다면, 새로운 사람을 찾느라 많은 시간과 노력을 쏟아야 했을 것이고 일에도 지장을 받았을 것이다. 실제로 몇 년 후 코네티컷에서 육아도우미 에이전시에 추가 비용을 내면서 겪었던 일이었다. 그때 이후로 상황이 그리 달라지지 않았다.

연방 정부와 주 정부, 민간 분야, 유아교육 전문가들, 지역사회가 다 함께 맞물려 소위 보육 사막childcare desert(보육 시설과 서비스를 제공받기 어려운 지역-옮긴이)이 없도록 창의적으로 설계된 대대적인 보육 시스템을 확립해야 한다. 수십 년간 보육 문제에 힘써온 사람들과 헤드 스타트Head Start(취학 전 취약계층 아동에게 언어, 보건, 정서 등 포괄적인 서비스를 제공하는 보육 프로그램-옮긴이)를 포함해 입학 전 아이들이 학교생활에 적응할 수 있도록 도와주는 훌륭한 여러 유치원 프로그램에 깊은 찬사를 보낸다. 하지만 나는 우리가 여기서 훨씬 더 나아가야 한다고 생각한다. 현재의 프로그램을 확장하고, 이 프로그램들을 가정 돌봄에도 적용하고, 종교기관부터 도서관까지 지역사회 조직과도 연계해 완전히 새로운 차원의 혁신적인 돌봄 선택지를 창출하는 것이다.

또한 보육기관 소유자와 직원을 대상으로 자격을 부여하고 교육을 하는 포괄적인 프로그램이 필요하다. 대단한 책임감을 짊어진 돌봄 제공자들에게 그에 걸맞은 임금도 지불해야 한다. 아이 평생의 웰빙에 무척이나 중요한 역할을 하는 유아교육은 점점 더 성장해나가는 분야다. 그렇다면 인센티브를 제공해 젊은 사람들을 유아교육으로 불러 모으는 것이 어떨까?

바이든Biden 행정부가 돌봄을 국가의 중요한 인프라스트럭처로 여기는 모습에서 희망을 엿보았고, 얼마 전 재무장관 재닛 옐런Janet Yellen이 "우리의 정책 입안은 사람들의 일적인 삶과 사적인 삶이 떼려야 뗄 수 없는 관계이고 둘 중 한 가지가 흔들리면 다른 한 가지도 흔들린다는 점을 반영하지 못하고 있다"라고 말하는 것을 보며 큰 응원을 보냈다. 하지만 백악관에서 진행하는 어느 이니셔티브든 그 마무리가 무엇보다 중요할 것이다. 예컨대 주 정부에 돌봄에 쓰일 정액 교부금을 지원하는 것은 훌륭한 시작점이지만, 탁월한 복지 네트워크 계획안이 구체적으로 명시되고 비용 또한 상세하게 추적관찰돼야 한다. 장기적인 헌신을 바탕으로 앞으로 수십 년간 그 노력이 이어져야 할 사안이다.

이렇듯 야심찬 계획을 가장 잘 실행할 수 있는 방법을 고민하는 정부에 발맞춰 대기업과 고용주들도 적극적으로 나서야 한다. 기업은 직원들을 위해 사내에 또는 회사 인근에 어린이집을 설립해야 한다. 아동 수가 적어 투자를 할 수가 없다면 인근의 다른 기업이나 거주민을 대상으로 보육 서비스에 드는 자금을 모을 방법도 고려해볼 수 있다. 펩시코 본사에서 한 층을 보육시설로 개조하는데 약 200만 달러가 들었고, 주변의 회의적인 시선에도 불구하고 내가 고집을 부려 투자한 금액이었다. 우리는 보육 분야의 개척자인 브라이트 호라이즌스Bright Horizons 사를 고용해 사내 어린이집의 운영과 인력을 맡겼고 보험과 유지보수 비용은 우리 측에서 책임졌다. 이 모든 비용은 현 직원들의 애사심과 마음의 평안이라는 대단한 보상으로 돌아왔다. 사내 어린이집 덕분에 직원들은 이동 시간이 줄었고 자녀가 응급 상황이 생겼을 때 바로 대처할 수 있었다. 또한 직원 채용에도 큰 매력으로 작용했다. 보육 서비스가 무료로 제공되는 것은 아니었다. 아이를 맡기기 위해서는 직원들이 비용을 지불해야 했다. 그럼에도 1년 만에 사내 보육시설인 펩스타트는 모집 인원 이상의 신청자가 몰렸다.

보다 작은 규모의 기업이나 탄력적인 인력 운용을 택하는 곳은 조합을 형성해 공동 보육 센터를 운영하거나 현존하는 지역 네트워크와 파트너십을 맺는 방법을 고려할 수 있다. 재택근무를 하거나 집 근처 업무 공간을 사용하는 부모들이 많은 경제에서는 코워킹(각자 독립적인 업무를 하되 작업 환경이나 오피스를 공유하는 업무 스타일-옮긴이) 장소와 연계된 보육시설이 당연히 마련되어야 한다.

나는 이런 아이디어를 문샷이라고 표현하지만 그렇다고 우리가 미지의 무언가에 내기를 거는 것은 아니다. 국가에 포괄적인 보육 네트워크가 구축된 경우 엄마들은 계속 자신의 일을 할 수 있다. 아이가 두 살 반이 되었을 때부터 국가 차원에서 보육을 지원하는 프랑스에서는 직업을 가진 여성이 임신을 해도 아이를 맡길 곳이 있다는 사실에 안심할 수 있다. 5세 미만의 아동 보육 시스템에 막대한 보조금을 지원하는 캐나다 퀘벡의 경우, 여성의 복직이 늘었고 경제 성장 또한 높아졌다는 것이 지난 20년이 넘는 기간에 걸처 입증되었다.

우리의 담론과 제안에 노인 돌봄에 대한 사안도 포함시켜야 한다. 가족의 돌봄 의무는 가장 어린 자녀가 독립을 하는 것으로 끝나지 않는다. 부모로서 자식에 대한 정서적 책임감이 남았기 때문이 아니다. 여든이 넘어 도움이 필요해진 노령 인구는 그 어느 때보다 늘어날 것이고, 대다수는 가족과 친구의 무료 돌봄에 의지하게 될 것이기 때문이다. 이 무급 돌봄 제공자의 대다수는 '샌드위치 세대'의 여성으로 자녀들과 고령인 가족 모두를 챙겨야 하는 처지다. 노령 인구가 점점 더 증가하는 현실에서 한 가지 노력의 일환으로 노인 돌봄 센터의 구조와 위치를 다시 디자인하는 것을 생각해볼 수 있다.

노인 돌봄 센터의 보완책 하나는 다세대 가족이다. 나는 3세대가 함께 사는 가정에서 자랐고 이러한 가정환경이, 특히나 현명한 타타와 함께 지냈다는 것이 우리 세 남매에게 다양한 이점으로 작용했다는 것을 의심치 않는다. 전 세계적인 인구 고령화 현상과 매일같이 조부모 심지어 증조부모가 되는 사람들이 증가함에 따라 다시금 다세대 가족 형태가 부활하고 있는 실정이다. 연금은 점점 바닥을 보이고 의료 서비스의 부담이 과중해지는 인구통계학적 시한폭탄이 심각한 문제로 대두되고 있다. 이제 관점을 완전히 달리해서 바라볼 필요가 있다. 대규모의 고령 인구는 오히려 득이 될 수도 있다.

고령 세대는 가족에게 든든한 지원군이 된다. 미국의 수백만 조부모가 양육에 힘을 보태고 있다. 하지만 이런 다세대 가족 형태가 조금 더 수월하게 유지될 수 있도록 발맞춰 변화하는 움직임이 부족한 실정이다. 이를테면, 미국의 토지 및 건축 계획과 구역 설정 관련 법 다수는 지난 세기에 갇혀 주방과 현관을 두 개 이상 분리하는 것을 금지하고 있고, 그 결과 다세대 가족의 거주를 가로막고 있다. 그렇다면 변화를 이끌어내기 위해 다른 경로를 택해야 한다. 각자의 지역에서 관련 법안과 규제를 파악한 후 다같이 힘을 합쳐 법을 바꾸는 것이다. 이와 동시에 공원, 인도, 벤치, 놀이터 등 공유 공간에 서로를 배려하고 돌보는 인간의 본성이 반영된 커뮤니티 디자인(공동체를 중심으로 지속가능한 생활환경을 제안하고 형성하는 지역 디자인-옮긴이)이 형성되도록 촉구할 수 있다.

나는 펩시코를 떠난 후 아마존 이사회에 합류했고 내가 마주한 그 어떤 곳보다 혁신적이고 고객중심적인 기업의 머릿속을 가장 가까운 곳에서 들여다보고 있다. 최근에는 헬스케어 산업의 정세를 바꾸고 있는 네덜란드 기업 필립스Philips의 이사가 되었다. 메모리얼 슬론 케터링 암 센터Memorial Sloan-Kettering Cancer Center의 이사회 회원, MIT 집행위원회 자격과 더불어 필립스의 이사회 자리가 미래의 과학기술, 좀 더 정확하게는 헬스케어가 앞으로 몇 년간 어떻게 달라질 것인지를 이해하는 창구를 내게 제공했다.

웨스트 포인트에 위치한 미 육군사관학교Military Academy의 1951년 졸업생 동문회가 지원하는 리더십학 석좌교수직을 수용해 1년에 몇 주 동안 교수진과 생도들에게 내 지식을 공유하고 있다. 웨스트 포인트에서 만나는 모든 이의 이타심에, 특히 국가를 위해 헌신하고 훗날 국민들의 자유를 수호하기 위해 애써줄 젊은 남성과 여성 생도들에게 대단한 감동과 영감을 얻는다.

또한 나는 국제크리켓협회International Cricket Council 이사회에서도 유일한 여성으로 활동을 계속하고 있다. 흰색 크리켓복을 입고 경기장에 입성했던 1973년 이후로 대단한 여정을 거쳐 이 자리에 왔다!

2019년 2월에는 예일 동문이자 코네티컷 주지사였던 네드 러몬트Ned Lamont의 요청으로 경제적 사안과 관련해 주 정부와 긴밀히 협력하는 조직인 어드밴스CT AdvanceCT의 공동의장을 맡았다. 코로나19가 닥쳤을 때는 코네티컷 주 자문위원회 공동의장을 맡아 예일공중보건대학Yale School of Public Health의 닥터 앨버트 고Albert Ko와 함께 팬데믹 후 코네티컷 주의 봉쇄령을 해제할 방법에 대해 논의했다. 사람들의 삶과 생계 사이의 균형을 신중하게 고민해야 했고, 여러모로 상당히 힘든 업무였다. 하지만 코네티컷은 우리의 고향이고, 유례없는 위기의 상황에서 주지사가 현명한 선택을 내릴 수 있도록 돕고 싶었다. 오랜 세월 우리 가족에게 많은 것을 베풀었던 코네티컷에 그동안 받은 것을 돌려주고 싶은 마음이 대단히 크다.

당시 라지와 나, 두 딸, 어머니까지 다 같이 집에 모여 있었다. 뉴욕에서 코로나바이러스 상황이 심각해지자 브룩클린에 있던 프리타가 몇 년 만에 집에 들어왔다. 얼마 지나지 않아 프리타는 내가 하루에 열여덟 시간씩 일한다는 사실을 눈치채고 말았다. 어느 날 아침 "엄마 은퇴한 거 아니었어요?" 큰 소리로 물었다. "우리 보드게임 하면서 함께 시간을 보내기로 했잖아요!" 하지만 이내 엄마가 무슨 일을 하고 있는지를 깨달았고 엄마의 삶이 그다지 변하지 않았다는 것도 알게 됐다. 재밌게도 얼마 지나지 않아 프리타는 응급의료요원과 푸드뱅크 등 최전방에서 코로나19 구호품을 제공하는 이들을 지원하는 국가기관인 4-CT에서 일하기 시작했다.

어느 날인가 연이어 이어진 줌 화상 미팅을 마치고 몇 시간째 독서와 글쓰기를 한 후 집안일 몇 가지를 시작하는 중이었다. 암마가 내게 다가왔다.

"있잖아," 암마는 이렇게 말했다. "너처럼 세상을 돕는 데 뜻이 있는 사람은 많지 않아. 네가 집안일에 신경을 그리 쓰지 않았으면 좋겠구나. 네가 할 수 있는 만큼 세상에 환원해야지. 하던 일 계속 하렴."

암마의 말에 놀라움을 감출 수 없었다.

나는 목적이 중요한 사람이고, 그 목적이란 내 마음속 깊은 곳에서 피어난다. 걸스카우트 단원으로 배지를 얻기 위해 노력하던 때부터 여성용품인 스테이프리 제품으로 어떻게 해야 인도 여성을 도울 수 있을까 고민하던 일까지 목적이 내 삶을 이끌었다. 컨설팅 일을 하면서도 항상 목적을 찾으려 했고, 모토로라에서는 사람들이 무선으로 의사소통을 할 수 있도록 돕는 과정에서 크나큰 가치를 찾았다. 아직까지도 펩시코를 이끄는 자리에 선택되어 '목적 있는 성과'라는 이름의 변화를 이끌었다는 것을 굉장히 영광스럽게 생각하는 동시에 여전히 조금 얼떨떨한 기분도 든다. '목적 있는 성과'는 내 안에 늘 함께한 정신이었다.

요즘에는 목적뿐만 아니라 감사함, 특히 나를 가르친 학교와 선생님들, 내가 속했던 커뮤니티들, 내가 살았던 두 나라에 대한 감사함이 동력이 된다. 내 마음속에는 항상 홀리앤젤스와 MCC가 함께하고 있다. 몇 년 전, 두 학교의 과학실을 새로 짓고 MCC에 여성 휴게실도 만들었다. 이 학교에 나처럼 과학을 좋아하는 여학생들이 이런 시설과 자신의 열정을 따르라는 내 격려를 발판 삼아 높이 날아오를 기회를 가지길 바란다.

예일과는 깊은 유대감을 유지하고 있다. 2002년, 대학을 감독하는 열여섯 명의 이사로 구성된 위원회, 예일코퍼레이션Yale Corporation에 초청을 받았다. 회의가 열리는 짙은 색 목재 회의용 테이블이 내 눈에는 수세기의 미국 역사를 담은 고색창연한 빛을 발하는 것처럼 보였다. 예일은 1701년에 설립되었다. 그 회의실에 처음 들어간 순간, 무거운 갈색 가죽 의자 뒤에 내 이름이 새겨진 황동 명패가 단번에 눈에 들어왔다. 그 의자에 앉자 감정이 북받쳤다. 처음 예일에 와 학교의 장엄함에 감명을 받았던 때가 떠올랐다. 예일에서 받았던 교육 덕분에 이제 대학 내 가장 높은 위치에 올라오게 되었다. 정말 꿈같은 일이었다.

라지와 나는 우리와 아이들을 교육시키고 지원해준 기관과 커뮤니티에 시간과 자원을 제공할 수 있다는 데 커다란 자부심을 느낀다. 2021년 6월, 라지는 세계에서 가장 취약한 계층의 아동, 특히 여자아이들을 지원하는 글로벌 인권단체인 플랜 인터내셔널 Plan International의 임시 CEO직을 수락했다. 몇 년 전, 인도의 플랜 인터내셔널 이사회에 몸담았던 라지는 CEO직에 가장 우선순위로 고려된 인물이었다. 라지가 무척이나 중요하게 생각하는 사안인 만큼, 곤경에 처한 어린 여자아이들을 돕는 데 최선을 다하리라는 것을 잘 알고 있다.

깊은 목적의식에 따라 이제 내가 할 일은 공익에 돌봄이 중요하다는 것을 오랜 기간 알리며 끊임없이 좋은 아이디어를 개발하고 실생활에 적용하기 위해 노력해온 사람들과 기관을 돕기 위해 최선을 다하는 것이다. 이것이 가족을 시작하는 젊은 사람들의 부담을 덜어주고 여성이 더 높은 곳으로 나아갈 수 있도록, 어쩌면 기업을 이끄는 위치까지 오를 수 있도록 돕는 방법이라고 확신한다.

2020년 11월 초, 아흔의 나이로 라지의 동생과 살고 있던 시어머니가 부엌에서 넘어져 다리 두 곳이 골절되었다. 라지의 아이폰 사진 속에는 의료 장비 몇 대가 있는 병실, 삭막한 하얀색 시트와 베개만 있는 넓은 침대 위에 철로 된 고정 장치를 달고 있는 왜소한 체구의 시어머니 모습이 담겨 있었다. 다행히 괜찮으셨지만 조금 외롭고 두려운 듯 보였다.

라지는 곧장 어머니를 이모님들과 친척들과 가까운 벵갈루루로 모셨다. 그곳으로 가서 어머니의 병간호를 할 생각이었다. 팬데믹으로 인해 전 세계적으로 여행 제한 조치가 내려진 상황에서 코네티컷에서 인도로 갈 수 있는 경로를 찾아냈고 2주 후 그는 인도로 떠났다.

라지가 인도에서 머문 석 달 동안 나는 그리니치 집에서 내 어머니를 돌봤다. 이제 라지와 나는 부모님의 주 보호자가 되어 돌봄을 제공해야 하는 입장이었다. 여든 후반인 암마는 아직 혼자 거동도 하고 의식도 맑다. 식사는 정해진 조리법에 따라 매일 같은 시간에 먹어야 한다는 고집을 굽히지 않을 정도로 굉장히 엄격한 생활을 유지한다. 그리고 아직도 내가 항상 어디에 있는지 알고 싶어 하신다. 내가 말했던 시간보다 15분 늦게 도착하면 전화를 하신다. 걱정을 하시는 거다. 괜찮은 것처럼 행동하고는 있지만 사실 그렇지 않다. 마드라스의 큰 집에서 우리를 돌봐주었고, 내게 나이 든 어른을 어떻게 돌봐야 하는지 몸소 보여줬던 여성이 이제는 돌봄이 필요한 처지가 되었다. 언니와 나, 남동생은 우리가 이룬 그 어떤 성취나 해야 할 그 어떤 의무보다 암마를 돌보는 일을 가장 중요한 책임으로 여기고 있다.

내 어머니와 성인이 된 자녀들 사이에서 중간 세대로 이들과 함께하면서 내 평생을 함께해온 돌봄 사이클에 대해 자주 생각한다. 프리타와 타라에게는 결혼 후 아이가 태어나면 옆에서 도와주겠다고 말했다. 우리 다음 세대에게는 헌신적인 할머니이자 교육자로, 이 세상에서 자신의 길을 찾아나가는 두 딸에게는 열렬한 지지자이자 뒤를 지켜주는 지원자로 말이다. 또한 아직 이런 지원을 받지 못하는 모든 가족들을 위해 돌봄의 새로운 미래를 만들어 나가는 데 내 모든 힘을 보탤 것이다.

이것은 나의 약속이다.

감사의 글

이 책을 집필하는 과정은 내게 완전히 새로운 경험이자 여정이었고, 기쁜 마음으로 행한 수고이자 다른 형태의 노고였다. 처음 시작할 때만 해도 내 삶을 이렇게 자세하게 풀어낼 생각은 전혀 없었다. 여성들과 가족을 꾸리는 젊은 부부들을 돕고 우리 모두의 웰빙을 도모할 방법을 주제로 팩트와 수치를 더한 글 몇 편을 쓸 생각이었다. 그것으로도 독자를 찾을 수 있을 거라 확신했다.

하지만 존경받는 법조인이자 출판계의 귀재 밥 바넷Bob Barnett의 설득이 있었다. 밥은 배후에서 이 책을 이끈 주역이자 2년이 넘는 동안 제작 과정에 적극적으로 참여해 준 사람이다. 자신의 클라이언트들을 진심으로 아끼는 보석 같은 그의 마음을 매일 같이 느꼈다. 밥에게 감사 인사를 전하고 싶다.

이 책을 쓰고 만든 사람은 가장 뛰어난 작가 리사 캐서나Lisa Kassenaar였다. 내 모든 이야기와 팩트, 일화들, 여러 페이지에 걸친 수정까지 모두 수용한 후 각 장마다 핵심 메시지를 담아 아름다운 챕터로 엮어주었다. 정말 보물 같은 인재인 그녀의 능력에 감탄을 금치 못한다. 머릿속의 생각에 생명력을 불어넣고 싶은 작가라면 누구나 리사가 필요하다.

애드리언 잭하임Adrian Zackheim과 니키 파파도풀로스Niki Papadopoulos, 지혜로운 의견을 전해주고 시작 단계부터 이 책에 담긴 아이디어에 찬사를 보내줘서 고맙다는 말을 하고 싶고, 타라 길브 라이드Tara Gilbride, 킴벌리 메이룬Kimberly Meilun, 메리 케이트 스케 한Mary Kate Skehan과 포트폴리오Portfolio의 식구들 모두, 각자의 전 문성을 발휘해 멋진 책으로 만들어줘서 감사한 마음이다. 아셰트 Hacehtte 인도의 토마스 에이브러햄Thomas Abraham과 포울로미 채터 지Poulomi Chatterjee, 피아커스Piatkus의 조 봄Zoe Bohm과 팀원들 모두 이 책에 보여준 열정과 관심에 감사의 말을 전한다.

저명한 사진작가 애니 레보비츠Annie Leibovitz가 사진을 찍어주는 큰 영광을 누렸다. 그녀의 안목 덕분에 더욱 멋진 책이 되었다. 애 니와 그녀의 헌신적인 팀에 감사 인사를 전한다. 함께 일하게 되 어 기뻤다. 애나 윈투어Anna Wintour가 내게 보여준 우정에 고마움 을 느끼고 애니를 소개해줘서 대단히 감사하다. 표지 레이아웃과 디자인을 도와준 스테파노 포치니Stefano Porcini와 예세니아 리베라 Yesenia Rivera도 빼놓을 수 없다.

내 PR 관계자들과 디지털 파트너들에게도 감사함을 느낀다. 최 고의 능력을 지닌 줄리아나 글로버Julleanna Glover, 침착한 접근법으 로 내 호감도를 높여준 프리티 왈리Preeti Wali. 이 책을 특별한 프로젝트로 삼아 힘을 쏟아준 데 정말 감사함을 느낀다. 나를 돕기 위해 두 사람이 보여준 능력은 가히 세계 최고 수준이었다. 그리고 이 두 사람을 도와준 제인 콜드웰Jane Caldwell, 이사벨 킹Isabell King, 알리 맥퀸Ali McQueen, 카이울라니 사카구치Kaiulani Sakaguchi에게도 고마운 마음을 전한다.

해리 워커 에이전시Harri Walker Agency의 돈 워커Don Walker, 에밀리 트리벨Emily Trievel, 엘리자베스 플랫Elizabeth Platt, 외부 연설 일정을 너무나 효율적으로 관리해주었다.

이 책을 완성하는 데 힘을 보태준 조사원들, 이들이 보여준 통찰력과 노고에 진심으로 감사함을 표한다. 10년 넘게 내 사고 파트너인 대단한 필 콜린스Phil Collins, 일찍이 내게 글쓰기 파트너가 필요하다는 사실을 알아보고 리사를 소개해준 앨리슨 키미히Allson Kimmich. 마사 레인Martha Lein, 케이트 오브라이언Kate O'Brian, 루스 파토리Ruth Fattori, 몰리 오루크Molly O'Rourke. 다들 이 책을 특별하게 생각하는 것 잘 알고 있다.

시간과 노력을 들여 원고를 읽어주고 신중하고도 상세한 의견을 전해준 사람들에게도 감사한 마음이다. 프리스카 배Prisca Bae, 어맨다 베넷Amanda Bennett, 필 콜린스, 애덤 프랭클, 테드 햄프턴Ted

Hampton, 브래드 제이크먼, A. J. 캐서나Kessenaar, 앨리슨 키미히, 린다 로리머Linda Lorimer, 앤토니오 루치오Antonio Lucio, 리치 마르티넬리Rich Martinelli, 에리카 매튜스Erica Matthews, 엠마 오브라이언Emma O'Brian, 케이트 오브라이언, 마우로 포치니, 루파 푸루쇼타만Roopa Purushotaman, 랭건 서브라마니안Rangan Subramanian, 애나 윈투어. 스와티 아다카르Swati Adarkar와 앤 오리어리Ann O'Leary, 정책 이야기가 등장하는 챕터에서 좋은 의견을 전달해줘서 감사하다.

오래 몸담았던 펩시코를 나와서 그리니치에 있는 사무실과 내 삶에 균형을 찾아준, 너무도 훌륭한 행정 사무 비서 브렌다 매그노타Brenda Magnotta에게 감사하다. 인도에 있는 비서 슈릴레카Srilekha에게도 내 젊은 시절 이야기를 책에 담는 데 필요한 정보를 제공하고 출간과 관련한 다양한 업무를 너무도 꼼꼼하게 처리해준 데 고마움을 표한다.

라훌 바티아Rahul Bhatia, 세바스천 로조Sebastian Rozo, 시미 샤Simi Shah, 조 베리커Joe Vericker, 보이지 않는 곳에서 애써주며 이 책의 출간을 도와준 데 감사하다.

내 가까운 친구들이 없었다면 균형을 유지하기 어려웠을 것이다. 앨런Alan과 제인 밧킨Jane Batkin, 두 사람을 가장 먼저 언급하고 싶다. 20년 넘는 세월 동안 항상 내게 기댈 곳이 되어주고, 내 이야기를 들어주고, 내게 조언을 아끼지 않았다. 우리가 나누는 친밀한 유대감을 진심으로 소중하게 생각하고 있다.

님미 존Nimmi John, 소니 싱Sony Singh, 치트라 탤워Chitra Talwar, 수자타 키베Sujata Kibe, 제니 스톰스Jenny Storms, 오프라 슈트라우스Ofra Strauss, 애니 영-스크리브너Annie Young-Scrivner, 캐시 타이Cathy Tai, 닐 프리먼Neil Freeman, 프라카시Prakash와 프라딥Pradeep 스테파노스Stephanos, 다들 내가 우리의 우정을 얼마나 중요하게 생각하는지 잘 알 것이다.

브래드 제이크먼, 당신이 내 삶에 함께해줘서 정말 기쁘다. 항상 내게 마음을 써주고 책 출간까지 많은 일을 처리해줘서 정말 고맙게 생각한다. 당신은 우리 가족이나 다름없다. 책 디자인과 관련해 여러 가지 지혜로운 의견을 전해준 마우로 포치니에게도 같은 마음이다. 메흐무드 칸이 없었다면 PwP를 실현하기 어려웠을 것이다. 오랜 기간 내게 현명하고도 침착한 조언을 아끼지 않은 래리 톰슨Larry Thompson도 빼놓을 수 없다.

한결같은 응원과 현명한 조언을 전해준 존 스터드진스키John Studzinski, 탐 힐리Tom Healy, 프레드 호크버그Fred Hochberg에게 감사함을 전하고 싶다.

빔 켄달Bim Kendall과 잰 캘러웨이Jan Calloway, 오랫동안 내 곁을 지켜준 우정에 고마움을 표한다.

내 삶을 높은 곳으로 이끌어준 훌륭한 멘토들, 노먼 웨이드, S. L. 라오, 래리 아이작슨, 칼 스턴, 게르하르트 슐마이어, 웨인 캘러웨이, 로저 엔리코, 스티브 레인먼드, 돈 켄달, 밥 데트머에게 깊은 감사의 마음을 보낸다.

지정학의 세계를 알려주고, 공식적인 자리에서 나를 지지해주고, 내 신뢰도를 높여주고, 내가 넘어질 때면 일으켜 세워준 헨리 키신저. 당신이 보여준 친절함을 결코 잊지 않을 것이다.

내 조언자이자 친구, 카운슬러인 자크 아탈리Jaques Attali, 언제나 귀중한 자문 역할을 해준 제프 소넨펠트Jeff Sonnenfeld, 두 사람이 내 삶에 함께해줘서 감사하다.

멘토이자 열혈 지지자, 현명한 조언자이자 연결자인 힐러리 로뎀 클린턴Hilary Rodham Clinton, 모두가 당신을 국무장관이자 영부인, 뉴욕 상원의원으로 알지만 내게는 지금껏 만났던 사람들 중 가장 뛰어난 사람으로 남아 있다.

보스턴 컨설팅 그룹, 내게 전략 컨설팅을 가르쳐주고 무엇보다 정직하고 윤리적인 컨설팅이란 무엇인지 몸소 보여주어 감사하다.

2006년부터 2019년까지 펩시코 이사회 멤버들, 기업이 전환하고 PwP를 이행하는 데 한결 같은 지지를 보내준 데 감사하다. 세자르 콘데Cesar Conde, 이언 쿡Ian Cook, 디나 더블론Dina Dublon, 알베르토 이바르구엔Alverto Ibarguen, 밥 폴라드Bob Pohlad, 샤론 퍼시 록펠러, 대런 워커Darren Walker, 우리의 관계는 이사회실을 넘어 더욱 깊어졌다. 이들을 친구라고 부를 수 있어 기쁘다.

펩시코에서 내 직속으로 일하며 회사의 성공에 대단한 기여를 했던 모든 남성, 여성 직원들에게도 감사의 말을 전한다. 당신들 덕분에 힘든 일도 즐겁게 해낼 수 있었다. 도전을 두려워하지 않았던 사람들이었다.

CEO실에서 도와주었던 젊은 임원진이자 여전히 나와 좋은 관계를 유지하는 존 시갈로스John Sigalos, 애덤 카Adam Carr, 애덤 프랭클, 에리카 매튜스, 리치 마르티넬리이 보여준 헌신과 노고에 감사한다. 모두들 무척이나 보고 싶다.

롭 볼드윈Rob Baldwin, 팻 커닝햄Pat Cunningham, 리처드 드마리아Richard DeMaria, 지니 프리시아Jeanie Friscia, 몬티 켈리Monty Kelly, 닐 로

빈슨Neal Robinson, 척 스멀카Chuck Smolka, 조 우소네Joe Ursone, 조 왈로노스키Joe Walonoski, 그 외 펩시코 항공부 소속 모든 이들과 도미닉 카렐리Dominick Carelli, 프랭크 서비디오Frank Servedio, 로버트 시놋Robert Sinnott, 당신들 덕분에 하늘과 길 위에서 따뜻하고도 편안한 집무 공간이 완성되었다. 당신들 덕분에 수많은 출장길이 덜 힘들었다. 감사하게 생각한다.

미 육군사관학교의 행동과학 및 리더십 학과장 콜로넬 에버렛 스페인Colonel Everett Spain과 교수진, 나를 따뜻하게 맞이해주고 같은 교수로 대해줘서 감사하다. 국가를 위한 당신들의 헌신에 깊은 경외심을 갖는다.

예일공중보건대학의 학과장 앨버트 고와 리오픈 CT 태스크 포스Reopen CT Task Force의 모든 팀원들, 팬데믹 동안 코네티컷에서 자문위원단으로 함께 일할 수 있어 감사했다. 당신들에게서 정말 많은 것을 배웠다.

미국에 처음 왔을 때 도움을 준 수많은 사람들, 따뜻하게 자신의 집에 나를 맞이해주고 뉴헤이븐에서 정착할 수 있게 도와준 산카Shankar 가족들, 라지와 내가 평생 잊지 못할 환대와 우정을 보여준 예일 동기 홀리 헤이스Holly Hayes에게 감사한 마음을 전하고 싶다.

뉴욕 양키스의 마이크 투시아니Mike Tusiani 덕분에 내가 가장 좋아하는 스포츠 팀과의 인연을 계속 이어올 수 있어서 감사하다.

너무 일찍 세상을 떠나 내 마음에 커다란 구멍을 남긴 사람들, 내 소중한 친구 자시 싱Jassi Singh과 나눈 사랑과 우정을 절대로 잊지 않을 것이다. 당신과 함께했던 것만으로도 내게는 큰 행운이었다. 사드 압둘 라티프Saad Abdul Latif, 당신이 보여준 의리와 따뜻한 마음은 내 안에 영원히 함께할 것이다.

내 부모님, 샨타와 크리시나무르티, 내 할아버지 타타, 나라야나 사르마, 내가 날아오를 수 있도록 토대를 만들고, 자신감을 주고, 날개를 달아준 분들이다. 시어머니 릴라Leela와 시아버지 N. S. 라오, 딸처럼 대해주셔서, 아낌없는 도움과 응원을 보내주셔서 감사드린다. 그리고 내 가족들, 언니 찬드리카와 형부 란잔Ranjan, 남동생 난두와 올케 람야Ramya, 시동생 쉐카Shekar와 동서 샬리니Shalini, 조카들과 이모, 고모, 숙부들, 내게 든든한 안정감을 주는 가족 모두에게 감사 인사를 전한다.

마지막으로, 가장 중요한 사람, 내 남편이자 내 보석, 내 가장 큰 지지자이자 소울 메이트, 내가 깊이 사랑하는 라지. 내 아이들 프

인생의 전부

리타와 타라, 마음 깊숙한 곳에서 우러나는 사랑이란 무엇인지 알려준 아이들에게 이 세상 무엇보다 사랑한다는 말을 전하고 싶다. 이 세 사람이 나를 완성시킨다.

펩시의 미래를 설계한 위대한 전략가 인드라 누이

인생의 전부

제1판 1쇄 인쇄 | 2023년 10월 17일
제1판 1쇄 발행 | 2023년 10월 24일

지은이 | 인드라 누이
옮긴이 | 신솔잎
펴낸이 | 김수언
펴낸곳 | 한국경제신문 한경BP
책임편집 | 윤효진
교정교열 | 김문숙
저작권 | 백상아
홍보 | 서은실·이여진·박도현
마케팅 | 김규형·정우연
디자인 | 권석중
본문디자인 | 디자인현

주소 | 서울특별시 중구 청파로 463
기획출판팀 | 02-3607-590, 584
영업마케팅팀 | 02-3604-595, 562   FAX | 02-3604-599
H | http://bp.hankyung.com   E | bp@hankyung.com
F | www.facebook.com/hankyungbp
등록 | 제2-315(1967.5.15)

ISBN 978-89-475-4924-0 03320